中等职业学校
课程思政建设方法与实践

上海信息技术学校　著

科学出版社
北　京

内 容 简 介

中等职业教育是我国教育体系不可或缺的组成部分，其不仅是培养技能型人才的重要途径，也是提高劳动者素质的重要手段。课程思政作为中等职业教育的重要环节，是融汇专业技能教育和道德教育、培养德智体美劳全方面发展的高素质人才的必由之路。本书汇集了上海信息技术学校（以下简称“上信”）开展课程思政建设的方法与策略、典型案例与宝贵经验，阐明了中等职业学校思想政治教育工作的时代要求，剖析了课程思政实施所面临的现实问题与挑战，并遵循系统性、整体性、协同性、辩证性原则来构建课程思政建设的方法和策略，呈现了中等职业学校针对公共课程和专业类课程所开展的有益的思政教学探索。本书还特别遴选了26个开展课程思政的教学案例，进一步理论联系实际，为探索新时代中等职业学校课程思政建设交出了一份可供借鉴、可供交流的“上信方案”。

本书适合作为中等职业教育研究者、教师等研究并实施课程思政的参考用书。

图书在版编目(CIP)数据

中等职业学校课程思政建设方法与实践/上海信息技术学校著. —北京：科学出版社，2023.11

ISBN 978-7-03-077106-3

Ⅰ. ①中…　Ⅱ. ①上…　Ⅲ. ①思想政治教育-教学研究-中等专业学校
Ⅳ. ①G711

中国国家版本馆 CIP 数据核字（2023）第 220678 号

责任编辑：陈砺川 / 责任校对：王万红
责任印制：吕春珉 / 封面设计：东方人华平面设计部

科学出版社出版
北京东黄城根北街 16 号
邮政编码：100717
http://www.sciencep.com

三河市骏杰印刷有限公司印刷
科学出版社发行　各地新华书店经销
*
2023 年 11 月第 一 版　开本：787×1092 1/16
2023 年 11 月第一次印刷　印张：16
字数：362 000

定价：65.00 元

（如有印装质量问题，我社负责调换〈骏杰〉）
销售部电话 010-62136230　编辑部电话 010-62135397-1028

本书编写委员会

主　　任： 周　健　葛　睿

副 主 任： 张艳梅　王珺萩　朱雪霏

参编人员： 王珺萩　朱雪霏　吴　霏　祝纪景　王克芹　杨利静　朱新帅
杨　柳　刘娜娜　胡雨欣　武　敏　冯淑红　王冠羽　崔建亮
邱小天　熊路娜　曹国梁　娄明珠　郑　直　时伉丽　戴　娟
陆可人　赵媛劼　戴芳芳　黄　虹　乔伟艳　张海燕　陈福玲
夏旭秀　黄斌华　高成坤

特别指导： 张新宁（复旦大学马克思主义学院副院长、教授、博士生导师）
徐小平（全国劳动模范、全国五一劳动奖章获得者，上汽大众汽车有限公司维修科技术总监、经理、党支部书记，高级工程师、高级技师）

序 言

2022 年五四青年节前夕，习近平总书记在中国人民大学考察时强调："要针对青少年成长的不同阶段，有针对性地开展思想政治教育。"作为教育工作者，我们要坚持以习近平新时代中国特色社会主义思想为指导，把课程思政建设作为落实立德树人根本任务的关键环节，坚持知识传授与价值引领相结合，在专业教育中融入思政教育内容，推动形成专业课程和思政课程协同育人的局面，办好人民满意的教育。

置于读者面前的这本书，其关键词是"课程思政"。有的读者或许会疑惑，中等职业学校的课程以教授职业技能为主，为何需要凸显思想政治教育的因素呢？实践过程中可能存在的思政教育与专业教育"两张皮"等情况又该如何解决？这些问题都将在上海信息技术学校所著的这本《中等职业学校课程思政建设方法与实践》（以下简称《方法与实践》）中逐一得到回答。

进入新时代，我国社会的主要矛盾已经转化为人民日益增长的美好生活需要和不平衡不充分的发展之间的矛盾，而"美好生活需要"之中就包含着对更高层次、更高质量的教育的需要。2019 年 3 月，习近平总书记在主持召开学校思想政治理论课教师座谈会时明确指出："挖掘其他课程和教学方式中蕴含的思想政治教育资源，实现全员全程全方位育人。""要把统筹推进大中小学思政课一体化建设作为一项重要工程，推动思政课建设内涵式发展。"所谓内涵式发展，实际上就是由"思政课程"向"课程思政"转变，实现知识传授、能力培育、价值塑造三位一体的教学目标，强调各级各类学校要将思想政治教育元素，包括思想政治教育的理论知识、价值理念以及精神追求等都融入各门课程当中。对于中等职业学校而言，可具体呈现为"专业知识传授+思想政治教育"的新模式，教育工作者更注重在日常学习中、在潜移默化中影响学生的言行举止。

上海信息技术学校（简称"上信"）在推动中等职业学校课程思政建设方面起着"排头兵"的作用。2023 年度全国中等职业学校装备制造大类课程思政集体备课就在该校举行。通过对多年来教研教学的总结与凝练，上海信息技术学校为各校展现了推进课程思政的深刻理解与独到经验，介绍了学校多年来如何贯彻落实习近平总书记在 2016 年全国高校思想政治工作会议上提出的"提升思想政治教育亲和力和针对性，满足学生成长发展需求和期待""使各类课程与思想政治理论课同向同行，形成协同效应"等重要讲话精神。《方法与实践》这本书就是该校上下实践智慧的结晶，其出版对于破解当前中等职业学校课程思政的痛点、难点来说有着积极意义，对国内其他职业院校思政工作的开展也起着引领与示范作用。

首先，《方法与实践》以马克思主义为指导，坚持以人为本的价值立场，基于整体性视阈把握课程思政的相关问题。

马克思主义历来重视人的向度，强调人的全面发展，正如习近平同志在《之江新语》一书中曾写道的："人，本质上就是文化的人，而不是'物化'的人；是能动的、全面的人，而不是僵化的、'单向度'的人。"因此，学校不仅是学生学习科学文化、练就专门技能的知识场域，也是学生培育社会品格、培养责任担当、孕育家国情怀、养成完满人格的社会机构。《方法与实践》基于专业人才培养与人才成长规律的双重视角，得以准确把握课程思政的深刻内涵，进而寻找课程同育人、能力同品行之间的结合点。同时，上海信息技术学校根据自身实践经验，强调教师应该根据学生现有水平，估计学生可能发展水平与接收范围，搭建学习"脚手架"，从而让听课者发自内心地接受思政教学内容，在教学过程中真正做到以人为本、因材施教。此外，《方法与实践》在谈论课程思政建设的方法与策略时，遵循着系统性、整体性、协同性、辩证性的基本原则，这凸显了马克思主义注重整体性的方法论特质。一方面，就如何顺利开展课程思政而言，书中要求教学队伍、教学制度、教学方式、教学内容都应该有针对性地进行调整，譬如在强调把思政元素融合进三大课程体系的同时，主张师资团队的教学能力、师德师风也需进一步提高，整合校内外资源以拓展育人渠道；另一方面，该书提出，学校在推进课程思政建设过程中应有所侧重，抓住主要矛盾，解决重点问题，做到具体问题具体分析。显然，专业类课程与公共类课程的侧重点就截然不同，专业课往往与学科专业划分的专业人才培养紧密结合，旨在培养专门人才，而公共课以综合素养、政治素质为主要内容，培育人之为人的综合性品质。因此对于学校来说，应该把思想政治课程作为德育工作主渠道的同时，科学合理地拓展专业类课程在思政建设方面的广度、深度和温度。

其次，《方法与实践》彰显着鲜明的问题意识，不仅准确把握中等职业学校思想政治教育工作的时代要求，而且借助典型案例回应教学过程中可能出现的具体问题。

问题是时代的先声，破解问题是推动时代发展的根本路径。唯有借助清晰的问题导向，并对问题层层递进地梳理，我们才能就课程思政形成科学、系统的理解和运用。大致来说，《方法与实践》一书把面向中等职业学校课程思政建设的理论探究改造为三层追问。其一为本质论意义上的追问，即"课程思政建设背后所反映的深层实质是什么"；其二为价值论意义上的追问，即"课程思政在新时代为何如此重要"；其三是实效论意义上的追问，即"课程思政在具体实践中该如何推进"。我们具体来看看，该书是如何借助这三层追问向读者解释清楚中等职业学校的课程思政问题。在本质论层面进行探究，首要目标是形成关于课程思政内涵的共识，也就是深入贯彻习近平总书记在2018年全国教育大会上指出的，“把立德树人融入思想道德教育、文化知识教育、社会实践教育各环节，贯穿基础教育、职业教育、高等教育各领域，学科体系、教学体系、教材体系、管理体系要围绕这个目标来设计，教师要围绕这个目标来教，学生要围绕这个目标来学”的重要讲话精神，进而挖掘课程思政的深层理据在于“立德树人”。在价值论层面，追问的目的主要是通过把握实践意义来找准强化课程思政的角度。譬如书中提到“从经济社会发展大局找准课程思政的育人角度”，这不仅解释了重视课程思政的时代必要性，实际上也启示着教师在授课时应该把专业知识放在中华民族伟大复兴战略全局、世界百年未有之大变局框架下讲深讲透。在实效论层面，该书根据不同课程设置、不同专业类型来回答究竟应如何推进课程思政，较为凝练地提出了“梳理课程内容—挖掘专业思政元素—彰显专业思政价值”的基本路径。

最后，《方法与实践》兼具思想深度与现实关怀，既用科学理论指导实践，又将实践经验凝聚成智慧，为新时代中等职业学校课程思政建设提供了一份“上信方案”。

其一，该书牢牢把握住课程思政的学理基础。就课程思政的育人本质和目标而言，学校不仅需要解决“培养什么样的人”“如何培养人”的问题，更需要解决“为谁培养人”这个方向性的根本问题。方向决定思路与出路。方向明则思路清，方向正则育人易。唯有树起正确的政治旗帜，才能在根本上确立起向善的价值目标，规范学校育人的具体准则，进而为学校育人育才提供有力保障。就课程思政的类型和相关关系而言，学校要用好课堂教学这个主渠道，思想政治理论课要坚持在改进中加强，其他各门课都要守好一段渠、种好责任田，使各类课程与思想政治理论课共同发挥合力作用。其二，该书紧紧依靠上海信息技术学校在课程思政领域的实践经验，整体性地阐释了中等职业学校课程思政建设的方法和策略，拉近理论与现实的距离。譬如，在介绍“创立协同性策略”的过程中，该书就上海信息技术学校怎样建立名师引领工作机制为例，提到应用协同性策略探索工作室间协作方式、利用社会名师资源提升课程思政水平、实施“手拉手”集体备课机制、注意课堂内外多种形式协同育人实践经验。这代表着该书的分析不会停留在抽象把握与外部反思的层面，而是以生动鲜明的教学过程为例子，唤起读者的共鸣，帮助读者更好把握在中等职业学校中顺利推进课程思政的关键点。其三，该书梳理了上海信息技术学校教师队伍在实践中积累下来的丰富教学案例，这些资源为其他院校开展课程思政提供了宝贵的可借鉴的实操思路。在涵盖了不同专业方向、不同课程类型的26个教学案例中，读者不仅能够清晰地知道如何把思政元素结合到教学设计中，特别是结合到理工、数理等自身专业性较强的课程中，而且能同原有“思政课程”的教学方式进行比较，改进教学效果。

总的来说，该书对于推进中等职业学校课程思政建设与构建“大思政”格局具有重要的理论价值和实践参考价值。但是，该书仍存在着一些改进空间。比如，可以进一步探索教师如何将知识领域的“真”融入“善与美”及如何帮助学生掌握“德”与“知”的辩证关系；学校如何形成完善的思想政治教育协同育人机制等。当然，瑕不掩瑜，该书为探索新时代中等职业学校课程思政建设交出了一份可供参考、可供借鉴、可供交流的“上信方案”。相信该书可帮助中等职业学校课程思政建设更加出彩。

张新宁

2023 年 9 月

复旦大学马克思主义学院副院长、

教授、博士生导师

前言

立德树人是学校的根本任务，是促进人的全面发展的基础和先导。2023 年 5 月，习近平总书记在中共中央政治局第五次集体学习时发表重要讲话，习近平强调：“我们要建设的教育强国，是中国特色社会主义教育强国，必须以坚持党对教育事业的全面领导为根本保证，以立德树人为根本任务，以为党育人、为国育才为根本目标，以服务中华民族伟大复兴为重要使命，以教育理念、体系、制度、内容、方法、治理现代化为基本路径，以支撑引领中国式现代化为核心功能，最终是办好人民满意的教育。”“培养什么人、怎样培养人、为谁培养人是教育的根本问题，也是建设教育强国的核心课题。”习近平总书记的重要讲话揭示了人才在强国建设、民族复兴中的极端重要性，深化了对人才培养和教育强国建设的规律性认识，是做好新时代教育工作的根本遵循。

上海信息技术学校一直以来致力于落实党和国家对职业教育教学改革的新要求，在专业教育过程中坚持党对教育事业的全面领导，抓好课程思政，将思政教育有机融入课程教学的各环节，潜移默化地对学生进行思政教育，既有助于增强学生的思想道德素质，也有助于提升学生的学习动力，激发其创新创造潜能，促进其更好地学习专业知识、提升能力素质，进而切实提高学校人才培养的质量。在 60 多年的办学历史中，学校培养了 4 万多名优秀毕业生，为国家的腾飞和民族复兴大业增添了力量。在新时代背景下，学校积极响应新课改的要求，着力培养学生的核心素养，不断探索培养科学精神、创新意识与工程实践能力的教育路径。在此过程中，学校又通过设立创新学院，探索职普融通，联手头部企业开展科技夏令营等活动，促进教育与社会的融合。

近年来，围绕“大思政课”建设，学校组织全校教职工结合学校自身特色与专业建设情况，制定了落实中共中央、国务院关于“三全育人”（即全员育人、全程育人、全方位育人）要求的综合实施方案，旨在以学生成长与发展为中心，多角度、全方位、立体化综合育人，全覆盖、深层次地开展中等职业学校课程思政实践，从中探索出可供参考的典型方法与路径。本书的编写目的正在于总结上海信息技术学校如何在中等职业学校全面、深入地开展课程思政，以落实“三全育人”目标。书中还特别遴选了在实践中凝练出来的 26 个典型案例，为同样在探索之路上的读者提供一个课程思政的“上信方案”。

面向未来，上海信息技术学校将秉承“为党育人、为国育才”的初心使命，坚持“就业有优势、创业有能力、升学有希望、终身学习有基础”的办学理念，以“树信、乐业”的校训为引领，努力为培养和造就担当时代重任的接班人作出贡献。

本书编写委员会

2023 年 9 月 10 日

目录

课程思政建设方法篇

课程思政建设实践篇

课程思政建设方法篇

恰当的方法是课程思政取得实效的基本前提。上海信息技术学校深入贯彻落实全国高校思想政治工作会议精神，把思想政治工作贯穿教育教学全过程，推动课程思政与思政课程同向同行，挖掘各门课程的德育要素，探索课程思政实施策略和方法，完善思想政治教育课程体系建设，充分发挥中等职业学校各门课程的育人功能。

1 中等职业学校课程思政建设的时代要求

“培养什么人”是教育的首要问题。2018 年 9 月 10 日，在第 34 个教师节来临之际，习近平总书记在全国教育大会上发表了重要讲话，全面总结党的十八大以来教育改革发展实践中形成的新理念、新思想、新观点，围绕“培养什么人、怎样培养人、为谁培养人”这一根本问题，提出工作要求，作出战略部署，为加快推动教育现代化、建设教育强国、办好人民满意的教育指明了方向。

在 2023 年 9 月 9 日，第 39 个教师节到来前夕，习近平总书记致信全国优秀教师代表，总结了“心有大我、至诚报国的理想信念，言为士则、行为世范的道德情操，启智润心、因材施教的育人智慧，勤学笃行、求是创新的躬耕态度，乐教爱生、甘于奉献的仁爱之心，胸怀天下、以文化人的弘道追求”[1] 的中国教育家精神，强调了教育对于强国建设及民族复兴伟业的重要意义。教育是民族振兴、社会进步的重要基石，是功在当代、利在千秋的德政工程，对提高人民综合素质、促进人的全面发展、增强中华民族创新创造活力、实现中华民族伟大复兴起着举足轻重的作用。坚持中国特色社会主义教育发展道路，坚持社会主义办学方向，以凝聚人心、完善人格、开发人力、培育人才、造福人民为工作目标，培养德智体美劳全面发展的社会主义建设者和接班人，是中国特色社会主义新时代赋予中等职业教育的历史使命。

“培养什么人、怎样培养人、为谁培养人”是教育的根本问题，立德树人成效是检验学校一切工作质量的根本标准。落实立德树人根本任务，就是要将价值塑造、知识传授和能力培养三者融为一体，推进课程思政建设，寓价值观引导于知识传授和能力培养之中，帮助学生塑造正确的世界观、人生观、价值观，这不仅是人才培养的应有之义，也是新时代中等职业学校课程思政建设的时代形势。

1.1 新时代中等职业学校思政教育新要求

中等职业学校在人才培养和课程设置上可对标高等学校。因此，对照《高等学校课程思政建设指导纲要》（以下简称《纲要》），各校应当紧紧抓住教师队伍“主力军”、课程建设“主战场”、课堂教学“主渠道”，促使各类课程与思政课程同向同行，实现显性教育和隐性教育相统一，形成协同效应。

1.1.1 形成关于课程思政的共识

学校课程思政建设工作应当紧密围绕全面提高人才培养能力这个核心点，在所有专业/学科中全面推进，促使教师形成对于课程思政理念的广泛共识。对此，需要对广大教师开展课程思政建设的意识和能力方面的培训、实践、比赛等活动，全面提升教师课程思政与思政课程同向同行的设计能力、教学能力，解决好专业教育和思政教育“两张皮”问题，并推进课程思政的体制机制建设，促进立德树人成效得到进一步提高。

具备育人意识是教师落实课程思政的重要前提。具有育人意识的教师，能够充分调动学生的积极性，自觉把课程思政贯彻落实到教育教学各环节。课程具有价值属性，是学校落实立德树人根本任务的重要载体。任何课程不论性质如何，都具有思想政治教育功能。对此，应当从价值观角度切入，发掘课程的思政资源，进而上升到育人的高度，发挥协同育人效应。专业教师在开展课程思政的过程中，要充分认识到专业课程建设与专业人才培养的内在关联，着力突出课程建设的政治高度、人文情怀和责任担当。只有善于从专业知识背后的价值理念出发，善于寻找专业教育与价值教育相结合的点，把专业育人同培养社会主义事业建设者和接班人结合起来，在专业知识体系的教学目标勘定、内容设计、课堂互动、师生交往、教学评估等具体环节中渗透价值教育，才能防止“贴标签”和“两张皮”。

1.1.2 提升开展课程思政的能力

《纲要》指出：“全面推进课程思政建设，教师是关键。要推动广大教师进一步强化育人意识，找准育人角度，提升育人能力，确保课程思政建设落地落实、见功见效。”[2]换言之，落实课程思政建设要求的关键在于增强教师开展课程思政的意识，提升教师开展课程思政的能力。只有强化育人意识、找准育人角度、提升育人能力，才能更好发挥课程思政的育人效果。

提升教师的育人能力，要求教师拥有能够做、善于做、乐于做课程思政的本领和技能。课程思政的落实归根结底需要借助教师自身的能量，发挥教师的技能。课程思政以各类专业课教学活动为载体，因而教师自身的教学能力至关重要。教师只有不断提升教学技能，用心、用力、用情投入到教学实践活动中，才能持续提升自己的教学技能和教学水平。

全面推进课程思政建设，需要教师改变既有的教育观、教学观、育人观，在课程教学中增加价值的维度、育人的理念，拓展价值教育的本领和能力。从某种程度上来说，专业课程教师需要补上课程思政的课，有关部门应当通过将课程思政纳入教师岗前培训、在岗培训、教学能力专题培训和师德师风考评等措施，促使教师掌握专业育人、课程思政、思政教育的原理和技能，提高将专业和育人相结合的能力。

1.1.3 找准强化课程思政的角度

十年树木，百年树人。《纲要》指出："要切实把教育教学作为最基础最根本的工作，深入挖掘各类课程和教学方式中蕴含的思想政治教育资源，让学生通过学习，掌握事物发展规律，通晓天下道理，丰富学识，增长见识，塑造品格，努力成为德智体美劳全面发展的社会主义建设者和接班人。"[2] 教育的根本任务是立德树人，而课程育人工作的关键，就在于找到课程与育人相结合的现实抓手。

从经济社会发展大局找准课程思政的育人角度。教师在讲授课程时，要做到与党和国家大政方针、经济社会发展形势、国内国外局势紧密联系在一起，把课程的专业知识放在中华民族伟大复兴战略全局、世界百年未有之大变局的框架下讲深讲透。因此，教师不再是只守着自己"一亩三分地"的专业人员，而应该是关注人类社会发展、关心国计民生，且具有人文情怀和责任感的育人能手。

从社会主义核心价值观角度构建课程知识与思政育人的价值联结。《纲要》指出："教育引导学生把国家、社会、公民的价值要求融为一体，提高个人的爱国、敬业、诚信、友善、修养，自觉把小我融入大我，不断追求国家的富强、民主、文明、和谐和社会的自由、平等、公正、法治，将社会主义核心价值观内化为精神追求、外化为自觉行动。"[2] 课程思政担负着推进社会主义核心价值观进课程、进课堂的重要任务。每门课程的教师都应找准课程专业知识与社会主义核心价值观之间的关联点、契合点、对接点，挖掘思政资源，构建专业课程与社会主义核心价值观之间的价值联系。

总之，新时代对中等职业学校教师提出了新要求。如何找到教师开展课程思政建设的实践抓手，深化教师的课程思政理念，提升教师的育德育人能力和课程思政专业素养，调动教师开展课程思政建设的积极性、主动性和创新性，切实提升教师的课程思政育人水平，进而在培育德智体美劳全面发展的社会主义建设者和接班人过程中发挥关键性作用，是目前摆在各个学校面前的重大现实课题。

1.2 开展课程思政面临的问题与挑战

在《纲要》的指引下，全国各地各高校、职业学校积极响应文件要求，深入挖掘了课程思政内涵，努力实践、认真探索，开展了一系列课程思政的改革活动，如开发课程思政资源、拓展校内外思政教育活动、搭建思政教育线上学习和服务平台等，并取得了喜人的成果。同时，我们也看到，课程思政的建设绝不是一朝一夕就可以完成的，而是需要我们不忘初心、砥砺前行、持之以恒。在实际建设过程中，还存在许多困难需要去克服，也存在许多问题需要去解决，尤其是在深入挖掘课程思政内涵、构建课程思政教育体系、建设协同育人体制机制、探索课程思政实施路径等方面，需要我们加快步伐，加强关注，加紧研究。

1.2.1 对课程思政的认识存在误区

当前课程思政已成为职业学校教育教学改革创新的重要抓手，人们对于课程思政的探索和研究也在不断深入。但在实际教学中，一些教师对课程思政的认识有待深化，主要表现为对课程思政和职业素养的认识混淆不清。从概念上来看，“课程思政”的实质并不是另外增开一门课，也不是单独增设一项活动，而是将思想政治教育融入课程教学和改革的各环节、各方面，实现立德树人润物无声。[3] 职业素养是指职业人在从业过程中需要遵守的行为规范，是人们从事某种工作、专门业务或完成特定职责所具备的专业技能和道德操守的总和，一般包括职业道德、职业意识、职业行为习惯和职业技能等四个方面的内容。[4] 从二者之间的关系来看，课程思政和职业素养存在着交叉关系，即课程思政所涉及的内容囊括了职业素养的基本内涵，但又不仅仅局限于此，而是还包括社会主义核心价值观、中华优秀传统文化教育及宪法法治教育等其他内容。但在进行思政教育的过程中，一些教师只是围绕职业道德和工匠精神等方面的内容开展教学，并没有真正理解课程思政的内涵，对其概念的理解有待深化。

课程思政理念在整体育人、发展育人和协同育人三个层面还有待深化。首先，整体育人理念有待深化。一方面，学校层面尚未形成一整套融合创新协同的课程思政建设体系机制，顶层设计有待加强；另一方面，学校与政府、行业、企业、职教集团之间尚未形成合力，课程思政共同体的建设有待加强。其次，发展育人理念有待深化。部分教师未能做到以发展的眼光看待学生，未能意识到课程思政对学生未来持续发展具有重要作用，实际上，课程思政应当遵循为了学生的发展、在发展中促进学生的成长、全体学生的发展和学生个性化的发展相结合的理念。最后，协同育人理念有待深化。部分教师的视野依然局限于本门课程的教学，未能与其他课程形成场外协同效应，也未能与“三全育人”的第二、第三课堂遥相呼应。[5]

1.2.2 课程思政教育内涵有待挖掘

教育目标是党和国家对于教育效果的预设和期待。整体规划各类课程思政目标是学校课程思政建设的首要步骤和重要环节。从学校层面来看，在人才培养方案上，尚存在对思政教育与专业教育的目标统筹规划得不够科学、细致，尚未形成“学校思政教育总体目标—专业思政教育目标—课程思政目标—课时教学目标”这样完整的目标体系等问题。从教师层面来看，在日常教学过程中，教师都是依据人才培养方案及课程标准等纲领性文件进行教学，但涉及课程思政教育方面则缺少目标指引，只能依靠教师个人或同专业教师的力量去挖掘课程中蕴含的思政元素，容易导致课程思政教育零散而杂乱，难以形成系统化知识。

理解和把握各类课程的思政教育内涵，对于充分发挥各类课程的思政教育功能，推动课程思政与思政课程同向同行，培养德智体美劳全面发展的社会主义建设者和接班人具有十分重要的意义。[6] 中等职业学校课程一般包括公共基础课程、专业技能课程、专业实验实践课程、创新创业教育课程、社会实践类课程等。但在目前的思政教育建设中，一方面，各类课程自身独特的思政教育功能尚不明晰，思政教育具体的内容和元素需进一步挖掘；另一方面，各类课程在思政育人体系中的地位、关系有待明确，应当各有侧重、相互补充、相互支撑，使得各类课程能够真正组合形成一个有机系统，充分发挥课程之间的育人合力。

1.2.3 课程思政资源建设有待加强

课程思政的顺利开展离不开相应的蕴含思政元素的教学资源的支撑，这是提升课程思政教学效果的基础性要求。从当前资源建设的过程来看，主要存在以下三个方面的问题。

第一，课程思政教育资源缺乏收集。思政元素融入专业教学需要依靠有说服力、有感染力的教学资源，但在当前课程思政的建设过程中，受制于时间和精力等因素，教师缺少教学案例、媒体资源及教学项目等内容的支撑，难以灵活有效地将思政元素融入教学。

第二，思政资源的时效性仍需提升。教师在挖掘思政资源时应当做到“因事而化、因时而进、因势而新”，但目前多数教师在教学中往往是以被动的态度注入思政教育内容，自身没有及时补充鲜活的思政教育知识，更无法将其应用到教学之中。

第三，社会、行业和企业的实践资源挖掘不充分。思政教育内容相对较为抽象，并且学生处于社会大系统之中，仅凭借学校一方的力量，难以对学生进行全面的思政教育，这就需要社会、行业和企业等各方力量的参与。但在具体的思政教育实践过程中，许多学校并没有充分挖掘和利用社会、行业和企业的实践资源，并且在资源利用方式上也较为单一。

1.2.4 课程思政缺乏有效实施路径

课程思政如何具体落实到教学层面？各级各类学校均在探索和实践中形成了一些典型案例，但是有体系地构建、总结出实施路径的尚不多见。本书旨在对上海信息技术学校思政建设的方法、策略进行提炼，供学校与教师借鉴，以共同提高课程思政育人的整体效果。学校在开展课程思政探索的过程中，主要存在以下问题。首先，学生的自主学习、发展探索与创新实践的主观能动性没有被彻底地激发出来；其次，教学内容存在“硬融”，在对思政资源进行挖掘后，教师仍然难以寻找思政元素和专业课程间的契合点和教学的切入点，在实施过程中又缺乏创新，存在“表面化”现象，导致课程思政的实施效果不佳；最后，思政教学方法有待优化，有的学校课堂教学与现实结合不紧密，重活动轻引领，思政教学组织形式采用直接灌输、道德说教、流于形式的“贴标签”等显性表达方式，这些均不利于课程思政在实际教学层面的落实。

课程思政教学效果评价是春风化雨式的，需要潜移默化地开展，如何测评效果是课程教学实施过程中的一个难点。课程思政评价指标难以设计，目前缺乏完整的、体系化和规范化的评价体系。思政教学效果评价是思政教育中的重要一环，在日后的建设中应注重质性与量化相结合，不断健全思政教育评价体系。

1.2.5 课程思政的协同性存在不足

课程思政是教学体系，有公共基础课程、专业技能课程，也有实践类课程，三类课程的课程思政存在协同性问题。目前中等职业学校的第二课堂是实践类课程的主要载体，基本路径在于通过组织不同形式的实践活动，引导学生将理论认知外化为具体行动，在实践中逐步强化思想认知与价值理念，实现健全人格的塑造。在第二课堂中开展的讲座或者勤工助学、企业实践、创新创业、公益志愿服务等多种形式的校园活动中，课程思政的融合设计、协同教育依然不够充分。

第二课堂可较好做到聚焦学生特点，并经由多元的课程形式，弥补第一课堂中学生感悟不深的弊病。但是在真正借助第二课堂开展思政教育时，在授课过程中，有的教师虽然运用了不少红色影视资料、红色故事等教学素材，但是缺少对各个活动的课程思政起到协同作用的教学资源，导致活动内容相互间冲突或重复等问题。另外，若能搭建一个信息化平台，将这些资料进行统一的整理和陈列，教师可以充分利用信息技术构建网络交流渠道，将线下教育延伸到线上开展，还可以在此基础上建构思政学习园地，组建学习小组和社区，做到及时掌握学生的认知情况，了解学生的学习动向，从而进一步促进课程思政建设过程中的师生互动。

相较于以理论教学为主的第一课堂而言，第二课堂还具有内容丰富、形式多样的特点，能够成为第一课堂的补充与延伸。思政教育要落实立德树人根本任务，起到育人的效果，需要第一课堂理论教学与第二课堂实践教学充分融合、协同，共同对学生起到教育作用。教师的社会实践能力关系到实践教学的质量，第一课堂与第二课堂融合，需要教师在建构完整的思想政治理论知识体系的基础上，以较强的实践教学能力更好地指导第二课堂的实践活动。目前，许多学校一直鼓励教师积极参加各类实践活动，但由于时间和专业的限制，许多教师无法得到有针对性的实践锻炼。企业不加区分地实施“大水漫灌”式的培训，所提供的不少实践项目缺乏对培训对象的精准识别，设计的培训方案也缺乏科学依据，这样的培训难以满足不同层次、不同专业的职校教师的个性化培训需求。

1.3 新时代课程思政的实践思路

课程思政是新时代思想政治教育发展的重要方向。因此，理解和把握新时代课程思政的内涵、特点及难点，并积极寻求应对之策，对于在推动课程思政与思政课程同向同行的基础上充分发挥各类课程的思政教育功能，进而培养德智体美劳全面发展的社会主义建设者和接班人，最终助推中华民族伟大复兴中国梦的实现具有十分重要的意义。

1.3.1 把握好新时代课程思政内涵

所谓课程思政，简言之，即将包括思想政治教育的理论知识、价值理念以及精神追求等在内的各类思政元素融入各门课程之中，进而潜移默化地对学生的思想意识、行为举止产生影响。在实践过程中，要抓住以下两个重点。

1. 从专业人才培养角度寻找课程与育人的结合点

课程思政的实施需要与不同类型课程的教学目标紧密结合起来。各类课程分布于不同的学科专业，是专业人才培养的基本载体。实际上，它们不仅具有培养专业人才的价值，而且对于培养社会主义事业建设者和接班人也起着一定作用。在开展课程思政的过程中，教师要熟悉课程建设的价值目标，将课程的专业人才培养目标与党和国家对人才的需要结合起来，寻找两者的最佳结合点。

2. 从人才成长规律角度寻找能力与品行的结合点

中国特色社会主义教育本身就秉持着将知识体系教育和思想政治教育结合起来的理念。课程思政正是践行这一理念的重要举措，具体路径在于将教书育人规律、学生成长规律和思想政治工作规律紧密结合起来，将立德树人内化到学校建设和管理各领域、各方面和各环节，从人才成长规律角度寻找能力与品行的结合点，最终促使思想政治教育至柔至刚、滋润万物的精神力量贯通到教师的课堂之上、贯穿于学生的成长之中，引人以大道，启人以大智。

1.3.2 树立课程思政协同保障意识

课程思政要实现的目标是各类课程与思想政治理论课同向同行，形成协同效应，建立完善的思想政治教育协同育人机制。因此在实践中，必须着力于从以下四个方面入手树立协同保障意识。

1. 实施思想动员，形成协同意识

学校党组织应当召开课程思政与思政课程协同推进会，从思想、行动上动员全体教师，组建由思政课与非思政课教师构成的合作团队，通过相互学习、共同探究，实现教师、教学和管理的协调联动。

2. 创新机构改革，达成管理协同

设立“课程思政与思政课程协同育人机制”改革领导小组，实施书记是协同机制建设第一责任人的工作基本路径，严肃政治纪律，强化监督机制，强化政治意识和底线意识。行政部门组织实施，做好顶层设计、规划部署，健全督导、督学等具体职责，各专业教学部履行课程思政与思政课程协同改革的具体责任。

3. 加强师资建设，促进教师协同

办好思想政治教育关键在教师。一方面，依据“政治要强、情怀要深、思维要新、视野要广、自律要严、人格要正”六项要求开展教师队伍建设，进一步强化广大教师育人意识，提升其育人能力。另一方面，建立健全教师协同机制，搭建交流平台，经常性开展现场教学观摩、经验交流等活动，促进教师互帮互学互助合作；建立校内教师协同学习共同体，建立“名师+团队”学习组等，建设一支信仰坚定、甘于奉献、能力过硬的育人队伍。

4. 科学挖掘凝练，实现内容协同

课程思政的内容必须与思政课程教学内容同向同行，才能相互佐证、巩固，进而切实提升社会主义意识形态的影响力。课程思政内容应根据政治性和学理性相统一、价值性和知识性相统一等要求进行挖掘筛选，“坚持用习近平新时代中国特色社会主义思想铸魂育人，以政治认同、家国情怀、道德修养、法治意识、文化素养为重点，以爱党、爱国、爱社会主义、爱人民、爱集体为主线”[7]，引导学生增强四个自信，培养爱国主义情怀。

2 中等职业学校课程思政建设的方法及策略

中等职业学校在课程教学中开展思政建设，是教育教学改革的发展趋势，也是新时代教育改革的重要内容。为此，需要在机制建设、体系构造、团队组建、方法选取等多个层面实现全面重塑、重构、重建，突出强调以人为本、科学发展等教学理念，促使教师形成关于课程思政的共识，形成中等职业学校课程思政教育的强大合力，全程推动课程思政教育工作的开展。

新时代中等职业学校开展课程思政建设可以从系统性策略、整体性策略、协同性策略、辩证性策略四个维度全面、全程展开。

2.1 设计系统性策略，保障推进课程思政实施

课程思政是一项系统性工程，做好课程思政顶层设计，是全面开展课程思政的前提和保障，有助于促使课程思政建设各个环节实现关联和覆盖。

2.1.1 课程思政系统性策略内涵

系统性策略是一种管理原理，主要包括整体性原理、开放性原理、动态性原理、综合性原理、适应性原理五个方面，属于管理体系范畴。因此，中等职业学校的课程思政应当在党委领导下，由专门的课程思政领导小组进行课程思政体系建设的统筹规划，即：制定并完善相关制度，根据上级指导性文件和学校自身特点，制定课程思政体系建设总体规划，明确课程思政的建设目标、内容、实施、考核等全过程管理机制，形成自上而下的“学校思政教育总体目标—专业思政教育目标—课程思政目标—课时教学目标”的完整目标体系。与此同时，开展全体教职员工“培训—实施—研讨—再培训—再实施”系列工作，在不断往复中总结经验，找寻最合理的课程思政方法。

在学校课程思政实施中，系统性策略需要完成的工作有如下几个方面：

1）成立课程思政领导小组；

2）落实课程思政研究、实施的机构部门；

3）制定课程思政的相关制度；

4）制定课程思政建设规划。

2.1.2 保障推进课程思政实施

《中华人民共和国职业教育法》规定，“职业教育是与普通教育具有同等重要地位的教育类型”“实施职业教育应当弘扬社会主义核心价值观，对受教育者进行思想政治教育和职业道德教育，培育劳模精神、劳动精神、工匠精神，传授科学文化与专业知识，培养技术技能，进行职业指导，全面提高受教育者的素质”。课程思政是落实思想政治教育内容的重要抓手。职业教育的类型定位决定了中等职业学校课程思政的出发点是为国家战略服务、为产业发展服务、为企业转型升级服务、为个人全面发展服务。

1. 系统性策略一：落实课程思政推进的执行部门

在中等职业学校开展课程思政，在以书记为组长的专班领导下，作为系统性策略之一的是，成立落实课程思政推进的执行部门。该部门需要研究课程思政如何与专业教学相融合的相关问题，具体涉及融什么、怎么融、融得怎样等方面，在此基础上指导教师开展课程思政。一段时间以来，教师在教学中较为注重知识与技能的传授，在工作中较为熟悉专业技能方面的工作，平时承担了繁重的教学任务与学生管理工作。《纲要》指明，“要根据不同学科专业的特色和优势，深入研究不同专业的育人目标，深度挖掘提炼专业知识体系中所蕴含的思想价值和精神内涵，科学合理拓展专业课程的广度、深度和温度，从课程所涉专业、行业、国家、国际、文化、历史等角度，增加课程的知识性、人文性，提升引领性、时代性和开放性”[2]。中等职业学校的专业课程在课程的性质上与高等学校有相通性，专业课教师又是中等职业学校的主体，开展课程思政，要求教师在进行课程思政教育实践时做到以下三个方面：一是知识面要广，能全面了解所授课程、所在专业的行业、产业背景和国家政策，专业或学科的发展史，典型事件典型人物等，将其融入所授课程；二是思想性要深，能在深入分析学情的基础上，促使对课程思政元素的挖掘紧扣新时代高素质技术技能型人才培养要求，深挖课程教学内容中所蕴含的思想性、科学性价值，将产业的科技发展趋势等先进元素融入课程，引导学生聚焦国家战略和关键技术，将知识与技能的传授同思想政治教育、价值观塑造融于一体，帮助学生领悟“为何学”“怎样学”“为谁学”等问题；三是师德师风要正，教师本身是“行走的教科书”，这便要求教师在情感、态度、学术、价值、思想、思维、胸怀、视野等方面发挥表率作用。落实如上要求需要学校做好系统性安排，完成好组织机构、机制管理、考核推动等工作，这样方能全面而顺利地推进课程思政的实施。

2. 系统性策略二：建立集体备课制度

在新的时期，教育部也对广大教师提出了更高的要求。《新时代中小学教师职业行为十项准则》明确了以下几个方面。①坚定政治方向。坚持以习近平新时代中国特色社会主义思想为指导，拥护中国共产党的领导，贯彻党的教育方针；不得在教育教学活动中及其他场合有损害党中央权威、违背党的路线方针政策的言行。②自觉爱国守法。忠于祖国，忠于人民，恪守宪法原则，遵守法律法规，依法履行教师职责；不得损害国家利益、社会公共利益，或违背社会公序良俗。③传播优秀文化。带头践行社会主义核心价值观，弘扬真善美，传递正能量；不得通过课堂、论坛、讲座、信息网络及其他渠道发表、转发错误观点，或编造散布虚假信息、不良信息。④潜心教书育人。落实立德树人根本任务，遵循教育规律和学生成长规律，因材施教，教学相长；不得违反教学纪律，敷衍教学，或擅自从事影响教育教学本职工作的兼职兼薪行为。⑤关心爱护学生。严慈相济，诲人不倦，真心关爱学生，严格要求学生，做学生良师益友。⑥加强安全防范。增强安全意识，加强安全教育，保护学生安全，防范事故风险。⑦坚持言行雅正。为人师表，以身作则，举止文明，作风正派，自重自爱。⑧秉持公平诚信。坚持原则，处事公道，光明磊落，为人正直。⑨坚守廉洁自律。严于律己，清廉从教。⑩规范从教行为。勤勉敬业，乐于奉献，自觉抵制不良风气。[8]（节选）

从经济、环境、文化等方面来看，进入新时代，中国面临着诸多压力和挑战，主要包括以下几个方面。①经济方面：贸易摩擦、经济增长放缓、结构性调整等，需要我们采取更加有效的措施予以应对，防范和化解重大经济风险。②环境方面：污染、气候变化等，需要我们采取更为积极的应对措施，否则将对人类生存和发展构成严重威胁。③文化方面：尊重多元文化、推动文化创新等，需要我们保持开放的态度，以适应全球化、信息化、多元化的时代特征。

综上所述，国际、国内、职业要求等方面都要求教师用新的视角和思维去形成价值认识，并在此基础上形成对学生的引领。中等职业学校需要抓住教师队伍“主力军”、课程建设“主战场”、课堂教学“主渠道”，充分发挥职业教育的一体化教学特色。在关注青年学生的价值观念、学习态度及行为表现的同时，通过建立集体备课制度，实现同一个专业、同一个学科内部的教师以教研组为单位，共同学习、共同进步，共同研讨如何挖掘思政元素，设计融入性的教学活动，开发思政教学资源，“守好一段渠、种好责任田”，落实好育人责任。

2.2 构建整体性策略，统筹规划课程思政体系

习近平总书记在关于“大思政课”的重要指示中强调：“思政课不仅应该在课堂上讲，也应该在社会生活中来讲。”[9]“大思政课”不仅是指导新时代思想政治教育守正创新的重要理念，而且是思想政治教育领域的系统性实践理念。同时，课程思政与思政课程二者在根本任务、育人目标、教学任务上具有一致性，但在“思政”的重点、地位和实施渠道上有所区别。[10]在明确二者间既有区别又有联系的基础上把二者有机结合起来，需要重视在课程思政实践中构建整体性策略。

2.2.1 课程思政整体性策略内涵

整体性原理强调的是将系统要素作为一个整体来进行协调、研究，而系统性原理则强调用系统的手段与方法对系统要素进行管理分析。整体性原理也隶属于系统性原理，相比于系统性原理而言，整体性原理更强调整体的最优化。

课程思政整体性策略就是从课程思政实施的多个维度开展系列研究，不仅要牢牢抓住第一课堂，科学设计第一课堂课程教学，使思政课和专业课相互配合、相互补充，而且要注重第二课堂育人作用，精心组织科技、体育、文化各类校园活动，让学生在参与活动中受教育、长才干；同时加强社会育人的重要功能，将志愿参与社会活动作为重要的指标，纳入学生培养体系之中。

在学校课程思政实施过程中，落实整体性策略需要完成如下几个方面的工作：

1）开展课程思政教学研究；

2）建设课程思政服务平台；

3）开发课程思政资源；

4）创新课程思政教学方法。

2.2.2 统筹规划课程思政体系

课程是学校开展教育教学活动的主要载体，课程思政一定要抓住课程这个主要矛盾，统筹规划课程思政体系。课程思政要求思政课之外的其他所有课程都承担育人责任，将思想政治教育融入课程教学和改革的各环节、各方面，落实立德树人根本任务，课程教学的首要目标是培育正确的人生观和价值观。所谓“其他所有课程”，主要包括公共基础课程、专业教育课程和实践类课程等，这类课程构成了中职生课程体系的主要组成部分，是不容忽视的思政教育平台。

1．整体性策略一：整合思政元素进入三大课程体系

公共基础课程肩负着人文素养、数理思维、体育精神、审美素养等核心素养的培育任务。中等职业学校公共基础课程包括思想政治、语文、数学、英语、历史、体育与健康、艺术、信息技术、化学和物理这十门。对照新课标可知：语文学科四大核心素养包括语言理解与运用、思维发展与提升、审美发现与鉴赏、文化传承与参与；数学学科六大核心素养包括数学运算、直观想象、逻辑推理、数学抽象、数据分析、数学建模；英语四大核心素养包括职场语言沟通、思维差异感知、跨文化理解、自主学习等。每门公共基础课程的核心素养本身就包含有思政价值。通过对新课标中学科核心素养的分析可知，其主要包括概念性素养、方法论性素养、技能性素养和价值观素养四大层面。概念性素养指的是扎实的专业知识、探究精神、综合判断能力、科学成才观、正确处世观等。方法论性素养指的是通过实践、反思、沟通、研究与发现来提升思想、认知和技能水平。技能性素养指的是具备交流技能、问题解决技能、决策技能、创新技能、社会技能、协作技能等。价值观素养指的是具有弘扬真理、尊重差异、坚持正义、珍爱生命、推崇自由、争取公平的价值观和道德观。

专业教育课程在传授专业知识与技能的同时，肩负培育学生政治认同、家国情怀、文化素养、宪法法治意识以及道德修养等核心素养的使命。专业课教师要为党和国家培养“技能报国”的社会主义建设者和接班人。《上海信息技术学校课程思政工作方案》中整体规划的专业教育课课程思政的工作内容如下。

1）修订现有课程标准和教学设计。把课程思政作为课程标准和教学设计评价的重要内容，在课程目标设计、教学内容、教材选用、教学设计和教学活动编排等方面加以体现，并贯穿于课堂授课、教学研讨、实验实训、课后作业等各环节。积极探索课程思政多元化教学形式，采用案例式、专题式、讨论式、启发式、问题式等多种教学方法，注重现代信息技术在课程思政教学中的应用，将课程思政教育元素融入教学设计各个环节，最终能在课堂上有效呈现。

2）深入梳理并挖掘课程思政元素。深入梳理专业课程教学内容，根据学校各个系部不同的课程特点、思维方法和价值理念，深入挖掘课程思政元素，梳理核心素养与课程思政元素的关系，有机融入课程教学，达到润物细无声的育人效果。

3）完善教学途径与学业评价体系。鼓励各课程教师结合课程特点，主动利用优质线上教学资源，结合课程线上教学平台等课程互动软件，在课上和课后与学生加强互动，构建泛在课程思政教育环境，帮助学生发现其学习瓶颈，鼓励学生分享其学习感悟，协助学生解决其学习困惑，并在此过程中实现价值塑造和课程思政教育。在学生学习评价过程中通过采取灵活多样的考核形式，加强对学生理论素养、情感态度、价值观念、行为表现、综合能力等方面的评估和考核，巩固和提升专业课的思政教育效果。

实践类课程指校内外各种实践类活动，旨在促使学生做到理论联系实践，学中做、做中学，学思结合、知行合一、敢闯会创，从而锤炼其品质。对此需要深入挖掘第二课堂的思政教育元素，深入开展多种形式的社会实践、志愿服务、实习实训活动，努力拓展课程思政建设方法和途径。各职能部门在工作计划与实施过程中协同系部教学工作，开展课程思政，并纳入工作考核。

2. 整体性策略二：提升师资团队的思政教学能力和师德师风

为深入推进全体教师开展课程思政工作，将思政教育元素像盐溶化到汤里一样，让学生从“汤”里品出“盐”的滋味，需要提升教师团队的教学能力。

制定全面培训计划。学校自 2020 年起制定课程思政工作三年规划，明确了政策学习、高校引领、专家培训、名家辅导、实践改进等一系列培训计划。首先，组织教师认真研读《中共中央 国务院关于全面深化新时代教师队伍建设改革的意见》《高等学校课程思政建设指导纲要》《职业教育提质培优行动计划（2020—2023 年）》等一系列相关文件，深刻领会文件精神，提升教师思想政治素质、全面加强师德师风建设，遵循教育规律和教师成长发展规律，提升教师素质能力。其次，定期聘请高校马克思主义学院、思想政治研究院的专家来校作领学报告，从政策要求、行动指引、典型案例等多维度进行剖析，提升教师课程思政的理解力、领悟力。在专家的指导下制定了《上海信息技术学校课程思政工作方案》，为全面推进课程思政做好准备工作。最后，进入课程思政实践环节，学校开展课程思政的总动员、总宣传，每位教师对自己任教的课程开展思政元素融入的教学整体设计，再选择其中的 1 课时，进行教学实施设计，撰写教案，制作 PPT，开展说课汇报。全校四系一部（四个专业系、一个基础部）分成五个小组，在集体备课的基础上，进行汇报评选，完成第一轮的整体性工作。表 2-1 便是思政元素融入教学整体设计的一个示例。

表 2-1　思政元素融入教学整体设计示例

课程模块	教学目标	思政元素	载体/情景/资源	教学方法/途径

注重师德师风教育。强化教师政治理论学习，加强师德师风教育，上海信息技术学校除开展校内培训外，组织各层级教师参加国家级职业培训示范项目“职业院校教师职业规范和思想政治素养”课程模块，着力提升教师政治素养、师德修养，切实担负起教

书育人的神圣使命。在学校党委的主持下，学校开展师德师风评选，发布《关于开展上海信息技术学校“师德之星”评选活动的通知》（图 2-1），鼓励教师积极填写“师德之星”推荐表（图 2-2），评选师德优秀的教师，并组织交流学习，采用多种方式将学习宣传工作推向深处，弘扬高尚师德，感召引领全体教师，将榜样力量转化为教师的生动实践。

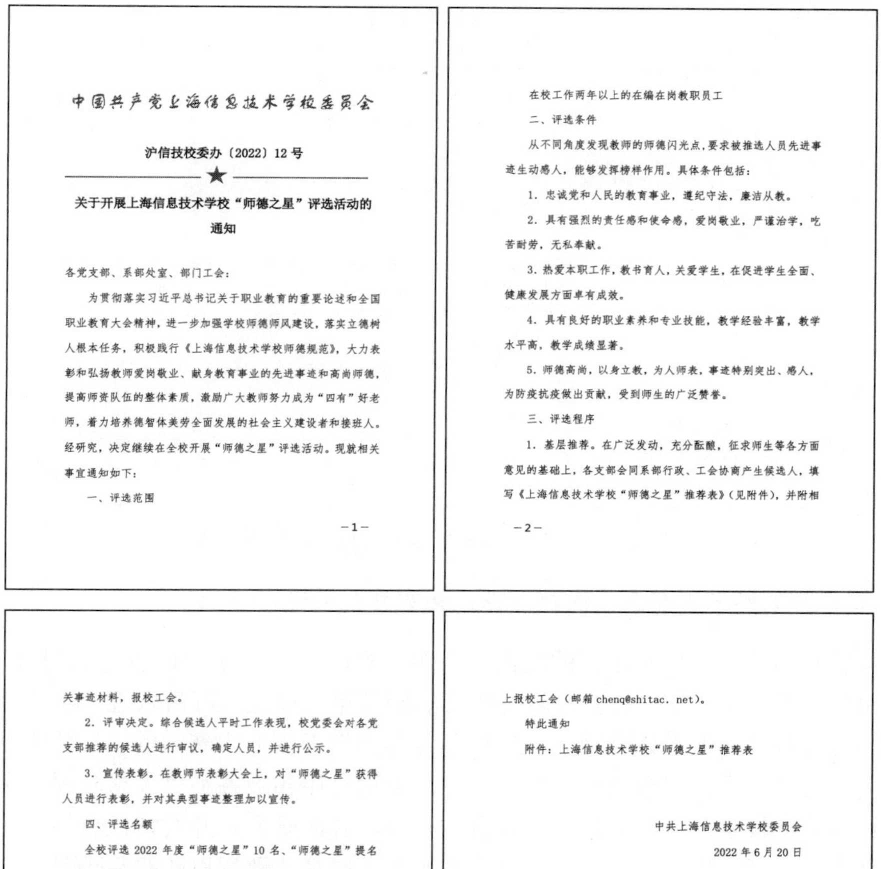

中国共产党上海信息技术学校委员会

沪信技校委办〔2022〕12号

关于开展上海信息技术学校“师德之星”评选活动的通知

各党支部、系部处室、部门工会：

为贯彻落实习近平总书记关于职业教育的重要论述和全国职业教育大会精神，进一步加强学校师德师风建设，落实立德树人根本任务，积极践行《上海信息技术学校师德规范》，大力表彰和弘扬教师爱岗敬业、献身教育事业的先进事迹和高尚师德，提高师资队伍的整体素质，激励广大教师努力成为“四有”好老师，着力培养德智体美劳全面发展的社会主义建设者和接班人。经研究，决定继续在全校开展“师德之星”评选活动。现就相关事宜通知如下：

一、评选范围

－1－

在校工作两年以上的在编在岗教职员工

二、评选条件

从不同角度发现教师的师德闪光点，要求被推选人员先进事迹生动感人，能够发挥榜样作用。具体条件包括：

1．忠诚党和人民的教育事业，遵纪守法，廉洁从教。

2．具有强烈的责任感和使命感，爱岗敬业，严谨治学，吃苦耐劳，无私奉献。

3．热爱本职工作，教书育人，关爱学生，在促进学生全面、健康发展方面卓有成效。

4．具有良好的职业素养和专业技能，教学经验丰富，教学水平高，教学成绩显著。

5．师德高尚，以身立教，为人师表，事迹特别突出、感人，为防疫抗疫做出贡献，受到师生的广泛赞誉。

三、评选程序

1．基层推荐。在广泛发动，充分酝酿，征求师生等各方面意见的基础上，各支部会同系部行政、工会协商产生候选人，填写《上海信息技术学校“师德之星”推荐表》（见附件），并附相

－2－

关事迹材料，报校工会。

2．评审决定。综合候选人平时工作表现，校党委会对各党支部推荐的候选人进行审议，确定人员，并进行公示。

3．宣传表彰。在教师节表彰大会上，对“师德之星”获得人员进行表彰，并对其典型事迹整理加以宣传。

四、评选名额

全校评选 2022 年度“师德之星”10 名、“师德之星”提名奖若干，其中各支部推荐候选人名额不超过部门总人数的 10%。获评结果纳入学校年度考核考评范围统筹部署。

五、工作要求

1．各支部要高度重视、精心组织推荐工作，按照公平、公正、公开的原则，严格执行评选条件，严格遵循评选程序，认真做好遴选和评审推荐工作。

2．把评选过程作为学习典型、宣传典型的良好机会，在全校掀起弘扬高尚师德、比学赶超身边先进的热潮，推动践行师德教育活动的深入开展。

3．各支部在 6 月 30 日前进行推荐，并将推荐表等相关材料

－3－

上报校工会（邮箱 chenq@shitac. net）。

特此通知

附件：上海信息技术学校“师德之星”推荐表

中共上海信息技术学校委员会

2022 年 6 月 20 日

上海信息技术学校行政管理中心　　2022 年 6 月 20 日印发

－4－

图 2-1　开展“师德之星”评选活动的通知文件

<table>
<tr><td colspan="6">上海信息技术学校“师德之星”推荐表</td></tr>
<tr><td>姓名</td><td></td><td>性别</td><td></td><td>出生年月</td><td></td></tr>
<tr><td>政治面貌</td><td></td><td>学历</td><td></td><td>所在支部</td><td></td></tr>
<tr><td>现任职务</td><td></td><td>职称</td><td></td><td>联系电话</td><td></td></tr>
<tr><td>先进事迹概要</td><td colspan="5">（限 300 字以内）</td></tr>
<tr><td>支部推荐意见</td><td colspan="5">（盖章）
年　　月　　日</td></tr>
</table>

图 2-2　上海信息技术学校“师德之星”推荐表

3. 整体性策略三：整合校内外资源，拓宽育人渠道

中等职业学校本身拥有丰富的校内外资源，例如，以校园文化为核心开展的校园活动第二课堂，以校企合作、社会实践为核心的校外第三课堂，可借此进一步整合并开展多样化的实践教学。组织并鼓励学生参加各级各类创新创业大赛中的“红色文创”类项目、持续开展“工匠、劳模进校园”活动等。主动对接各级各类“大思政课”实践教学基地，开展现场教学，与基地建立长效合作机制，合作研究和开发特色资源。尤其是利用好校企合作资源，打造高水平产教融合基地，共同打造课程思政精品项目，凸显职业院校特色。积极推动学校思政小课堂同社会大课堂相结合，由校内向校外延伸。对于一个人的成长来说，课堂无处不在，无时不有。“世事洞明皆学问，人情练达即文章。”思政课程在一定程度上存在抽象性和理论性较强、趣味性和实践性不足的特点，思政教育要走出传统课堂，走向社会，在实践中实现理论联系实际，才能在此基础上对理论形成更深的理解和体会。

对照教育部等十部门印发的《全面推进“大思政课”建设的工作方案》文件要求，围绕新时代的伟大实践，充分挖掘地方红色文化、校史资源，将伟大建党精神、科学家精神、载人航天精神等伟大精神，生动鲜活的实践成就，以及英雄模范的先进事迹等作为学习载体引入课堂。学校思政小课堂与社会大课堂有机结合，方能提升思政教育的实

效。具体举措如下：

1）加强和规范实践教学。各类实践教育基地的选取、活动的设计、课时的合理性、效果的评估等都需要精心研究制定。

2）构建实践教学工作体系。建立党委统一领导，思政教研组积极协调，教务科、宣传科、学生科、团委等职能部门密切配合的思政课实践教学工作体系。将思政课教师、班主任指导学生开展实践活动、指导学生社团工作等纳入教学工作量。参照学生专业实训（实习）标准设立思政课实践教学专项经费。

3）落实实践教学学时学分。安排一定比例的课时用于学生社会实践体验活动，并将其纳入人才培养方案的课时计算中，促使参与社会实践活动成为学生培养的抓手。例如，参加教育部持续组织开展的中国国际“互联网+”大学生创新创业大赛、“青年红色筑梦之旅”、“习近平新时代中国特色社会主义思想大学习领航计划”、职业院校“技能成才 强国有我”系列教育等活动。

4）组织开展多样化的实践教学。学校要紧扣思政课实践教学目标和要求，利用志愿服务、理论宣讲、社会调研等实践活动，开展实践教学。注重总结实践教学成果，把优秀成果作为课堂教学的有效补充，支持思政课实践转化为教学成果，推动实践教学规范化。

5）积极开发现场教学课程和资源。学校要主动对接各级各类实践教学基地，开发现场教学专题，开展实践教学。有条件的学校可与有关基地建立长效合作机制，加强研究和资源开发。

理论联系实践，理实一体，才能将知识内化为情感，知行合一，思政教育同样不只是专业的抽象理论，日常生活是将思政教育内容予以转化的场景，要让学生在生活场景中形成认识，养成习惯，涵养品德，坚定信念，培养核心素养和关键能力，肩负起实现中华民族伟大复兴的时代重任。表 2-2 列出了上海信息技术学校社会实践基地清单，供读者参考。

表 2-2 上海信息技术学校社会实践基地清单

序号	实践类型	实践基地
1	爱国主义教育	上海市青少年校外活动营地“东方绿舟”
2	军事训练、国防教育	上海市青少年校外活动营地“东方绿舟”
3	公共安全教育	上海市青少年校外活动营地“东方绿舟”
4	志愿者服务	上海图书馆、同济医院、儿童医院、上海科技馆、上海植物园、古猗园、汽车博物馆
5	劳动教育	上海市金山区高楼村
6	学生创新创业基地	学校门面房、7 号楼
7	红色教育基地	中共一大会址、中共二大会址、上海市历史博物馆（上海革命历史博物馆）、上海市龙华烈士陵园、上海四行仓库抗战纪念馆等

学校作为思政教育的主体，要积极思考，有所作为，主动对接、开拓社会大课堂的资源，拓展思政课堂的时空。具体举措如下：

1）善用周边资源。利用学校周边的社区、街道、乡村、派出所、消防、警民共建平台等，带领学生走进社区服务居民，走到田间体验劳动，邀请消防、民警、武警等开展消防知识、法治知识讲堂。

2）对接共建基地。学校主动对接或开拓共建思政教育基地，如社会实践基地、劳动教育基地、素质拓展基地、爱国主义教育基地，带领学生走出学校、走进基地，提供各类志愿者服务、劳动教育和素质拓展等。

3）开展校企合作。产教融合、校企合作，让学生在实习实训环节中做到理实一体，学校与企业携手共育社会需要的有用人才。

4）抓好红色资源。利用好城市中的历史博物馆、名人纪念馆、科技博物馆、自然博物馆、中共党代会会址等思政教育的有效实践场所进行红色教育。

5）巧用公共资源。公园、剧院、音乐厅等公共资源可以促进人文与艺术素养教育。

在网络环境下，现代信息技术与数字技术的发展为学生提供了更广阔的学习空间，但其中也混杂着许多干扰和不良宣传。思政教育要主动出击，不仅涵盖线下实体课堂，还可以延伸至线上虚拟课堂，引领学生正确的世界观、人生观、价值观的塑造与形成。在虚拟课堂中，学生可以与教师、同学互动、交流，分享思想、问题和答案。虚拟课堂的学习可以在任何地点、任何时间进行，便捷高效，不受时空的限制，学生可以利用碎片化时间加强学习。思政虚拟仿真体验课程可以实现：

1）虚实融合。创新思想教育形式。思政虚拟仿真体验课程的建设是充分利用虚拟时空进行思政教育的另一种形式，通过开发和共享虚拟思政课堂，有助于实现思政内容和信息技术的融合，给学生更好的知识体验，提升思政教育的效果。

2）馆课结合。利用网上共享资源如数字博物馆、红色教育场馆、历史人物故事，带领学生重温历史重大事件，体验历史人物革命精神，感受红色思想，激发爱国主义情感。

学校要统筹校内校外课堂、线下线上资源，如图 2-3 所示，实现理论与实践紧密结合，促进学生走出教室，走出学校，走进社会，在社会大课堂和虚拟网络课堂中了解国计民生，回应时代召唤，践行青年担当。

4. 整体性策略四：建设思政教育服务平台

学校建设“大思政课”育人体系，为师生提供优质思政教育服务，搭建思政教育服务平台，将思政教育所有课程资源、教师成长、学生发展、思政管理、考核评价等纳入思政教育体系，协同管理，服务于思政教育。

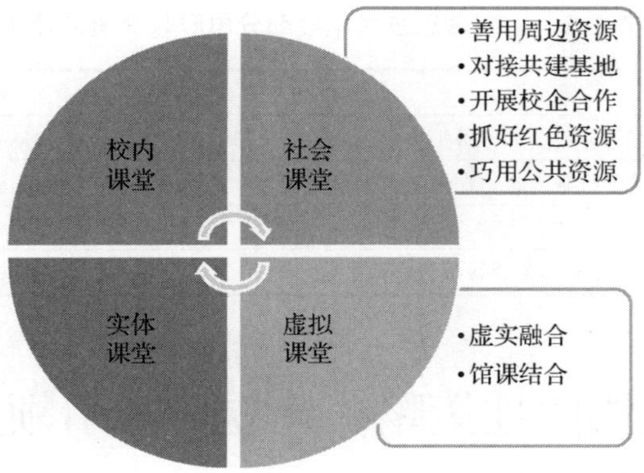

图 2-3　拓展思政课堂时空

学校可在以下几个方面建设思政教育服务平台，如图 2-4 所示。

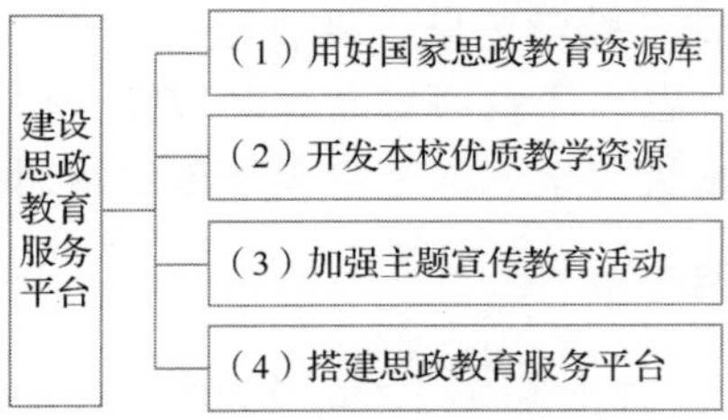

图 2-4　思政教育服务平台可发挥的作用

1）用好国家思政教育资源库。教育部在推进“大思政课”建设的过程中，开发和建设了国家智慧教育平台的思政课程群。中等职业学校可以充分、合理地利用国家智慧教育平台，形成具有自身特色的课程资源库，将优质的课程资源纳入学校资源库，为学校教师和学生提供丰富的课程资源。

2）开发本校优质教学资源。有条件的学校可以组织本校教师开发科学权威、适合本校专业特色的课程思政课件、讲义，打造思政课程与课程思政案例库、重难点问题库、素材库、在线示范课程库等，并做好资源开发的激励措施，调动教师思政资源开发的积极性，激励教师不断推出一批思政示范课，打造一批思政示范教学团队。

3）加强主题宣传教育活动。依托教育部“大思政课”网络教育宣传云平台，组织开展“大思政教育”主题宣传活动和“同上一堂思政大课”活动。开门办思政课，调动各种社会资源，加强各方协同联动。

4）搭建思政教育服务平台。学校构建思政教育服务体系，为教师成长、学生发展、思政管理等提供平台，实现线上线下联动、校内校外协同，发挥助教、助学、助管服务功效。上海信息技术学校提供了一系列思政教育资源，部分资源清单如表 2-3 所示。

表 2-3　上海信息技术学校部分思政教育资源清单

序号	资源名称	资源路径
1	国家智慧教育公共服务平台	www.smartedu.cn
2	上海信息技术学校数字媒体在线教育平台	https://www.shitac.net
3	上海信息技术学校党史学习教育平台	https://www.shitac.net
4	职业教育课程思政集体备课智慧教研室平台	https://strs.icve.com.cn/

2.3　创立协同性策略，建立名师引领工作机制

全面推进课程思政建设的关键是教师。《纲要》明确指出：“要推动广大教师进一步强化育人意识，找准育人角度，提升育人能力，确保课程思政建设落地落实、见功见效。”“充分发挥教研室、教学团队、课程组等基层教学组织作用，建立课程思政集体教研制度。鼓励支持思政课教师与专业课教师合作教学教研，鼓励支持院士、“长江学者”、“杰青”、国家级教学名师等带头开展课程思政建设。”[2]

2.3.1　课程思政协同性策略内涵

课程思政是一项大工程，需要各部门之间及教师之间的协同。协同性策略就是建立协同机制、协同组织，通过集体备课，找到最合适的方法、角度和资源，使课程思政效果最大化。

2.3.2　建立名师引领工作机制

课程思政名师工作室就是由资深教师、思政教师、骨干教师、企业大师等 6～8 人组成的工作坊，是教师成长的孵化器，是教师成长的摇篮。借鉴教育部课程思政集体备课的思路，上海信息技术学校成立了 12 个名师工作室，其中的一项重要任务就是课程思政集体备课。图 2-5 展示了学校为课程思政名师工作室机制制定的相关文档。

1. 协同性策略一：探索工作室间协作方式

名师工作室聚焦学员发展，扬优势，补短板，在为学员量身定制个性化、针对性带教方案和学员发展规划的同时，为每个人分别制定提升目标。为达成目标，通过整合工作室资源，推动工作室间成员跨室携手积极参加教师教学能力大赛、头脑风暴、专题研讨、集体说课、共同磨课等活动，以赛促教、以赛促研，鞭策教师不断学习，共同促进，相互成就，相互启发，实现队伍间的有机结合、相互配合，在过程中坚定教师的政治立场。

上海信息技术学校

沪信技校办〔2022〕8号

关于印发《上海信息技术学校名师工作室暂行管理办法》的通知

各系部、中心：

现将《上海信息技术学校名师工作室暂行管理办法》印发给你们，请各部门根据实际情况，认真贯彻落实。

特此通知

附件：上海信息技术学校名师工作室暂行管理办法

上海信息技术学校

2022年3月8日

__________名师培育工作室 ____年度成果汇总表

年度	序号	学员姓名	成果	类别	级别

备注：类别可填写案例、课题、教学能力比赛、技能大赛、带学生比赛、论文、教材、资源、校企合作项目、专业建设、心得、取得证书、专利等

级别可填写国家级、市级、校级

图 2-5　名师工作室机制相关文档

工作室成员积极参加教师教学能力大赛，通过以赛促教、以赛促研的方式，落实课程思政要求，提高师德践行能力、综合育人能力。例如，信息技术专业教师与化学工艺专业教师合作的教学能力大赛作品《无人机巡检化工基地——机器人操作》荣获 2022 年全国职业院校教师教学能力大赛二等奖。思政教师协助专业工作室挖掘思政元素和展现形式，在作品中以“高新材料助力天问一号登陆火星、国产无人机助力化工基地安全巡检、践行爱岗敬业助力工匠精神培育”为切入点，将飞行法规、操作规范、精确控制融入遥控巡检内容，将合理规划、精益求精、灵活应变融入程控巡检内容，将科技创新、严谨求实、安全生产融入智控巡检内容。课程思政浸润任务全过程，引领学生在真实工作过程中深切感受科技强国的魅力，锤炼学生爱岗敬业的能力，不断突出日常化工生产中的工匠精神。学生在创新性地使用无人机开展化工安全巡检的过程中，真正理解了科技强国的战略意义，在不断创新优化的过程中培养了爱岗敬业的情操，淬炼出精益求精的工匠精神。教师鼓励学生将专业知识和技能融入社团活动和志愿者服务工作，特别是在新冠疫情防控期间，将无人机应用到疫情防控实际场景。学生在将所学的知识和技能应用于日常生活的过程中，更为深切地感受到了科技强国与民生服务的紧密结合，深刻理解

了伟大的党如何与人民群众休戚与共，从而坚定了“四个自信”，提升了民族自豪感。

以上为工作室间合作共研，完成课程思政教学设计的部分典型案例，类似的工作还有很多，2022～2023 年的名师工作室 68 名学员计划完成的各类成果有 200 多项，平均每人完成 3 项，达到了预期的效果。

2. 协同性策略二：利用社会名师资源提升课程思政水平

传道者自己首先要明道、信道。我们要让有信仰的人讲信仰，坚持教育者要先受教育。依托名师工作室建设，学校邀请市委党校思政专家、社科理论界专家、大国工匠、市教委教研室教研员等专家作为特聘思政教师，为工作室学员讲授课程思政方法与策略，旨在提高教师的政治觉悟，促使其坚定政治立场，不断提高政治敏感程度，拓宽思维视野的广度和政治境界的高度，最终从广度、深度、温度等多个方位提升课程思政水平。通过这些措施启发全体教师反思日常教学，探索提升课程思政教学设计能力、创新课程思政教学方法的实践路径，促使专业课教师在提高思政觉悟的同时，丰富与专业课相关的思政元素，并创造性地进行思政教学设计，更好地将思政教学融入实践之中。

市委党校思政专家：主讲党和国家大政方针及国家法律法规的出台背景，国际形势与国家发展趋势等宏观内容，解读党的二十大报告、两会精神、习近平著作等。

社科理论界专家：主讲马克思主义中国化的历史逻辑、习近平新时代中国特色社会主义思想等。

大国工匠：主讲技术与技能的关系、工匠精神的内涵、行业发展史及行业“十四五”规划、著名科学家事迹与精神等。

专职教学研究人员：主讲学科史、科学方法论、研究方法论、课程思政的方法与策略等。

通过对课程思政建设基本内涵、建设思路、典型案例的学习，工作室主持人及成员理解了思政课程与课程思政的区别和两者有机结合的路径，明确了结合专业特点分类推进课程思政建设的方法，共同探讨了如何立足一个专业、一门课、一堂课、一类学生进行实践性探索，提升了教师的课程思政理论水平。

本着“在工作中研究，在研究中工作”的理念，各工作室申报了各级课程思政课题。课题组成员构成一改以往局限于本专业教师的单一模式，形成专业课教师和思政课教师组合的课题组成员结构，充分发挥课题组不同背景教师所长，探讨课题难点，让“课程思政+思政课程”发挥“1+1 大于 2”的整体效用。例如，机械制造工作室申报了市级课题“中职物理课程思政资源建设与实践研究”，分析新课标，根据教学内容要求及活动示例提示，确定能够融入思政的知识点，同时确定可发展的核心素养，概括总结出其对应的思政点。比如，在“运动的描述”一节中，教师在讲解“不考虑质量和形状的点可视为质点”这一教学内容时，可以挖掘出模型建构、技术运用的核心素养，同时确定了中国处于世界先进水平的相关科技成果这一思政点；在“匀变速直线运动”一节中，教师在讲解自由落体运动时，通过分析伽利略提出质疑并实验验证的足迹，挖掘出质疑创新、假设推理的核心素养，确定了崇尚科学、坚持真理的思政点；在“受力分析”一节中，教师在讲解受力分析的应用时，通过神舟十三号载人航天飞船成功完成任务并返回的案例，挖掘出科技传承的核心素养，强调我国努力成为世界主要科学中心和创新高地的思政点。

3. 协同性策略三：实施“手拉手”集体备课机制

在名师工作室培育过程中，我们立足课堂、围绕专业、聚焦教学，通过同课异构活动、课程思政集体备课活动，推动专业课教师与思政课教师双向沟通与交流。从专业的视角重新认识、梳理和挖掘思政课内容，以专业课程知识体系为问题导向，寻找专业课与思政课的契合点，把从思政课中挖掘出的育人元素有机融入各门课程的教学之中，实现思政课程显性教育与课程思政隐性教育的有机结合。

例如，为保障课程思政的统一性、科学性，班主任工作室、珠宝加工工作室、智能制造工作室联合开展“青少年心向党教育”同课异构活动。工作室成员通过现场授课、录课展示、说课展示等共同探索学生思想教育，切磋思政育人技艺。姚霞老师的课程主题为“新民主主义革命的胜利”，通过讲授新民主主义革命时期国共两党的不同表现，促使学生体会到中国新民主主义革命历程的艰辛；刘靠山老师的课程主题为“国歌嘹亮——迎接建党 100 周年主题班会课”，通过带领学生了解国歌的背景、含义及发展历程，促使学生铭记历史、牢记使命；刘雪花老师的课程主题为“Java 程序设计——循环语句”，通过掌握循环的类型、特性及不同循环控制语句的区别了解全国党代会开会时间和规则；戴芳芳老师的课程主题为“百年辉煌——纪念建党 100 周年主题胸针设计”，主要思路为在培养学生立体空间感与建模的逻辑秩序感的过程中进行党史教育。

基础学科的课程思政建设，通过工作室引领，以课程建设为切入点，结合学科特点，将思政教育、科学思维教育与习近平新时代中国特色社会主义思想的世界观和方法论相统一，明确课程建设目标，凝练思政元素，改革课程教学，进行课堂教学革命。在此过程中形成具有典型性和可借鉴性的示范课程，打造课程思政示范团队。

职业生涯规划工作室提炼、精研课程设计和课程内容，打造市级思政示范课。“职业生涯规划”教学团队入选上海市课程思政示范团队，该团队在进行职业生涯规划课程思政建设时，确立了“一条主线、五大核心”的育人目标体系，优化并融合教学内容；构建了“多元参与、三全育人”的教学组织模式，协同推进系统实施；创设了“泛在、个性、开放”的学习空间，打造思政育人全场景；探索出“数据实证”的评价方式，建立课程思政过程性评价机制。最终，将立德树人根本任务与职业理想、职业生涯教育相融合，引导学生树立正确的价值观和形成关键能力，成为中国特色社会主义事业合格的建设者和可靠的接班人。

4. 协同性策略四：课堂内外多种形式协同育人

实践课课程思政能够多样化、全方位、多角度提升学生学习的自主性，激发学生学习的主动性，给学生更多的选择权，引导学生做学习的主人。课堂内学习时，搭建课程思政的学习活动平台，通过查资料、做实验等活动方式，调动学生积极性，开展科学思维、工程意识、创新实践培养培训。设计课外开放性学习主题，通过做调研、试比对等主题实践，提升学生参与社会实践活动的意愿，在活动中了解国家政策、法规，感受当代经济社会活动的主旋律，在活动中进行国内与国外情况对比、过去与现在情况对比，从而认同中国特色社会主义道路，坚定职业理想。借助灵活的学分制，可将学时转化为学分制，分为必修学分和选修学分，以 16 课时为 1 学分，学生在校期间要获得一定的必修学分和选修学分。无论是必修学分还是选修学分，若能做到课程多样化，便可以让学生根据自身的意愿自主选择项目去完成。

提升学习自主性可以考虑以下几个方面：

1）在课程类型上，理论学习与实践活动相结合。课内理论学习与课外实践活动相结合，互为补充，增加理论学习的实践学分部分，将课堂延伸到课外。学生通过参加校内组织的思政类相关活动，可以抵充课内学分，例如，围绕思政课教学内容创作微电影、动漫、音乐、短视频等，开展新闻发布会、辩论赛、法律小讲堂、环境小报创作等活动。

2）在学习方式上，线上学习和线下学习相结合。学生可以用线上学习的学分抵充线下课堂教学学分，例如，在国家智慧教育公共服务平台、中职易班专线课程平台、“青梨派”大学生自主学习系统等平台上，学生完成相应的学时后，可以抵充线下学习学分。

3）在活动形式上，校内学习和校外实践相结合，学生在校外完成的实践学时可以抵充校内学分。例如，在校外红色教育基地担任志愿者、引导员或讲解员，到敬老院、福利院做义工等，完成的实践学时可以抵充校内学时和学分。学校开展的部分线上线下活动如图 2-6 和图 2-7 所示。

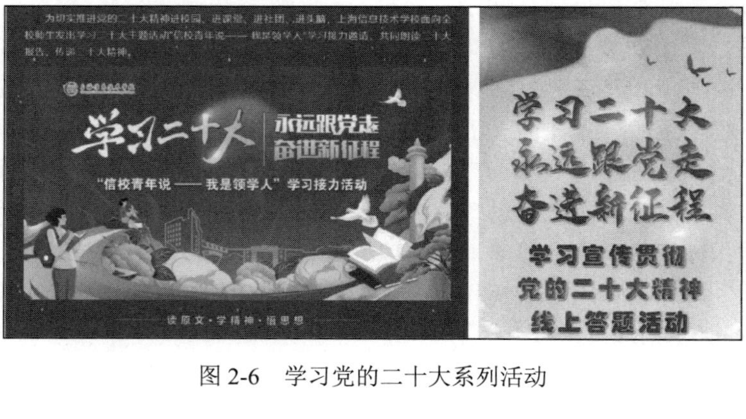

图 2-6　学习党的二十大系列活动

图 2-7　争当志愿者活动

思政教育的目标是通过各种形式和渠道提升学生的思想政治素养与水平，培养学生成为合格的社会主义建设者和接班人，学校要创新教学形式，拓宽学生学习的渠道，提升课时学习自主性。

2.4　形成辩证性策略，探索科学辩证工作方法

“我们的事业越是向纵深发展，就越要不断增强辩证思维能力。”[11] 课程思政的建设要切实遵循辩证性策略，树立辩证思维。

2.4.1　课程思政辩证性策略内涵

辩证性原则反映的是客观事物之间相互联系、相互作用的发展规律，唯物辩证法是马克思主义的精髓，是人们认识世界和改造世界的根本方法。[12] 辩证思维是反映和符合客观事物辩证发展过程及其规律性的思维，体现在从对象内在矛盾的运动变化和各个方面的相互联系中进行考察，从而从整体上、本质上完整地认识对象。[13] 在时代发展背景下，信息的多变性给课程思政教学既带来了空前的机遇，也带来了巨大的挑战。在课程思政教学中，只有用辩证思维全面、系统地解决课程思政问题，才能更好地夯实课程思政发展基础。

2.4.2　探索科学辩证工作方法

习近平总书记强调：“思政课教学是一项非常有创造性的工作，要学会辩证唯物主义和历史唯物主义，善于运用创新思维、辩证思维，善于运用矛盾分析方法抓住关键、找准重点、阐明规律，创新课堂教学，给学生深刻的学习体验。”[14] 课程思政要对照这一要求，将文件学习与个性方法相结合，将研究先导与工作推进相结合，将全员覆盖与典型案例相结合，具体问题具体分析，用辩证思维探索课程思政发展。

1. 辩证性策略一：文件学习与个性方法相结合

教育教学文件是教育部、教育厅等教育主管部门出台的具有针对性、时效性的重要文件。吃准文件精神、弄懂文件要求是实施课程思政的必然要求。教师对于马克思列宁主义、毛泽东思想、邓小平理论、“三个代表”重要思想、科学发展观、习近平新时代中国特色社会主义思想应当全面学习、深刻领悟。加强政治理论学习是开展课程思政教学的重要保证，学校可以利用学习强国、国家智慧教育公共服务平台等组织教师定期学习中央和地方主流媒体的政论，广泛传播党的创新理论。举办习近平新时代中国特色社会主义思想进教材、进课堂、进头脑系列研讨会，积极开展师德师风大讨论、贯彻党的二十大精神活动，积极参与党委、工会组织的二十大精神答题闯关活动等，提升教师综合能力。提高教师课程思政教学能力水平，还需要加强教师间的学习交流，将“请进来”和“走出去”有机结合。“请进来”指的是邀请行业专家开展讲座、参与专业课程现场教学指导。“走出去”指的是争取教师外出培训机会，聆听国内外著名专家、学者授课，开阔思路，学习顶层设计方法；紧密对接专业的社会需求，与企业充分交流，了解企业文化和行业发展前沿趋势，把学校的小课堂和社会的大课堂结合起来；再者，同课程思政建设走在前列的高职院校交流，学习先进实践经验，回到学校后，要和专业课程的团队成员分享。邀请思政课教师参与课程思政专业课的教学改革，通过政策解读、文献研究、头脑风暴、教学研讨等方式，加强同行交流，相互学习、相互借鉴、取长补短，形成团队合力。

同时，落实课程思政建设工作应把握好个性方法。上海信息技术学校立足于信息技术类、智能制造类、材料与检测类、商务管理类四个专业群，从课程思政建设背景、课程思政实现路径与方法（包括制定思政目标与教学目标、教学流程设计与思政目标实现过程、课堂思政教学效果评价）以及专业特色课程案例等方面总结了思政元素融入各专业群课程的经验，为课程思政建设提供了个性化素材。

2. 辩证性策略二：研究先导与工作推进相结合

课程思政建设需要以政治教育理论为指导，以研究为先导，坚持理论输出与实践指导相互作用，强化思政教育研究的理论创新，从而科学地推动思政教育的创新发展。学校应充分发挥专业优势，围绕思政教育重点问题开展系统研究：一是聚焦思政教育的针对性、实效性问题开展协同研究，形成理论学习自觉性提升、教师思政教育实效性提升等系列成果；二是围绕思政教育体系建设问题开展攻坚研究，形成课程思政方法与实践研究报告等重要成果，推动学校思政教育高质量发展；三是积极开展思想政治教育方式方法创新实用性研究，并应用于实际工作，提升思想政治教育科学性。例如，在教学方式上，根据具体的课程内容进行教学设计，主动适应青年一代的思维模式与学习习惯。在各个教学环节中，创新教学载体，通过讲故事、分析案例、设置模拟情境，或者组织问题讨论、角色扮演、校外课堂等形式，巧妙聚焦学生感兴趣的话题，布置与之意愿相适配的学习任务，将“满堂灌”“纯理论讲解”“被动式实操”等缺乏活力的教学方式转变为促进学生主动参与课堂的方式，调动学生的学习积极性。

同时，加大教师课题研究力度，围绕学校思想政治实际工作选题立项。组织教师紧贴学校思想政治工作需要，开展具有典型问题导向的深度研究，为学校思想政治工作贡献智慧。统筹好内外部研究力量，围绕课程思政工作规律性问题进行探索。组建内外部思想政治工作专家团队，加强专业指导和过程管理，提升研究成果质量水平。及时推动教师研究成果转化，及时汇编思想政治类优秀研究成果，推动优秀意见建议进入决策参考。

课程思政建设不仅要以研究为先导，而且要统筹工作规划。上海信息技术学校制定了《课程思政工作规划（2021—2023）》，分阶段、有目的地推进课程思政建设进程。例如，学校通过开展课题建设、竞赛建设、“三全育人”建设等工作，打造了物理课程思政资源库、信息化特色课程思政库、宝玉石加工思政素材库、劳动教育资源库等。

3. 辩证性策略三：全员覆盖与典型案例相结合

推进“大思政课”建设，需要明确育人主体。具体来讲，一方面，“大思政课”要坚持思政课教师的育人主体地位不动摇。习近平总书记曾强调：“办好思想政治理论课关键在教师，关键在发挥教师的积极性、主动性、创造性。”[14] 通过提出“大思政课”强化多元社会主体的力量，并不意味着由此淡化教师的主体地位。恰恰相反，“大思政课”对教师提出了更高的要求，需要我们抓好教师这一关键主体的建设，从根本上使“大思政课”成为有深度、有温度、有活力的“金课”。课程思政工作的开展契合“三全育人”中“全员育人”的内涵，课程思政旨在将思想政治教育融入思政课程之外的专业课程，让专业课教师在教书的同时更多地承担育人的职责，因此专业课教师是课程思政工作开展的主要执行者。[15]

推进课程思政建设工作，既要做到全覆盖，同时也离不开典型案例的支撑。上海信息技术学校积极贯彻“三全育人”理念，专业课教师开展课程思政建设率达 100%，形成了协调高效的育人团队。在进行经验总结时，我们择优挑选了 26 个典型案例，在本书中进行经验分享。

以信息化专业的“平面图像处理技术”课程为例，教师团队结合“1+X”考证知识点，讨论并确定了整门课的技能知识点与思政元素融入点，从秉持对比视角，从中华优秀传统文化、民族精神和时代精神以及法律法规等内容出发，搜集了敦煌壁画、二十四节气、《千里江山图》、四行仓库保卫战、长征五号运载火箭、疫情防控等素材，打造了“平面图像处理技术课程思政库”。

3 中等职业学校公共课的思政教学探索

3.1 思政课程：发挥主渠道的核心引领作用

3.1.1 思政课程的目的与作用

思政课程是落实立德树人根本任务的关键课程，思政课程的作用不可替代。《中等职业学校思想政治课程标准（2020 年版）》中也指出："思想政治课程是落实立德树人根本任务的关键课程。"[16]

第一，中等职业学校思政课程具有不可替代作用。

中等职业学校思想政治理论课程是各专业学生必修的公共基础课程，地位突出，不可替代。思想政治理论课，关系到"培养什么人、怎样培养人、为谁培养人"这个根本问题。正如习近平总书记所强调："我们党立志于中华民族千秋伟业，必须培养一代又一代拥护中国共产党领导和我国社会主义制度、立志为中国特色社会主义事业奋斗终身的有用人才。在这个根本问题上，必须旗帜鲜明、毫不含糊……在大中小学循序渐进、螺旋上升地开设思想政治理论课非常必要，是培养一代又一代社会主义建设者和接班人的重要保障。"[17] 立德树人是各项教育的中心环节，思政课程是落实立德树人根本任务的关键课程，作用不可替代。

中职阶段是人生的"拔节孕穗期"。鉴于中职学生特殊的学习领域和面向未来职场的前景，他们最需要得到精心引导和栽培，只有充分汲养、科学滋养，人生才能节节壮、步步高。这就要求思政课程以真正透彻的学理分析吸引学生，以真理的强大力量引导学生，从而使学生做到"真懂真信真用"，形成正确的世界观、人生观和价值观，为一生成长发展奠定急需的价值引领。

第二，中等职业学校思政课程具有独特核心价值。

教育部印发的《中等职业学校思想政治课程标准（2020 年版）》（以下简称《课程标准》）中明确指出："本课程以立德树人为根本任务，以培育思想政治学科核心素养为主导，帮助中等职业学校学生确立正确的政治方向，坚定理想信念，厚植爱国主义情怀，提高职业道德素质、法治素养和心理健康水平，促进学生健康成长、全面发展，培养拥护中国共产党领导和我国社会主义制度、立志为中国特色社会主义事业奋斗终身的有用人才。”[16]《课程标准》揭示了中职思政课程的独特性质与任务，对于促进学生成长成才具有独特核心价值。

青少年的心智逐渐健全，最需精心引导和栽培，要教给他们正确的思想，确保他们能够走正确的路。这就要求必须建设好思政课，紧密结合社会实践和学生实际，讲授马克思主义基本原理、马克思主义中国化的理论成果，用习近平新时代中国特色社会主义思想铸魂育人，引导学生既能深刻认识红色政权来之不易、新中国来之不易、中国特色社会主义来之不易，感悟到马克思主义真理的力量，又能不断提高对各种社会思潮的鉴别能力，进而增强感党恩、听党话、跟党走的自觉意识，旗帜鲜明地维护我国主流意识形态安全。

第三，中等职业学校思政课程具有德育主渠道作用。

“思想政治课程是中等职业学校德育工作主渠道，与初中道德与法治、高校思想政治理论课等课程相互衔接，与学校其他教育教学活动相互配合，共同承担思想政治教育立德树人的任务。”[17]《课程标准》强调了思政课程在学校德育工作中的作用。

青少年是祖国的未来、民族的希望，也是我们党的未来和希望。新时代的青少年学生是我国全面建成小康社会成果的见证者和共享者，更是全面建设社会主义现代化强国、实现中华民族伟大复兴的参与者和贡献者。中职学校的德育工作是一个系统工程，思政课程要与学校其他教育教学活动相互配合。通过思政课程德育工作主渠道，全面系统地培育中职学生的政治认同、职业精神、法治意识、健全人格和公共参与的核心素养。

3.1.2 新时代思政课程教学的特点

在党的二十大报告中，习近平总书记强调：“弘扬以伟大建党精神为源头的中国共产党人精神谱系，用好红色资源，深入开展社会主义核心价值观宣传教育，深化爱国主义、集体主义、社会主义教育，着力培养担当民族复兴大任的时代新人。”[18] 如何培养能够担当民族复兴大任的时代新人，成为新时代学校思政课程建设需要面对和解决的重大课题。

第一，突出时代主题。

新时代的思政课程应在学生中深入开展习近平新时代中国特色社会主义思想教育，强化对学生的理想信念和社会主义核心价值观教育，加强对学生的中华优秀传统文化、革命文化和社会主义先进文化教育，培育和弘扬劳动精神、劳模精神和工匠精神。教学中可以引导学生通过分组实践活动，如以感悟新时代为主题，从经济、政治、文化、社会、生态环境等多个角度出发，对感兴趣的某一个细小问题进行调研，并引导学生深刻体会党的二十大报告中总结的新时代十年的伟大变革，引导学生深刻感悟党为国家和民族作出的伟大贡献，传承党在新时代奋斗中铸就的伟大精神。

如在“中国特色社会主义”模块中，引导学生认识到新时代、新征程、新使命，领会中国特色社会主义理论体系，认识新时代给当代青年创造的巨大舞台和众多机遇。在教学中可以组织学生参与社会实践、问卷调查、辩论赛、参观展览、时事知识比赛、查阅资料等活动，认识新时代新在哪里，感悟新时代的伟大成就，引导学生认识到自己应与新时代同向同行，认识到自己是社会主义现代化事业的建设者和接班人，是全面建设社会主义现代化国家的主力军。引领学生将自己的人生规划放在新时代的大背景之中去设计，引领学生明白自己的使命担当，确立起成为“担当民族复兴大任的时代新人”的人生志向。

在“心理健康与职业生涯”模块中，引领学生为实现中华民族伟大复兴的中国梦，规划实现自己人生出彩的“个人梦”的目标和行动路径，将自己的“个人梦”“职业梦”融入“时代梦”和“中国梦”之中。教学中引导学生通过人物访谈、角色扮演、活动体验、小组讨论等方式，寻找本行业、本领域的模范典型，采访优秀毕业学长，到企业实践实习，体会新时代十年中国共产党人是如何弘扬了伟大建党精神，带领全国人民顽强拼搏、不懈奋斗，胜利完成脱贫攻坚、全面建成小康社会的历史任务。在伟大实践中，锻造出了科学家精神、伟大抗疫精神、脱贫攻坚精神、新时代北斗精神等伟大精神，这一系列伟大精神成为中国人民继续勇毅前行的精神标杆。教育引导青年学生用党的伟大精神激励和滋养自己，激励他们在全面建设社会主义现代化国家新征程上接续奋斗、奋力前行。

在“哲学与人生”模块中，引导学生运用马克思主义立场、观点和方法观察中国和世界，在生活中作出正确的价值判断和行为选择，自觉弘扬和践行社会主义核心价值观。教学中可以引导学生采用数据调查、人物访谈、做研究报告、提交小论文等方式，逐步认识到中国特色社会主义制度更加成熟，充分说明科学社会主义在二十一世纪的中国焕发出新的蓬勃生机。用新时代十年的伟大实践教育引导青年学生坚定“四个自信”，坚信只有社会主义才能救中国，只有中国特色社会主义才能发展中国，坚信中国化时代化的马克思主义行；教育引导青年学生始终站稳马克思主义立场，坚持运用历史唯物主义世界观和方法论分析和解决问题，不断提升探求真理、解决问题的水平。

在“职业道德与法治”模块中，引领学生根据社会发展需要，结合自身实际，以道德和法律要求规范自己的言行。教学中可以组织学生分组以讲故事、唱歌曲、谈感悟、演话剧、做演讲等方式，认识感悟新时代涌现出的优秀代表如航天报国的“嫦娥”团队、“神舟”团队、“北斗”团队，抗疫前线的“90 后”“95 后”，脱贫攻坚青年优秀代表的劳动精神、劳模精神和工匠精神。

第二，彰显职业教育特色。

中职学校思政课程目标具有鲜明的特色，即通过本课程的学习，培育学生的思想政治学科核心素养。在教学中应注重教学内容与社会生活、职业生活的联系，强调职场精神，突出实践取向。注重有机融入职业道德、劳动精神、劳模精神和工匠精神教育，培育学生的职业精神。注重与专业课程相互配合，形成协同育人合力。

以“心理健康与职业生涯”课程为例，教师可在课前发放调查问卷，访谈学生、专业课教师、行业模范、企业人员，了解不同专业学生的特点，分析不同行业对学生的要求。从学生专业、岗位、实际特点入手设计教学，实现思政课程与专业课程同向同行、协同育人。教学设计中融入各专业劳动模范事例、优秀毕业生事例，与专业教师共同研讨备课，增加学生的实践活动等。

第三，注重实践教学。

在教学中应围绕新时代的伟大实践，充分挖掘地方红色文化、校史资源，将伟大建党精神和抗疫精神、科学家精神、载人航天精神等精神样态，以及新时代生动鲜活的实践成就和英雄模范的先进事迹等引入课堂，推动党的历史和创新理论融入思政课程。

以“心理健康与职业生涯”课程为例，教学中通过组织读书会、演讲比赛等实践活动，与学生共同阅读整本《习近平的七年知青岁月》（本书是由中共中央党校出版社编著的采访实录，首次出版时间为2017年8月），了解时代伟人的生活经历、兴趣、性格能力、价值观形成过程等，使得学生从整体上感受职业生涯规划过程中需要全面注意的问题，并将自己的职业生涯规划融入新时代的背景中。

以“哲学与人生”课程为例，教学中通过社会调研、访谈等实践活动，引导学生了解中国特色社会主义道路的形成与发展过程，认识到中国特色社会主义道路是从客观实际出发作出的选择，符合我国国情。在了解中国特色社会主义道路发展过程中，认识现象与本质的关系，树立与社会理想相契合的个人理想。

第四，运用信息化手段。

在教学中，通过合理运用信息化手段创设智慧教学环境。一方面，可以借助微课、慕课、小程序等多种形式进行生动、形象、直观的思政课堂教学；另一方面，还可以通过信息化手段组织学生开展时政分享、主题讨论、才艺展示、微课竞赛、思维导图大赛等实践教学活动，充分调动学生参与活动的积极性，活跃课堂气氛。还可以利用大数据中心，对学生进行实时评价、过程评价等。

以“职业道德与法治”课程为例，在进行“依法保护人身权”这部分内容教学时，教师可以任务为引导，推进学生线上自主学习、自主完成任务和自主评价，线下合作探究和展示，巩固并深化知识学习。教师可在新课教学展开之前先进行相关资料整理，对我国人身权保护的进程进行梳理，制作微课视频简要介绍相关知识。组织学生在观看视频的同时，在网络上检索并理解相关知识，并在课堂上进行展示。当学生通过线上自主学习初步掌握相关知识以后，教师可以在课堂上再次进行人身权保护相关法律法规讲解，明确这项权利的重要现实作用，从而引导学生树立正确的法律观念。

教学中可利用信息化手段签到、点名、抢答、投票互动、随机抽题、讨论互动、课后评教等，也可以通过数据统计分析、词云分析等信息化手段对教学进行分析与反思。

3.1.3 新时代中职思政课程教学实践

1. 课程目标制定

《中等职业学校思想政治课程标准（2020 年版）》将培养学生的思想政治学科核心素养作为思想政治课程的目标。在制定课程目标过程中，要立足于核心素养培育，依据学情，对标课标，依托教学内容，把握职教特点。

第一，中职思政课程目标，要在有效实现“认知、情感态度、运用”三维目标的基础上进行。学科核心素养是综合系统地运用学科知识和技能来解决真实生活的问题。学科核心素养的形成过程是学生综合运用相关的认知、情感态度、运用的整合。

第二，中职思政课程教学目标，要依据学情、课程标准和教学内容确定。学情分析要有针对性，与具体教学内容结合，把授课班级学生的学生来源、学业基础、认知能力、学习特点、发展诉求等情况掌握清楚，对教学中可能遇到的问题进行研判。

第三，中职思政课程教学目标，要把握职业教育类型特点。思政教师应与专业课教师、班主任、企业沟通交流，增加实践，根据不同专业特点把握教学目标的实现路径。

中职思政课程由基础模块和拓展模块两部分构成。基础模块是各专业学生的必修课程，包括中国特色社会主义、心理健康与职业生涯、哲学与人生、职业道德与法治四部分内容。

下面，以“心理健康与职业生涯”模块中的一堂课“精益求精 匠心致远”为例来说明如何制定思政课程教学目标。

首先，分析教材内容；其次，通过课前发放问卷、开展访谈，对学生进行分析与研判；最后，结合职业教育特点，制定教学目标。

课例教学内容依托中等职业教育课程改革国家规划新教材《职业生涯规划》（第五版）第二单元第一课。教材内容为要求学生知晓本专业所对应的职业群及社会价值，在理解岗位要求的职业素养基础上，进一步理解新时代背景下产业升级对从业者提出的更高要求与工匠精神。本课例着重阐述了工匠精神的意义和基本要求，以及如何将其应用于本专业学习中。

课例的授课对象为 2021 级工业机器人技术应用专业 214Y01 班的学生，课前通过访谈班主任、任课教师、企业负责人、学生，发放调查问卷，对学生的年龄以及心理特点、学生对教学的期待、学生已掌握的知识、企业对于学生的要求等进行了细致的分析，分析报告如图 3-1 所示。

214Y01 班学生学情调查分析报告

知识衔接：通过课前测试，85%的学生能够正确回答工匠精神的基本要求、职业素养的要求，表明学生已经掌握前面课程内容，已经明确了从业者职业素养要求，工匠精神是职业素养的升华。

学生年龄、心理特点：通过访谈学生，发现学生对专业认知较为抽象，遇到难题大多选择放弃，追求简单的操作，对复杂的操作缺乏耐心。

通过访谈专业课教师，发现本专业学生在专业实操中存在只会做、不懂原理，只重结果、不重过程，只求对、不求精、不变通等问题。

企业对学生的期待：通过访谈企业负责人，发现企业对学生的精益求精精神要求高。

学生对教学的期待：通过访谈学生、问卷调查，发现学生希望在学习中得到教师的鼓励，希望教师利用信息化手段进行教学，希望通过平时成绩、期末考核综合评定成绩，希望可以增加学生的自评与互评等。

图 3-1　学情调查分析报告

根据学情调查分析，确定教学目标如图 3-2 所示。

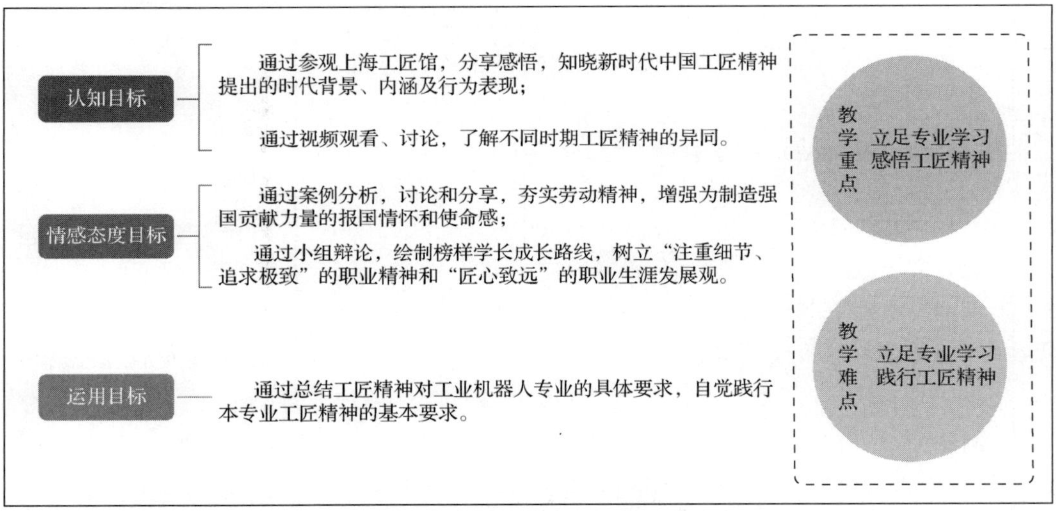

图 3-2　“精益求精 匠心致远”教学目标

2. 教学流程设计

教学流程的设计，可依据课标，围绕议题设计活动，遵循“课前博学—课中审问、慎思、明辨—课后笃行”的流程逻辑。

课前以思获知，课中以问寓情、以情引议、以议达意，课后以行促思。通过设计调查问卷、资料收集、概念明晰、反思明辨、知识拓展、实践迁移等方法设计活动，让学生在做中学，学中做，实现学、思、悟、践的过程。在教学过程中真学真懂真信真用，提升思政学科五大核心素养：政治认同、职业精神、法治意识、健全人格、公共参与。

下面，展示“心理健康与职业生涯”模块中的另一堂课“为什么人人争当工匠”的教学流程设计，如图 3-3 所示。

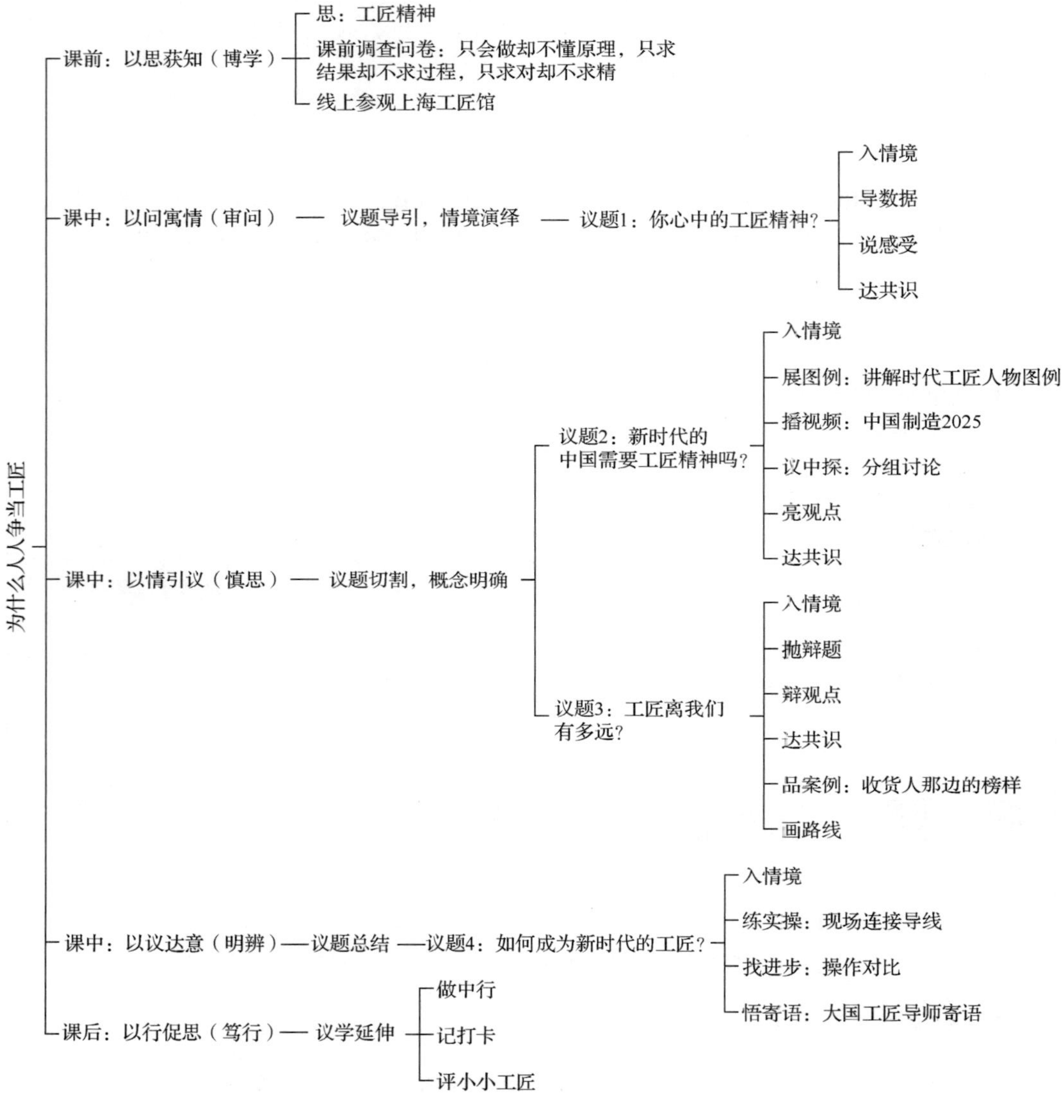

图 3-3 “为什么人人争当工匠”教学流程设计

3. 思政目标实现过程

第一，教学内容要贴合社会生活、实践实际，创设社会化、生活化的教学情境，有机融入职业道德、劳动精神、劳模精神和工匠精神教育。

第二，教学方式要倡导知信行合一、做中学做中教的教学方式，采用议题式教学、参与式教学、案例式教学、任务驱动式教学、体验式教学等多种方式。

第三，教学评价要注重优化学科核心素养发展水平的评价标准，细化评价指标，制定“知情意行”评价方案，利用数据赋能，进行教师评价、学生评价、企业评价、家长评价等多种评价方式，实现及时评价、全过程评价、系统评价。

4. 教学效果评价

坚持以学科核心素养发展水平为评价标准，依托具体情境，通过学生运用相关学科内容完成特定任务过程中的行为表现，推断其思想政治学科核心素养及其水平。同时，发挥学生、教师、学校、家长、企业等不同主体的作用，不断创新评价学生学习的方式，确立学生的评价主体地位。倡导同伴评价，发挥学习共同体的作用。基于育人导向的教学评价更加契合职业教育评价导向，变革评价方式，利用大数据中心，强化学生表现，将即时评价、过程性评价、系统评价等方式加以综合，及时、准确地反馈评价结果。

以“心理健康与职业生涯”模块为例，教师团队依据课程标准和专业人才培养方案，以“我的发展”破题，细化评价指标，制定了本模块“知情意行”评价方案，利用学校智慧学习空间一体化大数据中心进行过程评价、系统评价，提升学生学科核心素养。图 3-4 所示为思政课“知情意行”评价体系。

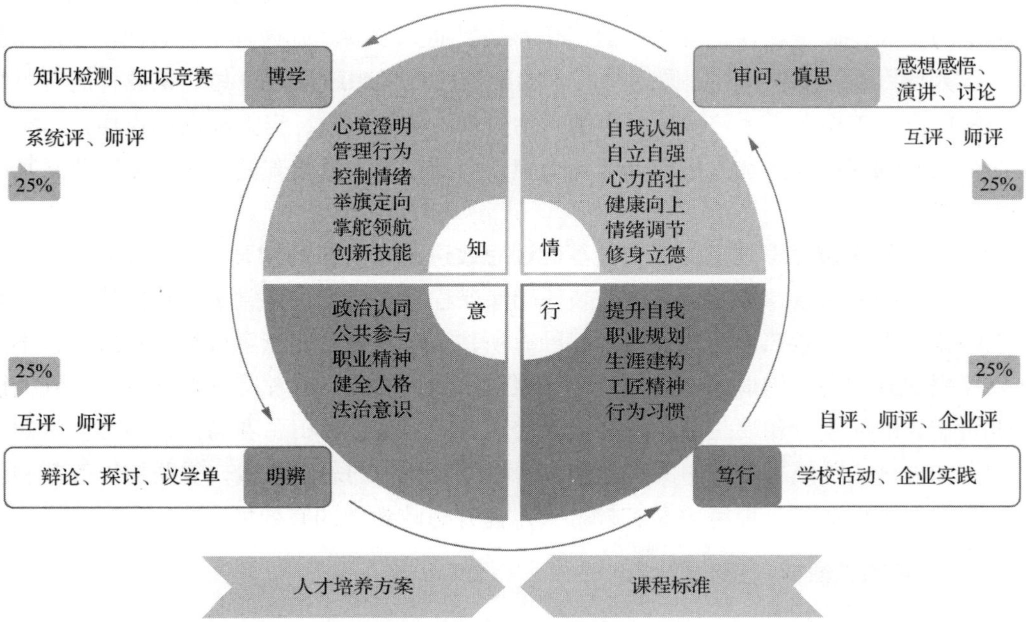

图 3-4　思政课“知情意行”评价体系

3.2 公共基础课：有机融入协同育人

3.2.1 公共基础课课程思政的目标与作用

公共基础课对学生科学思维和创新能力的培养至关重要。同时，公共基础课也承担着重要的课程思政建设任务。面对广大中职学校学生，如何加强公共基础课的思政建设是当下中职学校教师面临的一个值得不断探索的课题。公共基础课的课程思政建设要求授课教师不仅具有先进的教学理念和完善的知识结构，更要有高度的政治责任感，以良好的课程思政意识主动将思政教育元素有机融合到课程之中。

第一，开展课程思政是落实公共基础课核心素养的需要。

随着时代的发展，思政教育进入了所有课程与思政课同向同行的阶段。在发挥协同育人作用的模式中，公共基础课的课程思政建设就是要与思政课形成同向同行、有机融入的效应，实现“为党育人，为国育才”，培养既具备公共基础课课程核心素养，又具有社会主义核心价值观的时代新人。

第二，开展课程思政是公共基础课实现高质量发展的需要。

全面推进公共基础课课程思政建设是实现公共基础课高质量发展的需要。当前，亟待解决的重大课题是如何把思想政治工作有效贯通到公共基础课程中。对此，必须以课堂教学为切入点，在公共基础课这个育人的渠道实现思想政治教育与知识教育的有机统一，发挥思政工作在人才培养体系中的政治方向、价值取向、育人导向的作用，牢牢抓住在公共基础课中自然融入思政元素这个点，全面提高人才培养的质量，推动公共基础课高质量发展。

第三，开展课程思政是加快公共基础课思政进课堂改革的需要。

受传统的教学设计影响，目前公共基础课课程思政元素进课堂步子迈得比较小，有些教师觉得思政元素在原有的设计里已经有所体现，没有必要特意做得更精细。且不同基础课程的教师会不约而同使用同一个元素，如四大发明；或者反复讲学生从小到大已经耳熟能详的元素，如端午节；或牵强附会地讲，如函数和田忌赛马。这些都会引起学生的求知疲劳，降低思政教学的有效性。新教学设计中的思政元素，需要加快改革和创新，从整体上恰如其分地考虑和有效融入，提升思政教学的有效性。

3.2.2 公共基础课课程思政的特点

第一，结合学科特点，促使思政元素自然融入。

除了思政课程之外，中等职业学校的公共基础课还包括语文、历史、数学、英语、物理、化学、体育与健康、信息技术、艺术等。在这些课程中开展课程思政，应当主要依据新课标核心素养，从学科特色入手，将思政元素自然地融入。因此，根据不同学科的特色，其课程思政内容也应当各有侧重，各不相同。

比如，英语课程既要“走出去”，也要“走进去”；既要防止“文化霸权”，也要防止“盲目排外”；要善于在英语课程中挖掘思政元素、找到靶点，帮助学生树立正确价值导向，真正起到立德树人的作用。体育与健康课程强调比赛获利要正当、守规则，要有团队协作及个人担当意识，充分将“育体”“育心”“育人”与课程教学相结合。信息技术课程可以通过教学案例等方式，引导学生正确使用信息技术解决实际问题，并加强对网络安全、信息化、知识产权等方面知识的讲授，培养学生的信息素养和法治意识。

第二，精细化设计思政教学目标，拥有具体的实现途径和方法。

教师在设计思政教学目标时，应当反复打磨、精修细改，强调三维目标和思政目标实现的有机融合，避免生硬化或低幼化。在开展教学时，应当设计学生喜欢的学习方式，采用任务驱动式、团队讨论式、案例分析式、沉浸活动式、分享表演式等具体的教学方法，提升思政融入公共基础课程的有效性。

第三，开发课程思政教学支架，提升课堂教学效果。

为了达到思政教学目标，教师针对每次的思政目标设计相关的教学支架，即根据学生现有的水平，估算学生可能发展到的水平，搭建各种学习“脚手架”，让学生乐于攀登，从而一步步实现思政目标。同时，教师还应当探索有效的检测方法，检测思政融入公共基础课程的课堂教学效果，以便更好地反馈问题、提升质量。

3.2.3 构建公共基础课思政教学模式

1. 课程目标制定

（1）根据课程标准的学科核心素养和教学内容设计思政目标

下文以语文、历史、数学、英语为例加以说明。

1）语文。

围绕语文课程的四大学科核心素养展开，即语言理解与运用、思维发展与提升、审美发现与鉴赏、文化传承与参与。

语文的四个学科核心素养是一个有机整体，其中，语言理解与运用是基础，思维发展与提升、审美发现与鉴赏、文化传承与参与的发展都建立在语言理解与运用的基础之上，并在学生个体语言经验发展过程中得以体现，所以语文课程中学科核心素养是融合反复的，某个思政元素并不固定于某个专题，而是根据教学内容合理生发。语文课程思政目标制定示例如表 3-1 所示。

表 3-1 语文课程思政目标制定示例

语文学科核心素养	可关注的思政重点
语言理解与运用	热爱祖国的语言文字
思维发展与提升	用较高思维品质表达自己的家国情怀
审美发现与鉴赏	• 崇尚真善美，摒弃假恶丑； • 抵制庸俗、低俗、媚俗的语言文化； • 培养正确的审美意识、健康向上的审美情趣与鉴赏品位； • 培育劳动精神，弘扬劳模精神、工匠精神
文化传承与参与	• 认同中华优秀传统文化，领会传统文化对社会的洞察和对人生的思考，积极探索传统文化的现代意义，让中华优秀传统文化之光照进现实；认识中华优秀传统文化的价值，增强文化自信，并传承和弘扬它； • 继承和弘扬革命文化、社会主义先进文化； • 增强文化自觉和文化自信； • 完善道德品质和人格修养； • 增强为中华民族伟大复兴而奋斗的自豪感和使命感； • 理解文化的多样性，学习和借鉴不同国家优秀文化，抵御外来不良文化，吸收人类优秀文化

2）历史。

围绕历史课程的五大学科核心素养展开，即唯物史观、时空观念、史料实证、历史解释、家国情怀，它们的培养也和语文一样，需要反复融合于教材中。历史课程思政目标制定示例如表 3-2 所示。

表 3-2 历史课程思政目标制定示例

历史学科核心素养	可关注的思政重点
唯物史观	运用唯物史观，形成全面、客观、正确地认识世界的能力，潜移默化地对学生进行正确的世界观、人生观和价值观的引导
时空观念	对家国情怀有准确的判断和理解
史料实证	重视史料和实证，形成实事求是的价值观
历史解释	• 在唯物史观指导下，能辩证、客观、全面地理解和解释历史； • 揭示历史表象背后的深层因果关系，能由此解释现实社会中的问题
家国情怀	• 树立正确的国家观，增强对祖国的认同感，为中华民族的伟大复兴而奉献； • 能认识中华民族发展史，形成民族认同，增强民族团结，铸牢中华民族共同体意识； • 了解并认同中华优秀传统文化、革命文化、社会主义先进文化，传承民族气节、崇尚英雄气概，认识中华文明的历史价值和现实意义； • 拥护中国共产党，认同社会主义核心价值观，树立中国特色社会主义道路自信、理论自信、制度自信、文化自信； • 了解世界历史发展的基本进程，理解和尊重世界各国、各民族的文化传统，树立正确的文化观，形成开阔的国际视野和人类命运共同体的意识； • 能够确立积极进取的人生态度，树立劳动光荣的观念，养成爱岗敬业、诚信公道、精益求精、协作创新等良好的职业精神，树立正确的世界观、人生观和价值观

3）数学。

围绕数学课程的六大学科核心素养展开，即数学运算、直观想象、逻辑推理、数学抽象、数据分析、数学建模。

中职数学的专题模块相对稳定单一，教师在使学生获得继续学习、未来工作和发展所必需的数学基础知识、基本技能、基本思想和基本活动经验，具备一定的从数学角度发现和提出问题的能力、运用数学知识和思想方法分析和解决问题的能力的过程中，针对课前导入和课中例题、任务活动的设计、作业的选择等环节，都可以加入立德树人、家国情怀方面的素材，将思政元素融入每一次授课，提升学生学习数学的兴趣，促使学生增强学好数学的自信心和主动性，养成理性思维、敢于质疑、善于思考的科学精神和精益求精的工匠精神，加深对数学的科学价值、应用价值、文化价值和审美价值的认识。数学课程思政目标制定示例如表 3-3 所示。

表 3-3　数学课程思政目标制定示例

数学学科核心素养	可关注的思政点
数学运算	借助数学运算能力的提升，可以提升分析问题和解决问题的能力，养成一丝不苟、勤于反思的品格
直观想象	借助直观想象感知与分析事物特征和关系的经验，对现实世界中的数学现象产生好奇心
逻辑推理	能通过逻辑推理把握事物之间的基本联系，养成敢于质疑、善于思考、严谨求实的品格
数学抽象	• 发展数学抽象能力，养成在日常学习和工作中进行抽象思维的意识和习惯； • 认识数学的科学价值、应用价值和文化价值，逐步树立辩证唯物主义和历史唯物主义观点
数据分析	借助数据分析能力，初步具备求真务实、敢于质疑的品格
数学建模	通过数学建模，增强创新意识，初步具备勇于探索、批判质疑、实事求是的品格

4）英语。

围绕英语课程的四大学科核心素养展开，即职场语言沟通、思维差异感知、跨文化理解、自主学习。它们的培养也和语文、历史课程一样，需要反复融合于教材中。但它的教学专题相对集中单一，思政元素可以围绕专题内容合理生发。英语课程思政目标制定示例如表 3-4 所示。

表 3-4　英语课程思政目标制定示例

英语学科核心素养	可关注的思政点
职场语言沟通	• 就与职业相关的话题进行有效沟通，培养职业精神和工匠精神； • 培养发现美的过程的能力
思维差异感知	• 感知不同文化背景下思维方式的多样性，理解中西方思维方式差异； • 从不同视角观察和认识世界，对世界作出合理评判，增强对中华文化的自信

续表

英语学科核心素养	可关注的思政点
跨文化理解	• 通过学习中外文化，拓宽国际视野，形成对外国文化的正确认识、对中华优秀传统文化的深刻认知及对中外企业文化的客观了解； • 以开放包容的心态理解多元文化，能用英语讲中国故事，坚定文化自信，促进中华优秀传统文化的传播； • 讲述中国故事，形成正确的三观
自主学习	• 养成良好的学习习惯，促进语言学习与学习能力的可持续发展； • 用英语表述中华优秀传统文化、革命文化、社会主义先进文化； • 热爱生活，热爱家庭，热爱祖国

（2）在整体教学中积极进行思政元素的精细设计和有机融入

例如，对语文基础模块专题 4“古代诗文阅读”，一年级第一学期第九课时的“中华优秀传统文化之光”整体教学设计中，单元目标设计如下：

1. 理解课文重点词句的含义，积累文言实词、虚词，夯实文言基础。

2. 把握本单元所选经典篇章的思想内涵，能够掌握儒家、墨家、道家三个流派的思想观点。

3. 领会先秦诸子对社会的洞察和对人生的思考，积极开掘传统文化的现代意义，让中华优秀传统文化之光照进现实；认识中华优秀传统文化的价值，增强文化自信。

其中第 3 个目标的设计，就是围绕“文化传承与参与”的学科核心素养，对思政元素进行精细设计和有机融入。

又如，历史（上）“鸦片战争”这一节课的思政目标设计也对思政元素进行精细设计与有机融入，其单元目标设计如下：

【认知目标】

对鸦片战争前中西方政治、经济等方面进行横向和纵向的对比，了解中西方政治、经济的差异。

【过程与方法】

通过对史料的研读，培养“论从史出、史论结合，提取有效信息形成个性认识”的历史学习方法。

【情感、态度、价值观】

结合对鸦片战争相关史实的分析，围绕“中国为何在鸦片战争之后遭遇了如此多的不平等待遇?”“对身处新时代的我们有何启示?”开展互动交流、深入研讨，潜移默化地对学生进行正确的世界观、人生观和价值观的引导。

【思政目标】

通过小组讨论“当时各阶层为何展开救亡图存的探索，对新时代的我们有何启示”活动，正确认识鸦片战争给中国社会带来的深远影响，让学生体会到近代中国的艰难处境，感受近代中国人如何通过不断学习和奉献，改变了国家落后的局面，也启发学生要不断学习和探索，以自己的能力为中华民族伟大复兴作出贡献。

希望每个专题每节课，都有这样的思政元素“精细设计和有机融入”。

（3）要充分考虑学情，把握职业教育的类型特点，注重有效性

下面，以语文基础模块专题 4“古代诗文阅读”，一年级第一学期第九课时的“中华传统文化之光”整体教学设计中的一个学习活动设计为例加以说明。

【活动内容】

以“我为某某代言——中华传统文化在________中的当代价值”为主题，请每个学生在诸子百家中任选一家，作为其代言人，阐述该学派的核心思想及其应用的现实意义。

【教学支架】

当今世界有很多难题需要解决，如粮食问题、人口问题、能源问题、环境污染问题、疫病大流行等，中华传统文化中诸子百家的思想可以发挥怎样的当代价值？或者你对传统学派的思想有何新意见？给出句式帮助学生组织语言表达自己，例如：“我为________代言，本学派的核心思想是________，帮助人们在历史上解决________问题，今天面对________危机，________思想启发我们________。”

此学习活动设计在达成思政进语文课堂方面就充分考虑了中职生的特点：学以致用才能激发他们的学习欲望，给予教学支架才能帮助他们完成属于自己的表达。

2. 教学流程设计

在教学流程设计中，依据课标，围绕专题设计与思政目标相契合的活动，形成“课前引导学生注重预习—课中组织学生积极投入—课后主动践行”的教学模式。

课前引导学生注重预习，要注意思政目标设计的趣味性和可检测性。

课中组织学生积极投入，要关注思政目标实现过程中的共情和沉浸式体验，要有具体任务或项目，有体验式的学习过程。

课后主动践行，主要是通过各类作业体现。作业设计要多样化，符合学生学情；思政效果的评价要科学化、多元化，能鼓励到每个学生，促使其愿意践行感悟到的思政元素。

在数学和英语课程中的例子，如果能以“流程图+设计意图”的方式呈现，效果可能更好，更能体现流程的整体设计，正如下文例1和例2所示。

例1 数学“指数函数图像与性质”课

【课前引导学生注重预习】收集一个每天进步一点点的故事，发到学习群，教师检查赋分。

【课中组织学生积极投入】在分享学生提供的故事的基础上，围绕数字励志公式展开任务：

$$1.01^{365}=37.8$$

$$0.99^{365}=0.03$$

任务一：请学生用数学语言解释公式：365次方代表一年的365天，0.01代表每一天的努力，1.01代表每天多做0.01，0.99代表每天少做0.01。365天后，1.01^{365}代表能力增长到了37.8，0.99^{365}代表能力减少到0.03，这就相当于人生的路程：每天多努力一点点，积少成多，就会带来质的飞跃；每天稍微懈怠一点点，日久天长将一事无成，失去力量。

任务二：请学生在GeoGebra软件中画出这些点：以1.01为底，画出第1天、第10天、第100天、第200天、第365天对应的点；同样地，以0.99为底，画出第1天、第10天、第100天、第200天、第365天对应的点。通过软件中的点可以看出：每天进步0.01，积少成多，在一年之后，就会有质的飞跃；每天退步0.01，刚开始没什么感觉，但是一年之后就会被远远甩在后面。

总结：勤学如春起之苗，不见其增日有所长；辍学如磨刀之石，不见其损日有所亏。

【课后要求学生主动践行】所要求的作业和物流行业相关（该班属于物流专业）：请同学们搜集近20年我国每年的快递业务量，分析数据拟合函数，分别预测5年后、10年后的快递业务量，并结合专业知识，预测快递业务飞速增长的体量。

1）学生搜集近20年的快递业务量的数据，制成表3-5。

表3-5 近20年快递业务量数据

年份	2001	2002	2003	2004	2005	2006	2007	2008	2009	2010
业务量/亿件	1.27	1.4	1.72	1.98	2.29	2.7	12.02	15.13	18.58	23.39
年份	2012	2013	2014	2015	2016	2017	2018	2019	2020	2021
业务量/亿件	56.85	91.87	139.59	206.66	312.83	400.56	507.1	635.23	833.58	1082.96

2）将上述数据绘制到GeoGebra软件中，如图3-5所示。

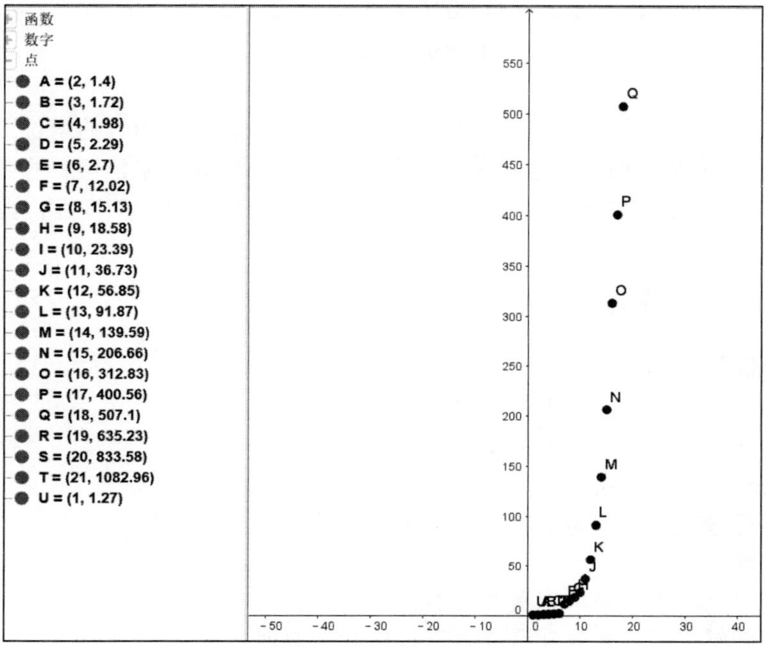

图 3-5　在软件中绘制曲线

3）拟合函数为 $y=k\cdot a^x+b$，制作三个滑动条，并把 k、a、b 调整结果代入函数，如图 3-6 所示。调整 k、a、b 三个参数，从而画出拟合曲线，得出快递业务增长函数 $y=3.9\times(1.3)^x+2.45$。

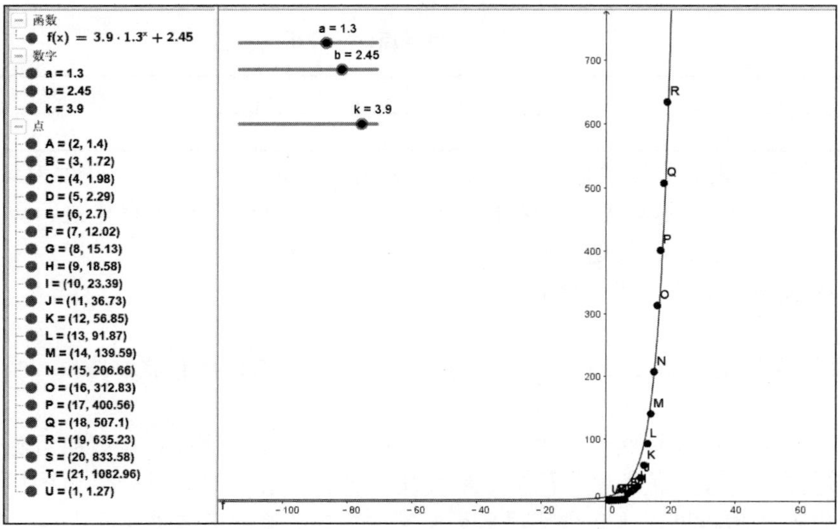

图 3-6　画出拟合函数

4）根据这个函数，学生计算出 2026 年的快递业务量，将 $x=26$ 代入函数，得出快递业务量为 3580.05 亿件，10 年后为 2031 年，将 $x=31$ 代入函数，可以预测出该年快递业务量为 13285.83 亿件。

学生通过做题可以知道，我国快递业务量的增长是指数型函数的增长。在引导学生将实际问题转化成数学问题并建立数学模型的过程中，培养学生建模、解模、释模的数学核心素养；学生通过对专业相关数学题的计算，会更认可自己的专业，更愿意为城市物流作贡献，达成思政目标。

例 2 英语“城市观光”课

【思政目标】

1. 精选路线，培养发现美的能力。
2. 细琢语言特征，遵循人际交往的原则。
3. 发现居住城市的精神和文化，坚定文化自信。

【课前引导学生注重预习】要求学生在指定学习平台上完成预习任务：

1. 上海景点英文名称（含红色景点），要求图文匹配、中英文匹配。
2. 交通方式表达，要求中英文对照。
3. 景点介绍视频，要求观看并找出吸引自己的地方。

【课中组织学生积极投入】组织学生完成以下任务。

任务一：展示“我所熟悉的上海景点”，指导学生对评价的依据进行合理协商，引领学生进行科学评价，这也是思政元素教学有效性评价的客观依据。让学生体会熟悉景点是了解这座城市的前提，也培养了学生有心观察、不断发现身边美的意识，更通过对红色景点的介绍对学生进行革命文化的教育，如表 3-6 所示。

表 3-6 红色景点介绍评价

景点	匹配正确得 40 分	介绍正确得 30 分	展示自信得 30 分

任务二：向他人介绍路线的特色。对所介绍的要求为：一是使用合适的对话用语（看交流的对象是谁）；二是路线介绍清晰明了；三是突出路线特色（如建筑、历史故事、红色旅游、美食文化、现代建设成就、近现代展馆等）。

从此要求中可见思政元素的融入。

……

【课后要求学生主动践行】作业：为某旅行社完善本市的特色旅游路线，吸引更多游客来参观。

学生在景点介绍和路线设计中，将思政元素与外语学习有效结合，能用英语讲中国故事，坚定文化自信，促进中华优秀传统文化的传播。各小组在设计路线的同时，挖掘景点背后的人文和历史，让路线呈现出更丰富的内容；寻找景点背后的故事，搜索历史文化对当下的影响，从而使市民自信、文化自信一点一滴产生并积累起来。

3. 公共基础课思政目标实现过程

第一，思政进公共基础课的内容应自然融合在教学内容中，应能贴近社会生活、符合学情，并在实践层面可达成，并能引起学生共鸣。

例如，数学“函数奇偶性”课的思政目标如下。

“函数奇偶性”思政目标：

以中国各大城市的地标建筑为学习背景，让学生体会数学与生活的密切关系，获得数学来源于生活又服务于生活的体验，感受数学应用的魅力，也由地标建筑进行工匠精神的渗透，增强民族自豪感。

第二，思政进公共基础课的教学方式倡导知信行合一，遵循任务驱动的思路，多采用分组教学、参与教学、案例教学、沉浸式教学方式，引发学生进入情境，达成思政目标。例如，语文的一则征文写作如下。

案例 征文写作

文题：我家的新鲜事

要求：随着改革开放的深入，出现许多前所未闻的新鲜事，请从你家中发生的小事中，选取一两件来写。要有适当的议论抒情。

提示：本文的文体是写事的记叙文，以写事为主。文题是一个偏正短语，其定语就是题眼，因此，要抓住“我家”“新鲜”来写。要围绕题眼选材，写出新意；写出自己独有的体验和感情；要尽量避开别人或多数人会写的内容；要以小见大，通过我家的新鲜事，歌颂改革开放带来的新气象。

第三，利用学习过程数据和资料的积累，对思政目标制定合理的评价方案，对思政进公共基础课进行全面而系统的评价。

4. 教学效果评价

第一，评价主体。实施多元化评价，采用学生自我评价、同伴评价、教师评价、家长评价、企业评价等相结合的方式，构建学习与评价的共同体，全面评价思政进公共基础课程的教学效果。

第二，评价方式。要整合诊断性评价、形成性评价、终结性评价等多种评价思路，可具体采用纸笔测试、现场观察、对话交流、小组分享、自我反思等多种评价方式，增强评价的科学性和有效性，全面评价思政进公共基础课的教学效果。

例如，建立学习档案，搜集思政进课程中的材料，如各种作业、调查报告、小组研讨成果、教师关于思政进课程教学的反思，形成评价过程的档案，作为评价依据之一；也可以通过大数据统计各种测试试卷中的思政元素题得分率，作为评价依据之一；还可以设计各类调查问卷，如自我评价问卷、同伴相互评价问卷、教师问卷、家长问卷等，通过问卷调查结果的分析形成评价，作为评价依据之一。又如，可以通过阅卷平台，统计思政元素题的得分率，用以评价和反馈。

图 3-7 与图 3-8 均为思政进课程的一些过程材料。

1-45_1		1-45_2		1-45_3		1-45_4		1-45_5	
得分/共1分	作答/答案B	得分/共1分	作答/答案B	得分/共1分	作答/答案B	得分/共1分	作答/答案B	得分/共1分	作答/答案A
1	B	0	C	0	AB	0	A	1	A
1	B	0	A	0	AB	0	D	1	A
1	B	0	C	0.5	B	0	C	1	A
0	C	0	C	0	D	0	A	1	A
1	B	0	C	0	D	0	C	1	A
1	B	0	A	0.5	B	0	C	1	A
0	C	0	C	0	A	0	C	1	A
0	C	0	C	0	D	0	D	1	A
0	C	0	C	0.5	C	0	D	1	A
1	B	0	C	0	D	1	B	1	A
0	D	0	C	0.5	B	0	A	1	A
0	C	0	C	0.5	B	0	C	1	A
1	B	0	C	0.5	B	0	A	1	A
1	B	0	C	0.5	B	0	D	1	A
0	C	0	C	0.5	B	1	B	1	A
1	B	0	C	0.5	B	0	D	1	A
0	C	0	C	0.5	B	0	D	1	A
0	A	0	C	0.5	B	1	B	1	A
0	D	0	C	0	A	0	D	1	A
1	B	0	A	0.5	C	0	D	1	A
0	C	0	C	0.5	B	0	D	1	A
0	C	0	D	0.5	C	0	D	1	A
1	B	0	A	0	D	0	C	1	A
0	C	0	A	0.5	C	0	C	1	A
0	D	0	A	0.5	B	0	C	1	A

图 3-7　试卷得分统计示例

上海信息技术学校导介词

各位家长，各位同学：

欢迎大家到我校参观考察！

我校是国家级重点中等专业学校、首批国家中等职业教育改革发展示范校。以“树信、乐业”为校训，传承“奔马文化”，坚持“学生乐于学、教师乐于教、社会乐于用”的办学愿景，确立了打造“中国著名，世界先进”品牌职业学校的办学目标，并为之踔厉奋发。

请大家随我到 8 号楼参观。8 号楼是我校信息技术系的专业楼，里面设有机房、联想班、演播厅等。首先映入眼帘的是走廊两边来自信息技术系的优秀毕业生墙，上面刻有他们在校内外所获得的荣誉奖项，也是指引各位学弟学妹前进的方向。这里的每间教室，我们都配备了空调和专业的教学设备。

接下来请大家随我到学生活动中心参观。

学习之余的时间，许多同学都会来到这里。我们所看的第一间教室就是久灵创新社，这里曾走出多位创客精英，同学们在这里可以培养自己超凡的动手能力，放大自己天马行空的艺术想象力。此社团曾在航模运动、科技及创新创业比赛中斩获数十项市级及国家级奖项。通过各类竞赛，树立学生的自信心，引导学生创新、创业。让每位社员都能在此获得技能与伙伴，不负青春与热爱。

接下来来到 2 楼，这里设有校团委及社团联合中心，是学生们自主发展、集思广益的大舞台，也是同学们汲取养分的驿站。有桌游社、园艺社、心理沙盘教室、舞蹈教室丰富学生的课余生活。

学生活动中心的 3 楼有心灵氧吧。在这里可以放松解压，来缓解学生们的压力。

参观完实训楼和学生活动中心，大家还可以去看看我们的美丽的校园，图书馆、教学楼等。相信一定会给你留下美好的印象。如果你立志成为一名优秀的技能人才，这里就是你梦想实现的地方。

最后，再次感谢大家光临我校！

图 3-8　作业示例

问卷调查示例

1．本学期本课程，让你印象最深刻的一次思政元素融入课是__________________。谈谈打动你的理由。

2．你觉得怎么改进基础学科的思政融入会更好呢？

____

4 中等职业学校专业类课程的思政教学探索

专业课是中等职业学校课程体系的主体，包括专业核心课、专业技能方向课、综合实训和实习等，其主要任务是培养学生良好的思想品德、职业道德和职业习惯，使学生掌握必要的专业知识和熟练的职业技能，从而提高职业适应能力和就业创业能力。通过专业课的学习，学生能够了解本行业的发展历程、发展前景，党和国家对该行业的总体方针、支持政策等，进一步塑造坚守职业理想、具备国际视野、崇尚拼搏奋斗、立志投身社会主义现代化建设的品格。

中等职业学校专业类课程具有鲜明的职业教育特点和行业特色，其内容与经济社会发展联系紧密且实践性强，蕴含着丰富的思政元素，具有独特的育人价值，是职业学校实施思政教学的重要载体和渠道。在专业思政框架下深化课程思政建设，需要避免生硬的、突兀的、喊口号式的思政教学模式，逐层逐步地在制定教学目标、设计教学流程、整合教学资源等环节中探索专业课程与课程思政深度融合的路径，如图 4-1 所示。其中，制定教学目标时要将思政要素融入专业教学的各个模块载体，使思政育人目标与专业教学目标找到一个契合点；教学流程设计环节包括对教材内容的处理、教学方法和形式的呈现、评价机制的设定等，其目的是促使学生在学习专业知识和技能的同时做到德才兼备、全面发展；最后，要集中教学团队、教学环境、信息化资源等一系列教学资源来支持线上线下混合式教学模式。

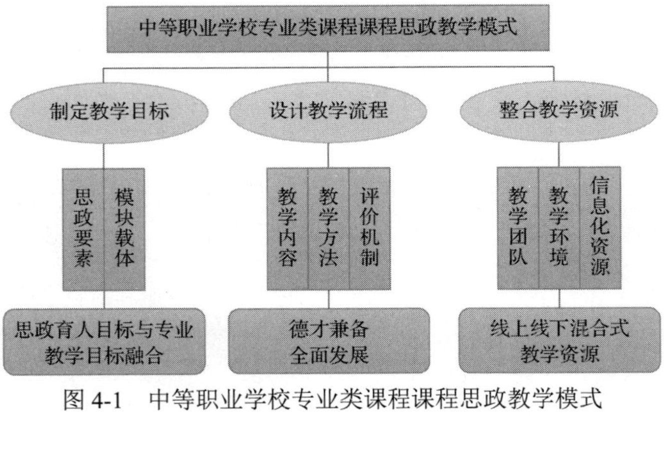

图 4-1　中等职业学校专业类课程课程思政教学模式

4.1 专业类课程的课程思政核心要求与教学目标

围绕“课程思政与思政课程同向同行”的实践要求，结合中等职业学校专业课程的教学特点，专业类课程的课程思政核心要求及对应的教学目标基本有如下几点。

第一，了解相关行业领域的国家中长期发展规划纲要、政策文件，行业发展现状、未来发展趋势等，从中坚定中国特色社会主义道路自信、理论自信、制度自信、文化自信。

表现性目标举例：

在产品加工实践中，讲述人民日益增长的美好生活需要对优质产品的需求，以及高质量发展对本专业提出的相关要求，引导学生牢固树立“质量至上”理念。

在化工生产操作中，讲述绿色发展理念为高质量发展提供了更加丰富广泛的内涵，使学生明确“安全、环保是高质量发展的前提”。

在网络安全设置中，讲述“网络安全就是国家安全”：从个人层面来看，如果网络安全的“护城河”被打破，公民将不再有个人隐私，银行和各平台账户的资金将被窃取，通信不再方便，甚至医疗救助得不到回应；从社会层面来看，企业将由于商业机密被窃取而受到资本市场的极度压迫。

第二，提高思想政治素质，深刻认识中国特色社会主义制度的显著优势，“厚植爱党爱国爱社会主义的情感”[19]，践行社会主义核心价值观。

表现性目标举例：

参观行业企业陈列馆时，讲述相关行业企业的发展历程，特别是改革开放40多年来的一些重大事件，从中感知我国在该领域近年来的巨大变革，增进对中国特色社会主义制度优越性的认同。

搜集资料撰写红色旅游景点的导游词并进行实地讲解，了解中国共产党的丰功伟绩，增强对党和国家的归属感、认同感和自豪感。

在浏览网页和进行网络交流时，自觉抵制各种不健康、不科学的网络信息，主动与家人、朋友共同营造和谐、民主、健康的网络环境和氛围。

第三，积极参加专业实践和社会实践，热爱劳动，尊重劳动者，珍惜他人的劳动成果，树立正确的世界观、人生观、价值观和职业观。

表现性目标举例：

陈列、展示、分享自己在实习期间的成果，从中体会劳动的喜悦感和获得感，增强对专业学习的热爱，坚定个人职业选择和职业理想。

在对外服务中，展现出良好的个人形象与职业风采，以实际行动维护好企业形象、国家形象，自觉抵制国外各种腐朽思想和不良行为的侵蚀。

亲历环境治理现场，不怕脏不怕苦不怕累，认真开展环境监测与治理，为市民创造优美的生态环境，从中感受劳动的价值，体验吃苦耐劳带来的幸福感。

参观会展时，积极评价和欣赏他人或企业的展品，爱护会场展品，遵守会场秩序，珍惜他人的劳动成果。

在网站上进行商品买卖时，不泄露公司和客户信息，严守商业机密。

第四，增强职业意识，养成良好的行为习惯。自觉遵守行业职业道德与规章制度，遵纪守法；严格遵循安全制度和操作规程，具有保护自我和保护他人的意识，养成安全文明的操作习惯；注重节约材料和能源，保护实训实习场所整洁，养成良好的节俭习惯，增强环保意识。

表现性目标举例：

在进行食品检测时，客观记录检测数据，如实填写检测报告，不弄虚作假。

在数控加工过程中，严格遵守加工车间规章制度，安全文明加工部件，注意自我保护和保护他人。

每次进入分析检测实训室前，正确穿戴好工作制服，自觉洗手消毒，养成良好的卫生习惯。

电气设备维修完成后，自觉摆放好工具，清理场所，保持环境整洁。

第五，养成严谨认真的职业态度。做事认真细致、积极主动，具有较强的责任心；能够吃苦耐劳，按要求完成学习任务和工作任务；主动与人沟通交流，乐于倾听他人意见，善于表达自己的观点，具有较强的集体意识和团队合作意识。

表现性目标举例：

在多媒体项目研究和制作过程中，主动请同伴发表意见，认真倾听同伴的意见，同时要敢于表达自己的看法。

在外业施工时，能坚持在户外较长时间地工作，做好安全防护，不怕苦不怕脏不怕累，按要求完成作业任务。

主动协助同伴完成设备的安装，关心和保护同伴的安全，养成良好的团队合作意识。

在制作、填写项目报表、报告时，静心专注，仔细核对，不急不躁，诚实守信，做到不出差错，不弄虚作假。

第六，崇尚、弘扬工匠精神与劳模精神，爱岗敬业，精益求精，一丝不苟，勇于创新，乐于奉献，追求卓越。

表现性目标举例：

列举出几位本市机械制造行业的劳动模范或大国工匠，讲述他们的先进事迹，能说出哪些方面自己深受感动，从中感悟工匠精神和劳模精神，并在学习和工作中以他们为榜样，严格要求自己。

通过反复地训练，不断总结改进操作方法，使精度达到企业规定的质量要求，并反复多次测量误差，不达要求不罢休，不断提高精度。

对机器人有浓厚兴趣，肯钻研技术，敢于探索尝试，在实践中能对工业机器人应用项目提出改进设想或方案。

4.2 专业类课程课程思政实施策略与方案

《纲要》指出：全面推进课程思政建设，就是要寓价值观引导于知识传授和能力培养之中，帮助学生塑造正确的世界观、人生观、价值观，这是人才培养的应有之义，更是必备内容。思政元素融入中等职业学校专业课程教学设计、教学实施、教学评价全过程的基本思路如图 4-2 所示。

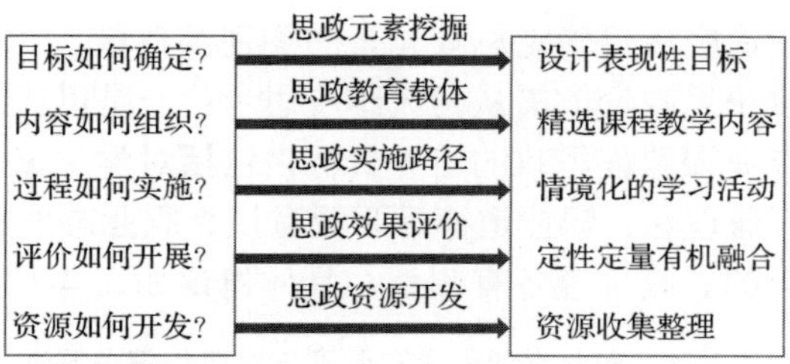

图 4-2　思政元素融入专业课程教学全过程的基本思路

4.2.1　挖掘专业思政元素，彰显专业思政价值

如图 4-3 所示，专业类课程课程思政实施的基本路径：梳理课程内容—挖掘专业思政元素—彰显专业思政价值。其中，挖掘出合适有效的思政元素是承前启后的关键环节。

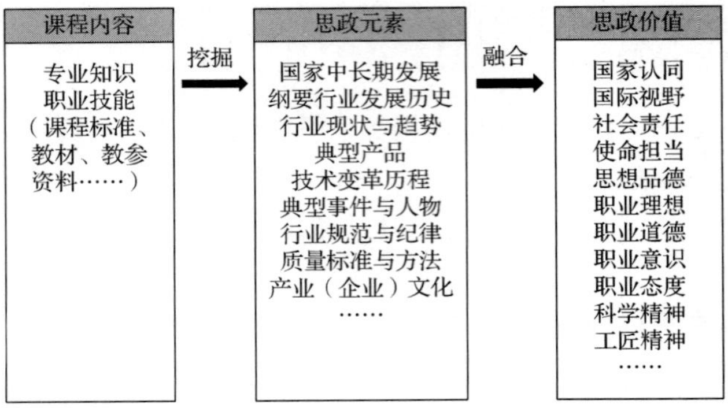

图 4-3　专业类课程课程思政实施的基本路径

各门专业课程都蕴含着能彰显专业特色且与专业内容相契合的思政元素。教师需通过课程标准、教材、教学参考资料等载体对教学内容进行梳理、分析，从中找寻出可承载思政价值的元素。专业课程中的思政元素大致可归为以下八类：

1）国家中长期发展纲要；

2）行业企业发展历史、现状与趋势；

3）本行业国内外新技术、新工艺的应用情况对比分析；

4）行业企业典型人物与事件；

5）我国技术变革、研发历程；

6）行业规范与纪律；

7）质量标准与方法；

8）产业（或企业）文化。

一门具体的专业课程，可能同时包含上述八类思政元素，也可能只涉及其中几类，教师需在梳理具体教学内容后再确定思政元素的类别及数量。

为专业思政元素赋予思政价值需从两大维度思考：一是以《纲要》为总指导；二是结合中等职业学校各专业课课程思政的培养目标，包括对学生家国情怀、国际视野、政策认同、思想品德、职业理想、职业道德、职业意识、职业态度与工匠精神等方面的要求。各思政元素所蕴含的思政价值各有侧重，具体建议如表 4-1 所示。

表 4-1　专业类课程思政元素与思政价值关联表

思政元素	主要思政价值	思政教育内容
行业企业发展历史	• 爱党爱国教育，中国特色社会主义核心价值观教育； • 中国特色社会主义制度优势教育，“四个自信”教育； • 世界观、人生观、价值观和职业观教育	• 党的领导 • 政治制度 • 发展道路 • 历史文化
行业企业典型人物与事件	• 中国特色社会主义制度优势教育，“四个自信”教育； • 职业观和职业理想教育； • 职业道德教育； • 工匠精神、劳模精神教育	• 时代精神 • 国家利益 • 革命传统

续表

思政元素	主要思政价值	思政教育内容
技术变革历程	• 科学思想、科学精神教育； • 辩证唯物主义教育； • 职业态度教育； • 工匠精神教育	• 科学理论 • 时代精神 • 国际视野
行业规范与纪律	• 规范意识、法治意识教育； • 职业道德教育； • 职业观和职业理想教育	• 诚信守责 • 守法平等
质量标准与方法	• 质量意识、规范意识、责任意识教育； • 科学思想、科学精神教育； • 职业态度教育； • 工匠精神教育	• 科学理论 • 时代精神 • 国家利益 • 国际视野
产业（或企业）文化	•“四个自信”教育； • 职业观和职业理想教育； • 职业道德教育； • 工匠精神教育； • 科学精神教育	• 时代精神 • 国家利益 • 自强合作

专业课程思政价值的确定，为教师整体拟定思政目标、合理分配思政内容、有针对性地实施思政教学提供了方向指引和思路延展。

4.2.2 关注学生行为表现，设计教学思政目标

课堂教学目标指课堂教学情境下具体的课时目标，是教学活动预期达到的结果，是教师进行教学设计时需要首先确定的核心要素，教学方法、教学手段、教学流程的安排都要围绕教学目标的有效达成而展开。

如图 4-4 所示，专业课堂思政教学目标的确定一般遵循两条路径：一是从本堂课教学内容出发，依据课程思政建设相关文件，分析教材和相应参考资料，在专业知识和职业技能传授的全过程挖掘思政元素并分析其思政价值；二是从学生认知规律角度出发，围绕知识与技能、过程与方法、情感态度与价值观三维目标要求来确定本次教学的思政目标。

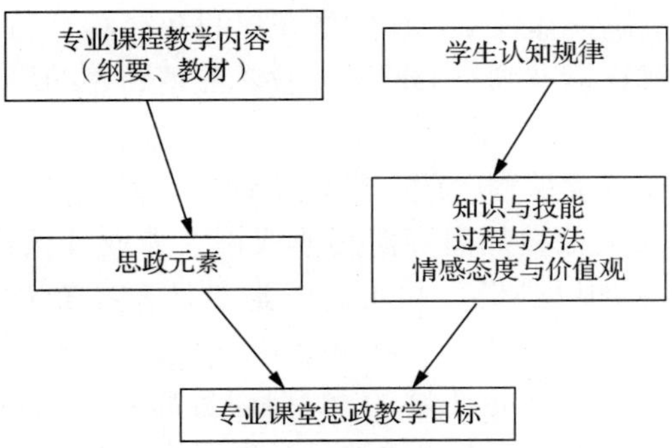

图 4-4 专业课堂思政教学目标的设计路径

课堂思政目标应描述为具体的表现性目标，即学生在学习过程中表现出来的可观察、可测量或可评价的外显行为，既可定性测评，也可定量测评。只有结合专业培养要求，符合学生身心特点，体现教学设计的时代特征，思政教学目标才具有表现性，不至于太宽泛或太笼统。例如，在“填写分析检测报告”一节的教学中，思政目标可描述为“如实填写实验数据，认真核对每项内容，不能弄虚作假”，而不是简单地表述为“诚实守信，认真细致”。又如，电气设备运行与控制专业在“设备维修”一课中的思政教学目标，可表述为“主动协助同伴完成设备的拆装任务”，而不应简单表述为“具备团队合作意识”。

4.2.3 融合职业情境思政，组织专业教学活动

1. 随风潜入夜，润物细无声

以专业知识与技能传授为主线，在教学过程中充分利用好思政元素，适时地、自然地渗透思政教学要求，使专业培养同思政育人浑然一体、相得益彰。例如，分析检测专业可以在课程导入时引用食品安全的典型案例，通过设问、讨论等形式，使学生充分认识到本行业对产品质量的严格要求，学习并掌握该领域的最新国家标准、《健康中国 2030 规划纲要》对本行业及人员队伍建设的前景规划，从而在实际进行项目检测时做到认真仔细、团结合作、诚实守信。又如，电子商务专业可在分析和讨论网络交易违法行为典型案例的过程中，潜移默化地向学生开展法治教育和诚信教育。切忌在课堂教学中，贴标签式地加入思政教育内容，这既不符合德技融合的总体原则，也有悖于学生的认知规律。

2. 创设真实情景，注重感悟与体验

创设真实的工作情景，能够把较为抽象的职业理想、职业道德等思政教育内容与具体的工作实践密切联系起来。例如，服务类专业对培养“大师”有服务规则、服务礼仪和服务态度等方面的教学要求，仅凭教师讲授，学生往往难以理解和接受，因此可以在教学中创设服务场景，明确具体任务，使学生在自我抉择和行动中切实理解全心全意为人民服务的宗旨，自觉践行标准到位的服务礼仪、热情和善的服务态度，从而理论联系实际，实现“1+1 大于 2”的教学效果。

专业课程体系中的实训类课程一般在学校实训中心开展教学，有较为完备的实训设备和真实的工作环境。实训课教师需要把其他课程（专业理论课、公共课）教师在理论讲授中渗透的思政要求加以强调，并通过技能实训落实在学生日常行为中，使学生将思政教育目标内化于心、外化于行。例如，电气设备运行与控制专业仅在理论教学环节强调用电安全的重要性是远远不够的，实训课教师要在指导学生进行电气操作时，督促其一步一步落实相关注意事项，并通过每一次训练，真正培养学生良好的安全意识与行为习惯。

4.2.4 充分利用企业实习，践行职场思政要求

实习是学生走进职场、接触职业与社会的重要途径，是职业教育教学的鲜明特色。实习方式一般包括认知实习、教学实习和企业实习等，其中企业实习时间最长，一般为一学期。

企业独特的思政元素主要有四类：一是企业文化与精神；二是企业制度与规章、岗位职责；三是企业产品与技术标准；四是企业典型人物，包括劳模、工匠、带教师傅等。

注重实践与行为转化是课程思政与实习实训教学相融合的突出特点，这期间的思政教育工作应注意以下几点。

1. 用企业规章制度严格要求学生

在实习期间，学生要按照员工的考勤制度按时上下班，如有迟到、早退、旷工等行为，则按照企业规定进行处罚，以此强化规则意识与纪律观念。例如，航空服务专业的实习生必须养成强烈的时间观念与作息习惯，高度重视迟到所带来的严重危害。

2. 严格遵循企业技术标准与质量标准，增强学生的质量意识与责任意识

例如，食品检验专业的学生在质检过程中，要按企业卫生最高标准洗手消毒，严格把控与食品质量相关的所有环节，坚决不让不合格食品进入市场。又如，城市轨道交通车辆维修专业的学生在检修车辆时，要按照企业工作流程与标准，一丝不苟、严谨细致地进行操作，时刻把人民生命安全放在首位。

3. 以企业文化育人

上海市的先进制造业和现代服务业相关企业较多，要充分利用企业文化教育学生，积极开展职业道德教育、爱国主义教育等；发挥企业工匠、劳模的榜样示范作用，让学生在与其交流学习过程中，自觉接受工匠精神、劳模精神教育。

4. 注意与在校期间的思政教学保持一致

学校思政教育与企业思政教育要在总体认知上保持一致，校企双方共同制定实习计划，明确课程思政的总体目标、具体要求以及企业思政教学的重点，从而形成思政教育合力，避免校企双方教学要求冲突、学生知行不一等情况。

4.2.5 基于专业教学过程，融入全程思政评价

教学评价是检验教师教学成效的重要环节，也是检测学生学习质量、提升学习效率的必然需要。本书基于发展性教学评价理念与中等职业学校人才培养目标，从评价内容、评价标准、评价主体、评价效果等方面，提出将教学评价融入课程思政全过程的相关策略。

1. 构建德技一体化的评价指标

评价指标一体化是指思政教学评价与专业知识技能教学评价一体化，它是德技融合原则在评价环节的具体落实。思政评价指标与单纯的知识、技能评价要求不同，后者评价指标大多为可量化的，能达成可评、可测的目标，但思政评价指标体现定性与定量相结合的原则，体现思政教育润物无声、潜移默化的特性。

专业教学评价与思政教学评价的一体化设计，一般是以专业课教学内容（知识、技能）为线索，构建评价的主要指标，在解释各指标内容时，渗透进思政育人的评价要求。如在评价学生技能操作时，不仅要评价操作的精度、速度等，还要评价其在这一过程中所体现出的操作规范性、安全性、文明卫生习惯、认真仔细程度、团队合作意识等职业素养，以及科学精神、工程思维、创新意识和数字素养等思政价值。表 4-2 展示了工业机器人技术应用专业课程学习评价样表，表中的评价内容体现了专业教学评价与思政教学评价的一体化设计。

表 4-2　工业机器人技术应用专业课程学习评价样表

评价指标	内涵说明	评价观察点	权重
工作质量	工作质量通过工作结果的精密性和完美性来表现	• 操作练习按编制的工作计划进行； • 操作流程规范、安全； • 操作结果达到标准规定的质量要求； • 操作时注意与周边设备的协调配合	0.3
工作速度	工作速度是指在一定时间内完成的工作量	• 按要求的实训进度完成每项练习； • 按时完成规定的各项工作任务，不拖拉	0.1
专业知识	掌握专业知识和技能，能将其运用到工作中，碰到问题能自己处理	• 对练习件的理解力较强； • 能用所学知识分析操作中遇到的问题，自我检查、判断、改正操作误差； • 具备相关专业知识，书面和口头表达清楚、准确	0.1
安全生产	在工作中重视和遵守事故预防管理制度、青少年保护法及安全生产条例等	• 遵循实训场地设备安全操作规程； • 按要求正确穿戴劳保用品，注意保护自己和他人； • 按工序流程操作，不蛮干	0.1
文明生产	正确使用和维护器材，保持培训秩序和车间整洁	• 个人工位整齐、周围环境干净； • 爱护设备仪器	0.1
合作交流	在集体中个人行为表现和工作态度良好	• 注意在集体中个人的行为表现； • 主动与小组同学交流，讨论问题的解决思路，乐于听取他人意见； • 主动协助或帮助同学完成加工任务	0.1
学习态度	态度表明产生成就愿望的程度、兴趣、毅力和主观能动性	• 学习目标明确，自我要求严格，有追求更高要求的表现； • 勤学好问、吃苦耐劳； • 自觉遵守各项规章制度	0.1
学习记录	字体端正，文笔顺畅，文字表达逻辑性完整，准时提交	• 如实填写操作手册，书写规范、准时提交； • 记录操作中出现的问题，并在课后提出创新性的解决方案	0.1

2. 突出对学生思政表现的评价

思政教学评价既关注学生对课程思政要求的理解与认知，更关注其行为表现。一般来说，学生理解思政相关要求不难，难的是在日常学习和实践中按要求自觉约束和规范个人言行举止，做到知行合一。因此评价指标的设定，要引导学生将这些目标从感知到认同，再到内化为自身行为习惯，这也就决定了思政评价应当是以过程性评价为主的评价模式。过程性评价不是指具体某一种评价方法，而是指根据不同评价目标采取不同评价方法。专业课教学一般有诸多项目或任务，教师可以灵活运用实训（或实验）评价表、任务书、学习档案袋等过程性评价工具，在课前指导学生进行自我评价，课中注重教师评价与同伴互评相结合，课后通过结果反馈引导学生自我反思，从而将思政评价指标融入专业学习全过程。

4.2.6 建设专业特色文化，营造思政育人环境

良好的专业文化环境能够潜移默化地感染、熏陶学生，塑造其优秀的道德品质、职业素养与职业情操，这既是学习专业知识与技能的重要条件，也是实施课程思政的重要保障。

1. 专业文化建设与环境营造的基本要素

专业文化环境概括来说包括物质层面的“硬文化”及精神层面的“软文化”。物质层面的“硬文化”是专业文化的载体，如学校物理空间条件、文化环境条件、设施设备条件等；精神层面的“软文化”是专业文化的灵魂，如师生的职业理想、职业操守、职业技能、职业习惯、专业管理制度及由此形成的精神面貌和文化氛围等。由此可见，学校专业文化建设和环境营造可从三条路径切入：一是校园空间文化环境布置，打造富有专业特质的文化气息；二是师生行为习惯的养成及职业形象的塑造，将空间文化内容内化为师生的共同职业价值追求；三是以共同价值追求为出发点建构和谐的人际关系，使学校成为学生“生活的花园”“学习的乐园”“成才的摇篮”“职业人生的起点”。

综上，专业文化的关键是“职业性”，核心是“工匠精神”。专业文化建设必须突出职业理想、职业素养、职业技能目标培养的指向性，必须具有导向、约束、凝聚、激励等多种功能，成为激发学生自觉学习的发动机和向“职业人”转变的催化剂。

2. 专业文化建设与环境营造的基本要求与方法

专业文化的载体主要有教师办公室、教室、实验实训室、文化长廊与走廊楼道等，专业文化建设与环境营造需要专业课教师亲自参与设计、布置，根据时代发展要求和行业变革动态进行实时更新。

教师办公室专业文化建设的基本要求与方法有：一是行业专业相关制度上墙，如行业质量标准、工作规范等；二是办公室图书布局，需具备必要的专业图书，且摆放整齐

有序；三是专业工作氛围营造，将体现专业理念、专业精神的格言警句以较为醒目的形式张贴于室内显著位置；四是逐步采用统一的办公用品、专业标识等。

学生教室内专业文化建设的基本要求与方法有：一是提供本行业劳模、工匠优秀事迹介绍；二是提供专业介绍及班级文化展示；三是提供学生日常规范要求及评比结果；四是提供社会、行业、学校新闻等。

实验实训室专业文化建设的基本要求与方法有：一是按照企业真实工作环境布置实验实训设施；二是按照行业标准张贴安全标语、生产流程、安全规程；三是陈列主要产品介绍；四是展示职业规范、岗位职责、工作守则等规章制度的警示；五是张贴行业、企业、专业精神的相关标语等。具体而言，包括规范工位清理（工位清理制度、工位清理检查制度、工位清理检查评分表）、规范工具管理（工具管理制度、工具柜定位图、工具摆放标识图）、规范环境布置（实训室规章制度、安全生产操作规程、现场质量管理标语、安全生产提示语、企业文化宣传、优秀毕业生照片）三大方面。

文化长廊专业文化建设的基本要求与方法有：一是展示往届优秀毕业生、专业领域技能标兵及其典型事迹；二是介绍行业新技术新工艺及其发展趋势；三是张贴本专业人才需求信息；四是陈列行业专业发展历史和取得的主要成果；五是体现专业精神的格言警句；六是提供合作企业简介等。除了用传统纸质材料张贴外，学校还可以使用显示屏投放各专业宣传视频，以实时更新内容，紧跟行业、企业最新要求。

走廊楼道专业文化建设的基本要求与方法有：一是张贴专业学习场所分布图；二是展示专业学习条件介绍；三是提供学生专业学习指南。校园走廊楼道与文化长廊的专业文化建设共性较多，很多内容可以互通补充。

随着互联网技术的广泛普及，“网络育人”早已被提上专业文化建设的议程。专业课程学习平台，以微课、仿真课件为代表的课程资源，和以微信、QQ 等为代表的实时信息传输手段，大大提升了专业文化育人的实效性。网络育人关键是要做好顶层设计，不断丰富平台资源，开发新的信息传输手段，在校园网上实现专业知识技能与思政元素的有机融合，形成风清气正的网络环境，为专业课程思政提供强有力的支撑。

4.2.7 产教深度联手合作，开发特色思政资源

丰富的思政教学资源是实施专业课程思政的必要条件，行业企业是思政教学资源的重要源泉。当前校企合作、工学结合已成为中等职业学校人才培养的基本模式，广泛而密切的合作往来，为学校充分利用和开发行业企业思政资源创造了良好条件。

行业企业的思政资源一般包含以下几类。

1）行业的发展规划、建设纲要等。如行业的“十四五”发展规划，“数字中国”“健康中国”“质量强国”建设纲要等。这些资源能让学生更深入地了解中国特色社会主义道路，更加坚定投身社会主义现代化建设的职业理想。

2）行业准则、行业标准、企业制度等制度文化。这些有利于学生养成自我约束、

自我规范的行为习惯，自觉遵守行业规章制度、坚守职业准则。

3）企业核心价值观，如责任良知、质量观念、团队精神、绩效理念等。这对学生养成良好的职业道德、职业态度和职业精神具有重要意义，在装备制造大类专业尤其要重视培养不断追求卓越的工匠精神。

4）行业企业发展历程、技术工艺更新进程。这是对学生进行国情教育、职业理想教育、科学精神教育的重要载体。

5）行业企业先进人物，特别是大国工匠、劳动模范，这是进行工匠精神教育、劳动教育的鲜活素材。

6）国家重大工程案例，如中国高铁、中国航天、中国新能源、中国电商等国家名片。这些举世瞩目的成就代表着中国的国家形象、经济实力、文化传统、科技创新水平，展现了中国强大的综合国力、世界影响力，能够强化学生的民族自豪感。

此外，学校应充分利用现代化信息技术手段，开发制作信息化的教学资源。在内容上可选取典型的人物故事、行业发展历程、职场案例、企业与产品等，在呈现形式上包括网络课程、精品课程、APP、微课、视频、图片等，同时依托校园网平台，在师生论坛、微信、微博、公众号、QQ、电子邮箱上进行交流互动探讨。

总而言之，专业课程思政教学资源开发要做到“四个有”“四个符合”“四个贴近”。“四个有”即有思想、有思路、有方法、有创意；“四个符合”即符合中国国情、符合职业道德、符合中职生身心特点、符合职业习惯养成规律；“四个贴近”即贴近社会期望、贴近岗位要求、贴近学生实际、贴近职业实战。教师要利用好、充实好专业教学资源，与学生“多互动、多共享、多讨论、多反馈”，使学生在潜移默化中了解国家大政、行业规划，接受社会道德、职业操守和工匠精神的熏陶，既学到知识、学到技能，又学会做人、学会做事，将来成为国家、社会的有用之才、栋梁之材。上海信息技术学校立足重大前沿科学问题，充分利用专业优势和学校特色，开发了“人工智能，智见未来”网络课程资源，通过“人工智能的基本概念”“相关知识技能”“人工智能时代来了，你准备好了吗”这样的提问，让学生感知科技时代的魅力，并做好职业规划，将个人命运融入国家发展大局，肩负起应有的责任担当。

4.2.8 上海信息技术学校课程思政实施方案

上海信息技术学校全面推进课程思政建设工作方案

为贯彻落实中共中央办公厅、国务院办公厅《关于深化新时代学校思想政治理论课改革创新的若干意见》，把思想政治教育贯穿人才培养体系，全面推进学校课程思政建设，全面提高课程育人实效，全面提升人才培养质量，根据教育部《全面推进“大思政课”建设的工作方案》，结合我校实际，特制定本工作方案。

一、指导思想

以习近平新时代中国特色社会主义思想为指导，深入贯彻落实立德树人根本任务，全面推进课程思政建设，将价值塑造、知识传授和能力培养三者融为一体，帮助学生塑造正确的世界观、人生观和价值观。紧抓落实所有教师、所有课程育人责任，促使各类课程与思政课程同向同行，构建全员全程全方位育人大格局，努力培养德智体美劳全面发展的社会主义建设者和接班人。

二、建设目标

推动全校加强课程思政建设，科学构建课程思政工作体系、教学体系、内容体系和评价体系，形成全面覆盖、类型丰富、层次递进、相互支撑的课程思政体系。统筹做好各学科专业、各类课程的课程思政建设，深入挖掘各类课程中的思想政治教育资源，将课程思政元素融入课堂教学全过程，实现专业教育和思政教育的有机统一。进一步提升广大教师开展课程思政建设的意识和能力，形成一批课程思政教学团队，提炼推广课程思政建设先进经验和特色做法，形成广泛深入开展课程思政建设的良好氛围。

三、重点内容

课程思政建设内容要紧紧围绕坚定学生理想信念，以爱党、爱国、爱社会主义、爱人民、爱集体为主线，围绕政治认同、家国情怀、文化素养、道德修养等重点优化课程思政内容供给，系统进行中国特色社会主义教育、社会主义核心价值观教育、法治教育、劳动教育、心理健康教育、中华优秀传统文化教育。

——推进习近平新时代中国特色社会主义思想进教材进课堂进头脑。坚持不懈用习近平新时代中国特色社会主义思想铸魂育人，引导学生了解世情、国情、党情、民情，增强对党的创新理论的政治认同、思想认同、情感认同，坚定中国特色社会主义道路自信、理论自信、制度自信、文化自信。

——努力培育和践行社会主义核心价值观。教育引导学生把国家、社会、公民的价值要求融为一体，提高个人的爱国、敬业、诚信、友善修养，自觉把小我融入大我，不断追求国家的富强、民主、文明、和谐和社会的自由、平等、公正、法治，将社会主义核心价值观内化为精神追求、外化为自觉行动。

——加强中华优秀传统文化教育。大力弘扬以爱国主义为核心的民族精神、蕴含革命文化传统的延安精神和以改革创新为核心的时代精神，教育引导学生深刻理解中华优秀传统文化中讲仁爱、重民本、守诚信、崇正义、求大同的思想精华和时代价值，教育引导学生传承中华文化，弘扬爱国主义精神。

——深化职业理想和职业道德教育。深挖专业教学中的思政元素并融入课堂教学中，教育引导学生深刻理解并自觉实践各行业的职业精神和职业规范，增强职业责任感，培养爱岗敬业、无私奉献、诚实守信、开拓创新的职业品格和行为习惯。

四、重点任务

（一）构建课程思政教学体系

根据专业特点有针对性地修订人才培养方案和课程大纲，切实落实中等职业学校专业教学标准。根据不同课程的特点和育人要求，分别明确公共基础课、专业课、创新创业教育课、社会实践类课程的课程思政建设重点，优化课程设置，构建科学合理的中职课程思政教学体系。

公共基础课程要重点建设一批提高中职学生思想道德修养、人文素质、科学精神的课程。专业教育课程要根据不同学科专业的特色和优势，深度挖掘提炼专业知识体系中所蕴含的思想价值和精神内涵，努力提升学生的专业技能和职业素养。创新创业教育课程要注重培养学生的创新精神、创造意识和创业能力。社会实践类课程要注重培育学生的劳动精神。

（二）分类推进课程思政建设

各专业要结合专业特点研究制定课程思政建设方案，探索课程思政建设内容、途径及有效载体，提升课程思政建设的有效性和针对性。专业负责人要增强责任意识，主动承担课程思政建设任务，提高相关业务能力和水平，特别是示范性品牌专业、品牌专业要在课程思政建设方面勇于开拓创新，发挥示范引领作用。

（三）将课程思政融入课堂教学全过程

提高课堂教学责任意识，健全课堂教学管理体系，将课程思政融入课堂教学建设，贯穿于课堂授课、教学研讨、实训实践各环节，落实到课程目标设计、教学大纲修订、教材编审选用、教案课件编写各方面。进一步规范教材选用制度，坚持学校党委对教材选用进行政治把关和总负责制，确保选用教材价值导向正确。充分发挥第二课堂与第一课堂协同育人作用，利用上海红色文化资源，深入开展各种社会实践和志愿服务，不断拓展课程思政建设的新方法、新途径。

引导教师在教育教学活动中自觉开展课程思政建设。规范课堂教学管理，严肃课堂教学纪律，强化教师授课纪律约束，把坚持正确的政治方向作为课堂教学管理的根本要求。

（四）着力提升教师课程思政意识和能力

充分利用学报、智慧校园、企业微信等宣传课程思政工作，形成全校教师了解和认同课程思政的积极氛围。加强教师课程思政建设能力，搭建课程思政建设交流平台，组织开展分学科专业领域的经验交流、现场教学观摩、教师教学培训等活动。充分利用现代信息技术，促进线上课程思政优质资源在各专业间共享共用。强化教师课程思政责任意识，在教师岗前培训，在岗培训和师德师风、教学能力专题培训中突出课程思政。举办课程思政交流会、工作坊，充分利用思想政治教育优质资源，鼓励支持思政课教师与专业课教师合作开展教学教研活动。

五、组织保障

（一）加强组织领导

成立由主要领导牵头负责的课程思政建设领导机构，构建党委统一领导、相关部门联动、系部推进落实、自身特色鲜明的课程思政建设工作格局，统筹开展本校课程思政建设工作，扎实推进各项建设任务落地。

（二）做好支持保障

学校根据自身建设计划，统筹各类资源，加大对课程思政建设的投入力度，包括课程思政建设的研究、实践、教师培训、资源建设、团队建设等方面，为课程思政建设提供专项经费支持。

（三）强化考核激励

强化课程思政建设的考核和激励。把课程思政建设成效作为专业建设质量评估、教学质量评价、教师考核等的重要内容。在优质校建设期间，对课程思政建设成效突出的教师予以表彰和激励。

（四）注重总结推广

注重总结凝练课程思政建设的先进经验，树立典型，加强宣传、交流和推广，全面形成广泛开展课程思政建设的良好氛围。将课程思政建设的好经验、好做法适时转化为理论成果和相关制度，进一步夯实人才培养核心地位，全面提升育人水平。

4.3 专业类课程的学生发展核心素养

课程思政建设的目的是提升学校课程教学质量，通过在专业课教学中融入思政元素，实现知识传递与价值引导的协调统一、有机结合，既提高学生的综合素质和职业素养，又强化课程思政的育才功能，其落脚点是立德树人。

核心素养是党的教育方针的具体化，是连接宏观教育理念、培养目标与具体教育教学实践的中间环节。2016 年 9 月 13 日上午，中国学生发展核心素养研究成果发布会在北京师范大学举行，会上发布了《中国学生发展核心素养》总体框架。学生发展核心素养指学生能够适应终身发展和社会发展需要所必备的优秀品格和关键能力，其以科学性、时代性和民族性为原则，以培养“全面发展的人”为核心，以文化基础、自主发展、社会参与为基点，综合表现为人文底蕴、科学精神、学会学习、健康生活、责任担当、实践创新六大素养，具体而言又可细化为国家认同等十八个基本要点[20]，包含了从个人到职业再到国家层面的基本要求，集中体现了教育“为党育人、为国育才”的根本任务。

1. 文化基础

文化是人的全面发展的“方向标”。文化基础重在强调习得人文、科学各领域的知识和技能，掌握和运用人类优秀智慧成果，涵养内在精神，追求真善美的统一，使学生发展成为有宽厚文化基础、高远精神追求的人。文化基础表现为以下两点。

1）人文底蕴。主要指学生在学习、理解、运用人文知识和技能等方面形成的基本能力、情感态度和价值取向，具体包括人文积淀、人文情怀和审美情趣等基本要点，即：理解和掌握人文思想中蕴含的认识方法和实践方法；具有发现、感知、欣赏、评价美的意识和能力；具有健康的审美价值取向；具有艺术表达和创意表现的兴趣，能在生活中拓展和升华美。

2）科学精神。主要指学生在学习、理解、运用科学知识和技能等方面形成的价值标准、思维方式和行为表现，具体包括理性思维、批判质疑、勇于探究等基本要点，即：崇尚真知，理解和掌握基本的科学原理和方法；尊重事实和证据，有实证意识和严谨的求知态度；思维缜密、逻辑清晰，能运用科学的思维方式认识事物、解决问题、指导实践；具有问题意识，能独立思考、独立判断，多角度、辩证地做出抉择；具有好奇心和想象力；不畏困难、坚持探索、大胆尝试，积极寻求有效的问题解决方法等。

2. 自主发展

自主性是人作为主体的根本属性。自主发展，重在强调有效管理自己的学习和生活，认识和发现自我价值，发掘自身潜力，有效应对复杂多变的环境，成就出彩人生，发展成为有明确人生方向、有生活品质的人。自主发展表现为以下两点。

1）学会学习。主要指学生在学习意识形成、学习方式方法选择、学习进程评估调控等方面的综合表现，具体包括乐学善学、勤于反思、信息意识等基本要点，即：能正确认识和理解学习的价值，具有浓厚的学习兴趣和积极的学习态度；能养成良好的学习习惯，掌握适合自身的学习方法；能自主学习，具有终身学习的意识和能力；能对自己的学习状态进行审视，善于总结经验；能根据不同情境和实际需求，选择或调整学习策略和方法；能自觉、有效地获取、评估、鉴别、使用信息；具有数字化生存能力，主动适应“互联网+”等社会信息化发展趋势；具有网络伦理道德与信息安全意识等。

2）健康生活。主要指学生在认识自我、发展身心、规划人生等方面的综合表现，具体包括珍爱生命、健全人格、自我管理等基本要点，即：理解生命意义和人生价值；具有安全意识与自我保护能力；掌握适合自身的运动方法和技能，养成健康文明的行为习惯和生活方式等；具有积极的心理品质，自信自爱、坚韧乐观；有自制力，能调节和管理自己的情绪，具有抗挫折能力等；能正确认识与评估自我；能依据自身个性和潜质选择适合的发展方向；能合理分配和使用时间与精力；具有达成目标的持续行动力等。

3. 社会参与

社会性是人的本质属性。社会参与，重在强调处理好自我与社会的关系，遵守现代公民所必须遵守和履行的道德准则和行为规范，增强社会责任感，提升创新精神和实践能力，促进个人价值实现，推动社会发展进步，成为有理想信念、敢于担当的人。社会参与表现为以下两点。

1）责任担当。主要指学生在处理与社会、国家、国际等关系方面形成的情感态度、价值取向和行为方式，具体包括社会责任、国家认同、国际理解等基本要点。自尊自律，文明礼貌，诚信友善，宽和待人；孝亲敬长，有感恩之心；热心公益和志愿服务，敬业奉献，具有团队意识和互助精神；主动作为，履职尽责，对自我和他人负责；明辨是非，具有规则与法治意识，积极履行公民义务，理性行使公民权利；崇尚自由平等，能维护社会公平正义；热爱并尊重自然，具有绿色生活方式和可持续发展理念及行动等。具有国家意识，了解国情历史，认同国民身份，能自觉捍卫国家主权、尊严和利益；具有文化自信，尊重中华民族的优秀文明成果，能传播弘扬中华优秀传统文化和社会主义先进文化；了解中国共产党的历史和光荣传统，具有热爱党、拥护党的意识和行动；理解、接受并自觉践行社会主义核心价值观，具有中国特色社会主义共同理想，有为实现中华民族伟大复兴中国梦而不懈奋斗的信念和行动。具有全球意识和开放心态，了解人类文明进程和世界发展动态；尊重世界多元文化的多样性和差异性，积极参与跨文化交流；关注人类面临的全球性挑战，理解“人类命运共同体”的内涵与价值等。

2）实践创新。主要指学生在日常活动、问题解决、适应挑战等方面形成的实践能力、创新意识和行为表现，具体包括劳动意识、问题解决、技术应用等基本要点。尊重劳动，具有积极的劳动态度和良好的劳动习惯；具有动手操作能力，掌握一定的劳动技能；主动参加家务劳动、生产劳动、公益活动和社会实践，具有改进和创新劳动方式、提高劳动效率的意识；具有通过诚实合法劳动创造幸福生活的意识和行动等。善于发现和提出问题，有解决问题的兴趣和热情；能依据特定情境和具体条件，选择制定合理的解决方案；具有在复杂环境中行动的能力等。理解技术与人类文明的有机联系，具有学习掌握技术的兴趣和意愿；具有工程思维，能将创意和方案转化为有形物品或对已有物品进行改进与优化等。

4.4 专业类课程的思政教学模式探索

核心素养是中等职业学校专业知识体系的重中之重，其与思政教育内容高度契合。

为此，上海信息技术学校的四个专业群围绕上述六大素养的培育，在教学实践中展开积极探索，逐步形成具有专业特色的课程思政教学模式。

4.4.1 信息技术类专业的思政教学实践

1. 信息技术类课程思政建设背景

党中央、国务院高度重视新一代信息技术产业发展，强调“积极发展新一代信息技术产业和数字经济，推动互联网、物联网、大数据、卫星导航、人工智能同实体经济深度融合”[21]。新一代信息技术产业是国民经济的战略性、基础性和先导性产业，近年来产业规模效益稳步增长，创新能力持续增强，企业实力不断提升，行业应用持续深入，为经济社会发展提供了重要保障。

为贯彻落实工业和信息化部提倡的“大力发展新一代信息技术产业”相关决策部署，上海信息技术学校信息技术系认真研读《数字中国建设整体布局规划》《上海市培育“元宇宙”新赛道行动方案（2022—2025 年）》等政策文件，在首批上海中等职业教育市级教师教学创新团队立项的基础上，以培育新一代信息技术产业新赛道、壮大数字经济发展新动能为载体，对本系进行顶层设计、整体规划，构建起了涵盖数字媒体技术应用、计算机网络技术、网络信息安全、移动应用技术与服务等专业的信息技术专业群。

2. 探索信息技术类课程思政实现路径与方法

（1）制定思政目标与教学目标

新一代信息技术产业涵盖技术多、应用范围广，与传统行业结合空间大，相关专业课程可以从国家或区域新一代信息技术产业发展需求、企业转型升级和用人需求、个人成长成才需求三个层面凝聚思政元素，构建课程思政教学目标体系。

宏观层面：国家或区域新一代信息技术产业发展需求。我国信息技术软硬件水平不断提升，服务边界不断延伸，推动数字经济加速走深向实，为加快推进制造强国、网络强国和数字中国建设提供了坚实基础和有力支撑。从宏观层面来讲，本专业的课程思政元素包括国家政策、政治认同、家国情怀等指标。

中观层面：企业转型升级和用人需求。新一代信息技术专业涉及生产、建设、管理、服务等多个岗位，这就需要学校培养学生达到企业用人标准，扩大其在市场的竞争优势。从中观层面考虑，本专业的课程思政元素包括校企合作、以赛促学、传承发展等指标。

微观层面：学生个人成长成才需求。学校除了关注学生的技能学习，更要加强其综合素质的培养，实现人才可持续发展。从微观层面来讲，本专业的课程思政元素包括职业技能、职业素养、职业发展、职业法规等指标。

表 4-3 列出了上海信息技术学校信息技术系专业分类及课程思政元素指标体系。

表 4-3　信息技术系专业分类及课程思政元素指标体系

专业类别	71 电子与信息大类				
	7102 计算机类				
专业群	数字媒体技术应用	计算机网络技术	网络信息安全	移动应用技术与服务	软件与信息服务
职业岗位群	主要培养从事游戏、动画、虚拟现实（VR）制作、影视特效、新媒体制作、平面设计、音频制作、多媒体合成、影视制作等工作的中等应用型技能人才	主要培养从事计算机网络维护、网站开发、网络组建、信息安全维护等工作的技术技能人才	主要培养掌握网络信息安全技术与应用的相关知识，从事网络安全产品销售、网络安全产品部署调试与故障处理、网络系统维护、网络安全评估与加固、网络系统渗透测试等工作的技术技能人才	主要培养面向各类移动互联网软件行业、软件开发企业、IT 相关行业或领域、企事业单位，承担移动软件开发、移动应用测试、网站开发、网页设计、网站编辑、移动互联软件售前/售后支持、网络管理、系统管理、数据库管理等工作的专业技术人才	主要培养具有软件开发与设计、网站开发、软件测试、软硬件应用及维护、软件营销等能力的应用型技能人才

信息技术系专业课程思政元素指标体系		
宏观层面	国家政策	了解新一代信息技术相关政策法规，如《数字中国建设整体布局规划》《上海市培育“元宇宙”新赛道行动方案（2022—2025 年）》等，让学生领悟“网络强国”的战略思想，发展“元宇宙”的未来眼光，激发其科技报国的使命担当
	政治认同	引导学生了解国情民情，增强对党的创新理论的政治认同、思想认同、情感认同，坚定中国特色社会主义道路自信、理论自信、制度自信、文化自信
	家国情怀	引导学生培养社会主义核心价值观，强调以爱国主义为核心的民族精神
中观层面	校企合作	通过校企合作工作室、现代学徒制、联想定向班、“1+X”证书制度等手段，引导学生树立职业理想，学习企业文化，充分利用企业教学资源，做好职业发展规划
	以赛促学	通过校企合作工作室、世界技能大赛“网站设计与开发”项目中国集训基地的培养，搭建职业技能竞赛平台，与国赛、世赛接轨。通过以赛促学的方式加强专业技能学习，全面提升学生的专业技能和综合素养
	传承发展	开展名企、工匠进校园活动，宣传大国工匠、劳模的先进事迹，树立榜样力量，培养学生的职业荣誉感
微观层面	职业技能	马克思主义立场观点方法的教育与科学精神的培养相结合；提高学生正确认识、分析以及解决问题的能力
	职业素养	培养学生精益求精的大国工匠精神；引导学生自觉传承和弘扬中华优秀传统文化，坚持美育，增强文化自信；培养学生团结协作的意识和能力；培养学生自觉实践本专业的职业精神和职业规范，培养爱岗敬业、诚实守信、无私奉献的品格和行为习惯
	职业发展	引导学生立足时代、扎根人民，树立正确的价值观；培养学生创新精神、创造意识、创业能力，自觉把小我融入大我，担当民族复兴的历史使命
	职业法规	引导学生树立法治观念，深刻认识到遵纪守法的重要性，了解《互联网信息服务管理办法》、《信息网络传播权保护条例》、《中华人民共和国网络安全法》、《中华人民共和国密码法》和《中华人民共和国民法典》（简称《民法典》）等与信息技术相关的法律法规，提高运用法治思维和方式维护自身权利的意识和能力

以表 4-3 课程思政元素指标体系中的微观层面为参考，可进一步探索数字媒体技术应用、计算机网络技术、软件与信息服务三大专业的思政教学内容，如表 4-4 所示。

表 4-4　数字媒体技术应用、计算机网络技术、软件与信息服务三大专业思政教学部分内容

思政元素（微观）	数字媒体技术应用专业	计算机网络技术专业	软件与信息服务专业
职业技能	专业具备辩证唯物主义的特点，专业课程中绘画基础、平面构成、色彩构成等课程，需要学生具备对立与统一的创作思维，学会理性创作	熟知网络信息相关标准规范，强调职业技能的规范性	在网站开发项目、数据库建设中都需要严谨求实的全局观、发展观和细致的规划，各部门各司其职
职业素养	专业是技术与艺术的集合，树立文化自信，传承并发扬我国优秀传统文化	“没有网络安全，就没有国家安全”，将网络信息安全上升到国家安全战略高度，了解本专业赋予的时代使命	人工智能的泛在性具备侵犯个人隐私的可能性，保持不滥用数据的伦理立场，具备职业道德
职业发展	专业具备信息宣传功能，引导学生坚定立场，树立正确的世界观、人生观、价值观	技术创新是推动国家发展的动力，增强学生学习的自信心，激发社会责任感意识，并将其转化为维护网络安全、维护国家安全的实际行动	了解科技创新和自主知识产权对科技强国建设的意义，帮助学生形成健全的价值观和强烈的进取心
职业法规	增强新媒体相关法律法规意识，了解《民法典》（信息内容安全、版权保护以及名誉权保护等几个方面）	增强网络信息相关法律法规意识（《中华人民共和国网络安全法》《中华人民共和国密码法》等）	增强保护公共财产意识，数据库的设计及其设计者的法律意识直接影响到群众财产安全

制定有效的思政和教学目标，需要做好以下几点。

第一，坚持育人导向，分解、细化、落地育人目标。信息技术类专业课程的授课过程偏向知识传授和技术技能培养，课堂中蕴含的思政元素广泛而零碎。在《纲要》的指导下，以立德树人为根本目的，以政治认同、家国情怀、文化素养、法治意识以及道德修养为课程思政建设育人目标，采用课例研究法、行动研究法、文献研究法、调查研究法等方法来分解、细化、落地思政目标，通过融化、渗透的形式，对学生进行思想观念、政治观点和道德规范的引导，由此全面推进各专业课程思政的开展，使学生在专业学习中形成正确的价值观、必备的品格以及关键的能力，如图 4-5 所示。

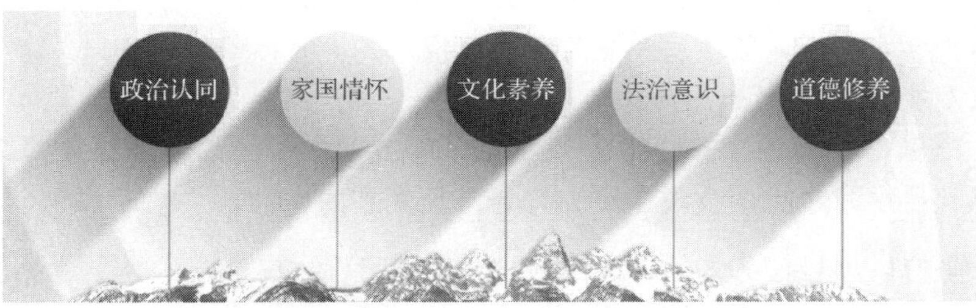

图 4-5　信息技术系课程思政建设五大育人目标

例 1

以信息技术系数字媒体技术应用专业平面图像处理技术课程中的案例“取之有道——班级微信公众号推文中的图片选择与编辑”为例。

“法治意识”是本案例中重要的思政目标之一。在本案例课前学习准备过程当中，学生尝试从官方视频网站或版权网站上截图来获取相关图片。教师提出问题：“是否可以直接在微信推文中使用截图获取的图片？”通过学生讨论，引导学生意识到不论是截图还是去除水印，都不能将所获得的图片直接使用在微信推文中。

随着新一代信息技术的发展，图片的网络化、数字化使网络图片的版权问题日益凸显，传统图片的数字化表现形式必然受到《中华人民共和国著作权法》的保护，网络图片的使用也需要做到附加版权声明。

引导学生意识到新媒体领域的图片版权问题。让学生深刻了解《民法典》相关法律法规。掌握在微信推文中合法使用图片的方法：图片下方可添加注释（原创图片加注说明，非原创图片则标注图片出处）。让学生了解在专业领域中哪些行为可能会触犯法律，增强学生遵纪守法的意识和自觉性，自觉履行守法义务。

第二，坚持学科知识完整性，体现信息技术专业特色。课程思政应当是一种正确价值观的隐性灌输，需要结合中职学生思想认知特点，遵循中职学生身心发展规律。在信息技术专业课教学中，要防止为了思政而思政的现象，生硬的融入方式只会影响学生学习的积极性，因此保持学科知识学习的系统性和完整性十分重要。

例 2

以信息技术系数字媒体技术应用专业平面图像处理技术课程中的案例“取之有道——班级微信公众号推文中的图片选择与编辑”为例。

以坚持知识系统性与完整性为主旨，以本案例的技能目标“会结合使用截屏工具与裁剪工具处理图片”“能完成图片尺寸大小、分辨率的调整”为出发点，思考如何设计知识目标才能既涵盖以上技能目标，又体现具备专业特色的思政元素。

案例中选择编辑微信推文图片作为载体，结合当下新媒体发展的趋势。首先，新媒体的内容贴近学生生活，能激发学生的学习热情；其次，希望与时俱进，让学生有全媒体的意识以及行业规范的意识。

结合推送微信推文的项目任务来让学生了解行业中不同的信息媒介都需要遵守其行业规范以及要求，学生的技能学习要符合市场发展的需求。

第三，坚持以项目任务为载体，挖掘凝练思政目标。信息技术类专业课程的任务围绕生产、建设、管理、服务等岗位展开，旨在推动产业数字化，融合应用探索新空间，不断为产业赋能、赋值、赋智。设定项目任务是为了使学生时刻保持“网络强国”“科技报国”“元宇宙”未来产业发展的战略思想与眼光，让学生能深刻体会到新一代信息技术产业是国民经济的战略性、基础性和先导性产业。

在信息技术类专业课程项目任务的实践中，为了更好地挖掘凝练思政目标、思政元素与专业技能的自然融入点，信息技术系数字媒体技术应用专业教研组紧跟课程思政建设育人目标，以“1+X”考证技能点为依据，在专业必修课平面图像处理技术课程中，设计了十个项目任务，并对其思政目标与教学目标的设置进行了实践研究，如表 4-5 所示。

表 4-5　平面图像处理技术课程融入思政元素的目标探究

项目任务	思政目标与融入点	
	技能点	思政目标
项目任务一：《图片的“取之有道”》微信推文图片制作	• 图片素材采集 • 图像的转换和创建	• 培养学生尊重图像版权，增强遵纪守法的意识 • 培养学生对行业标准的意识和职业素养
项目任务二：《千里江山图》色彩还原	• 色彩检查 • 图像的转换和创建	• 培养学生严谨的职业素养 • 提升学生的审美意识 • 引导学生了解古代画匠对祖国山河的热爱之情
项目任务三：《四行仓库保卫战》老照片修复	• 图像修复与校正 • 色彩校正	• 培养学生精益求精的工匠精神 • 培养学生的审美意识 • 铭记抗战历史，弘扬民族精神
项目任务四：“敦煌飞天壁画”动图制作	• 元素抠取 • 制作 GIF 动图	• 了解古代匠人绘制敦煌壁画的工匠精神 • 培养学生动画设计的审美能力 • 感受中国优秀传统文化的博大精深
项目任务五：长征 5 号运载火箭模型 3D 贴图	• 绘画工具、文字工具 • 3D 手段对模型贴图	• 培养学生严谨的逻辑思维能力和解决问题的能力 • 大力弘扬载人航天精神，为实现中华民族伟大复兴的强国梦而奋斗
项目任务六：“已接种新冠疫苗”logo 制作	• 分组讨论制作 • 绘图工具 • 图层样式	• 培养学生的团队合作精神 • 积极响应国家政策，坚持“四个自信” • 培养学生的创新精神
项目任务七：“二十四节气”插画台历设计	• 分组讨论制作 • 绘图工具 • 文字工具排版、细节提升	• 培养学生严谨的职业素养 • 培养学生的团队合作精神 • 了解中国独有的文化底蕴——二十四节气，增强文化自信
项目任务八：《“五四精神”薪火传承》手机海报设计	• 元素抠取 • 图像合成	• 培养学生的工匠精神 • 培养新时代中国青年传承和发扬“五四精神”
项目任务九：《上海制皂》H5 海报国潮风字体设计	• 分组讨论制作 • 文字工具排版 • 特效处理 • 角色扮演	• 培养学生的团队合作精神 • 培养学生的创新精神 • 培养学生善于沟通交流的职业素养 • 了解国货发展历史与国潮文化，提升民族自信心
项目任务十：“奥运健儿英姿”裸眼 3D 动态图片制作	• 元素抠图 • 图片输出管理与存储 • 结合 Adobe AE 视频软件制作裸眼动图效果	• 培养学生精益求精的工匠精神 • 根据行业规范输出图片并进行保存，培养学生专业的职业素养 • 让学生感受到奥运健儿敢闯敢拼、奋力搏击的奥运精神

第四，注重教师的师德师风建设。师德，是教师必备的最基本的道德素养；师风，是教师行业的风尚风气。“德高为范，技高为师”，教师要先正己身，方可施教于人。具体内容表现为“诚实守信”“勇担责任”“乐于奉献”“热爱学生”“为人师表”“教学育人”“创新品格”。

上海信息技术学校信息技术系全面贯彻党的教育方针，坚持社会主义核心价值观，成为学校“奔马文化”的实践者和传播者。信息技术系数字媒体技术应用专业教师王培坚曾获得“全国教书育人楷模”“黄炎培职业教育杰出教师奖”等国家级荣誉称号。与此同时，信息技术系的教师还获得过“全国优秀共青团干部”“上海工匠”“上海市教书育人楷模”“上海市园丁奖”“上海市先进工作者”“上海市青年五四奖章”“上海市普陀区园丁奖”“普陀区职业教育‘优秀班主任’（德育工作者）”等称号或奖项。不论是在培训学生专业实操方面，还是在培养学生道德情操方面，院系老师都努力成为学生的楷模。

（2）课程思政资源建设

为了深化产教融合，上海信息技术学校以校企合作共建教学资源，通过设立体验中心、教学工厂、真实公司三大教学载体，实施体验式学习、项目化学习和生产性实践三种教学方法。以兴趣为起点，稳定并规范兴趣，通过引入项目，逐步提升学生的责任感，化工匠精神于项目训练之中，有效地实现了学生从新生到职业人的培养。

校企合作双方及时编写反映行业发展新技术、新工艺、新知识、新装备的教材，开发配套课程资源，设计在线开放课程、精品课程和网络课程，辐射同类专业教学。表 4-6 中列出了学校与企业共同开发的部分教材。

表 4-6　数字媒体技术应用校企合作资源开发清单

序号	名称	性质	等级	合作企业
1	《虚拟现实制作》	公开出版教材，精品课程	国家级	成都依能
2	《智能家居体验》	校本教材，精品课程	市级	上海域圆、上海极境
3	《MTV 制作》	校本教材，在线开放课程	市级	上海优信
4	《微官网设计与制作》	公开出版教材，在线开放课程	市级	上海诠谛
5	《小小设计师——玩转矢量图形》	校本教材，在线开放课程	市级	上海优信
6	《短视频制作》	校本教材，网络课程	校级	上海会虎
7	VLOG 制作	微课程	校级	上海会虎
8	数字音频处理	微课程	校级	上海楚非

例 3

信息技术系数字媒体技术应用专业与上海域圆信息科技有限公司、上海极境信息技术有限公司合作，建设了市级精品课程：“智能家居体验——增强现实技术的应用”。此课程由“智能家居体验项目”转化而来，在课程内容的设计上将 3D Max 三维制作技术、Unity3D 互动设计和 AR（augmented reality，增强现实）识别技术巧妙结合起来，充分体现了职业性、教学性和综合性。

课程的教学目标对标职业能力目标，为学生发展专门化方向的职业能力奠定了基础。学生在学习的过程中培养了创新精神、合作学习和实践能力，了解了在信息化环境下学习、工作、生活的方式和方法，提升了对增强现实技术的道德与规范的体验，增强了责任心和使命感。图 4-6 所示为该课程的多媒体展示，图 4-7 所示为该课程教学流程，图 4-8 所示为该课程的部分内容。

图 4-6　校企合作建设市级精品课程“智能家居体验——增强现实技术的应用”多媒体展示

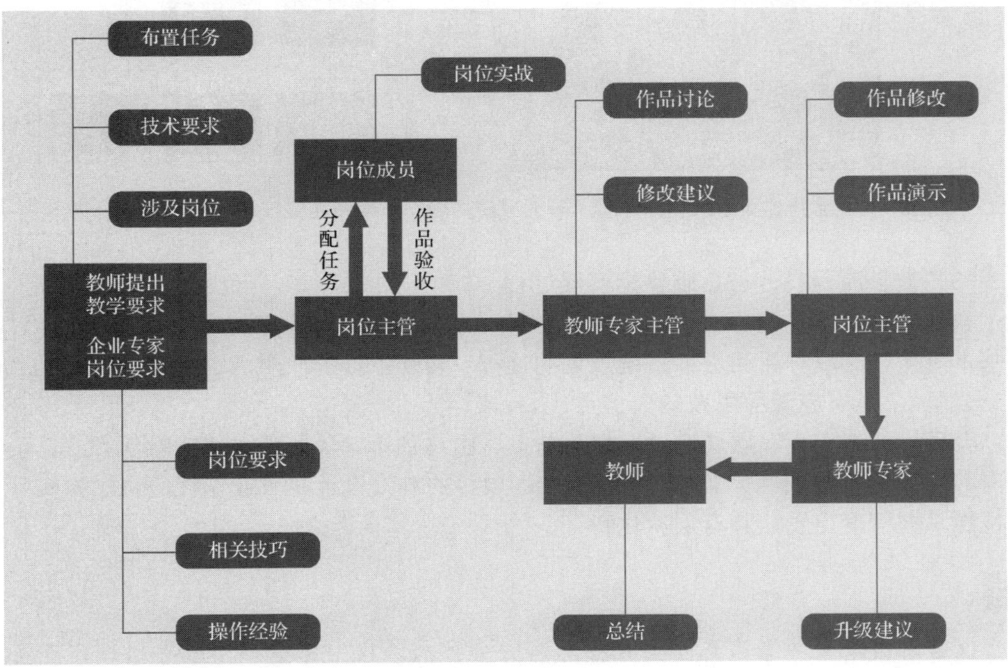

图 4-7　校企合作建设市级精品课程“智能家居体验——增强现实技术的应用”教学流程

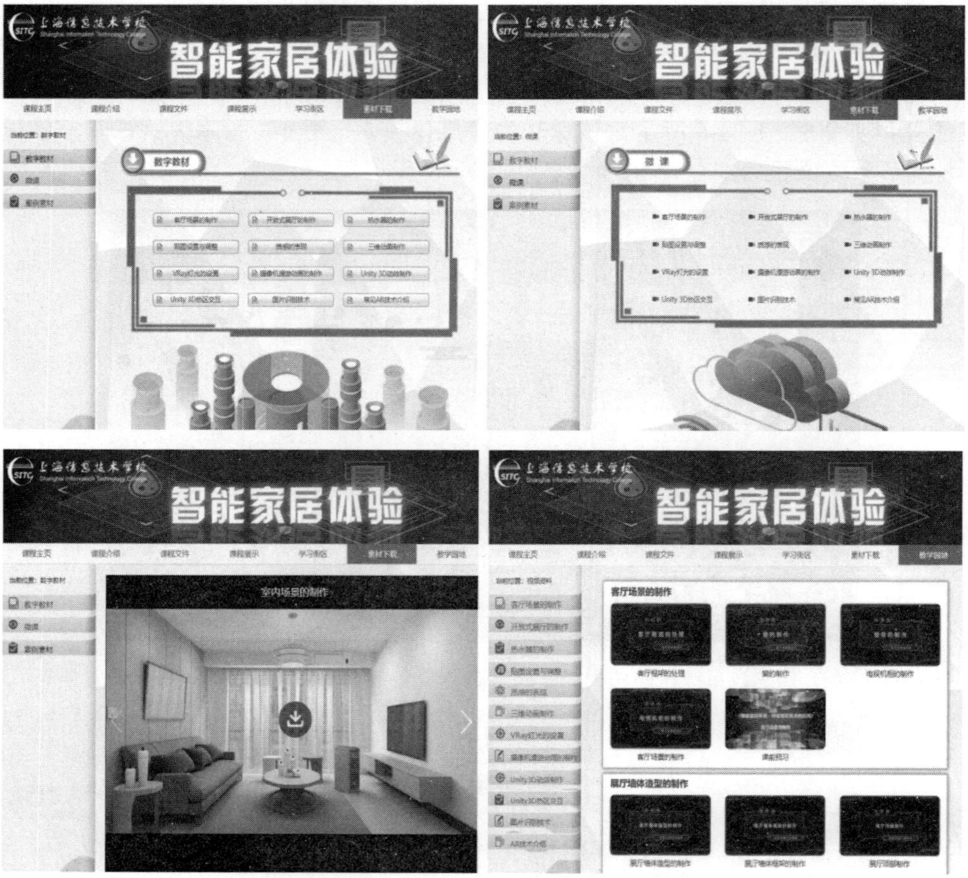

图 4-8　校企合作建设市级精品课程“智能家居体验——增强现实技术的应用”部分内容

（3）教学流程设计与思政目标实现过程

教学流程设计是为了实现预期的教学目标，运用系统的观点和方法，遵循教学过程的基本规律，对教学活动进行系统规划的过程。教师主导的教学活动是课程思政的“最后一公里”，是实施课程思政的关键点。

合理设计知识点，层层递进、相互衔接、由易到难。采用项目化的教学方法，使项目内容逐步与职业领域、工作岗位相接轨。项目的难度设计与可操作性应从学生实际知识技能掌握程度出发，具有层次化特征。

例 4

以信息技术系网络信息安全专业网络安全技术课程中课次 3“服务器日常安全巡检”为例，通过工作任务课堂化，让学生融入工作环境，在“查、验、固、战”的教学环节当中培养学生遵纪守法的意识、网络强国的思想。具体课次中的工作流程如表 4-7 所示。

表 4-7　“服务器日常安全巡检”课次工作流程设计

<table>
<tr><th>工作方式</th><th colspan="2">工作流程</th><th>课程思政</th><th>职业素养</th></tr>
<tr><td rowspan="7">点到面、
基础到综合
循序渐进</td><td colspan="2">明确任务</td><td rowspan="7">• 遵纪守法
• 网络强国
• 保护网络
• 信息安全</td><td rowspan="7">• 安全意识
• 规范意识
• 安全习惯
• 自主意识
• 团队协作</td></tr>
<tr><td colspan="2">签订协议</td></tr>
<tr><td>查</td><td>扫描检测</td></tr>
<tr><td>验</td><td>验证漏洞</td></tr>
<tr><td>固</td><td>安全加固</td></tr>
<tr><td>战</td><td>实兵演练</td></tr>
<tr><td colspan="2">项目小结</td></tr>
</table>

在准确把握思想核心要素的要求以及客观分析学情的基础下，科学性、合理性地制定信息技术系专业课程的思政目标和教学目标。在教学实施过程中，紧密围绕教学重难点，考虑每个教学环节的落实情况。

调整隐性思政形式，找到思政目标自然融入点。纯理论的教学模式是难以被学生所接受的，要充分了解学生的思想实际和认知特点，根据学生的特点来制定适当的教育形式，让中职学生的思想认知在原有水平上持续理解、提升。例如，平面图像处理技术课程在教学流程设计中，通过“资源库前导型融入”“穿插型融入”“模拟职业情境”等方式来引入思政目标，加深了学生的生活经验，大大提高了学生的课堂参与度，如图 4-9 所示。

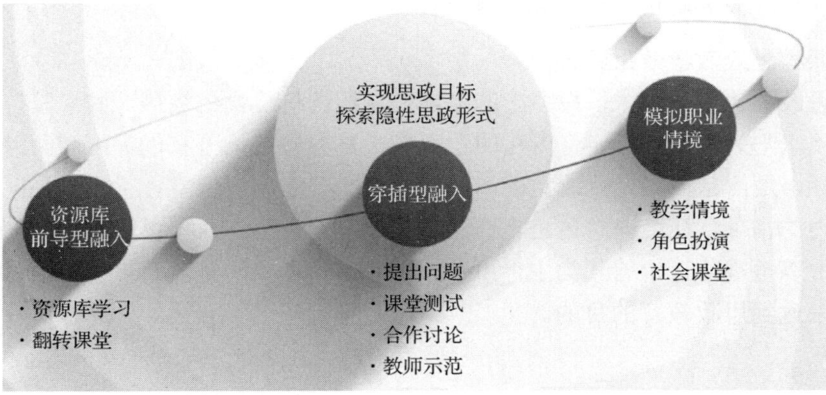

图 4-9　思政目标实现形式

例 5

以信息技术系平面图像处理技术课程为例，讲解课程思政目标具体实现过程。

➢ 资源库前导型融入

课前资源库学习。例如项目任务三《四行仓库保卫战》老照片修复，通过纪录片的播放，让学生了解到四行仓库保卫战重新振奋了因淞沪会战受挫而下降的中国军民的士气，参加这场保卫战的中国士兵被称为“八百壮士”，粉碎了侵华日军三个月灭亡中国的言论。老照片的修复能让学生还原当时抗日战争的真实情境，激发学生以爱国主义为核心的民族精神，培养学生为中华民族伟大复兴而努力学习的理想信念。

➢ 穿插型融入

课中提出问题。例如项目任务二《千里江山图》色彩还原，在色彩检查与色彩校正过程中，教师向学生介绍王希孟绘制的《千里江山图》的色彩特征：山头多以石青和石绿为主要色调，山脚多用赭石，以苦绿刻画水面和天空。教师提出问题：“为什么会在画面中使用赭石”？学生分组讨论：从山头到山脚再到水面，可以清晰地看出颜色的对比，从水面到山头衔接的地方运用赭石，既有了连带作用又有着增强对比的作用。提升学生的审美意识，培养学生用对立与统一的创作思维，理性创作。

➢ 模拟职业情境

角色扮演。例如项目任务九《上海制皂》H5 海报国潮风字体设计，课前分组，课中进行角色分配，将学生分为“调研人员”“创意人员”“设计师”“验收甲方”等角色。大家各司其职，在各部门之间的工作中感受到团结一致的精神，在海报的交付时限与质量中追求诚实守信的精神，在头脑风暴设计创意的过程中体会到开拓创新的精神。在作品的验收过程中，通过严格的标准审核，让学生学习到 H5 海报符合手机浏览的行业标准与规范，培养学生追求精益求精的工匠精神。课后，在社会课堂的延伸中，可邀请企业专家结合市场形势对作品进行指导与评价。

（4）课程思政教学效果评价

课程思政的建设过程中，最突出的要点是课程评价机制的突破。如何坚持以学科核心素养发展水平为评价标准，将内在的学科核心素养转化为外在的、可观测的课堂评价与测试指标，是信息技术专业课堂改革的重点之一。运用好课堂评价方式，能为课程思政提供有力的指导，社会课堂更是将评价方式延伸至课外，而不仅仅拘泥于课内。教学效果的评价以可视化评价方式为主，不生搬硬套，最重要的是能有启发性，让学生通过评价结果来达到思政教育的目的。

例 6

信息技术系网络信息安全专业网络安全技术课程紧紧依托网络技术实训系统、CTF（capture the flag）攻防系统、自主学习创新平台等多种互动信息化技术，解决了实训环境准备难、过程评价不精准、空间时间受限制等教学痛点，突破了实训教学的瓶颈，并为学生规范和熟练操作筑基。信息技术助力实训教学的情况如图 4-10 所示。

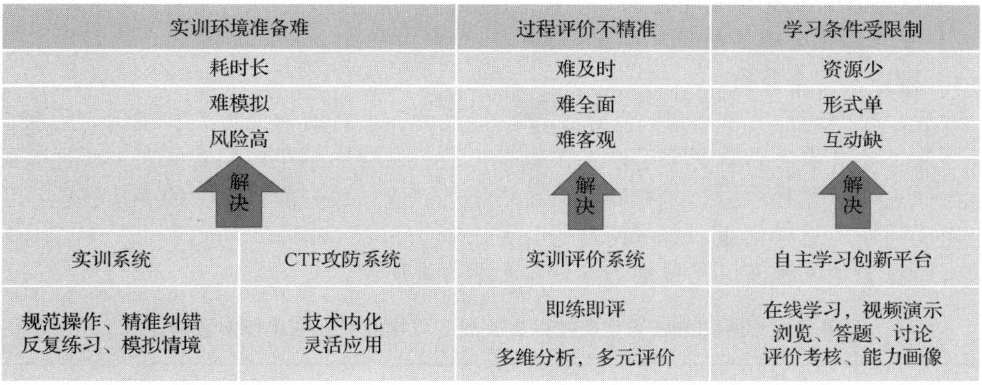

图 4-10　信息技术助力实训教学

采用多个维度，评价考核学生。课例深度融合实际工作技能流程要求、大赛评分、“1+X”职业技能等级证书考核要点，形成网络安全意识、操作规范意识、扫描检测、复现漏洞、加固系统和实战演练六个维度，并细化为 21 个二级评价指标，针对学生的职业素养、职业能力开展全方位的评价和考核，形成新时代具备安全漏洞防护中“查、验、固、战”四个方面职业能力画像，如图 4-11 所示。

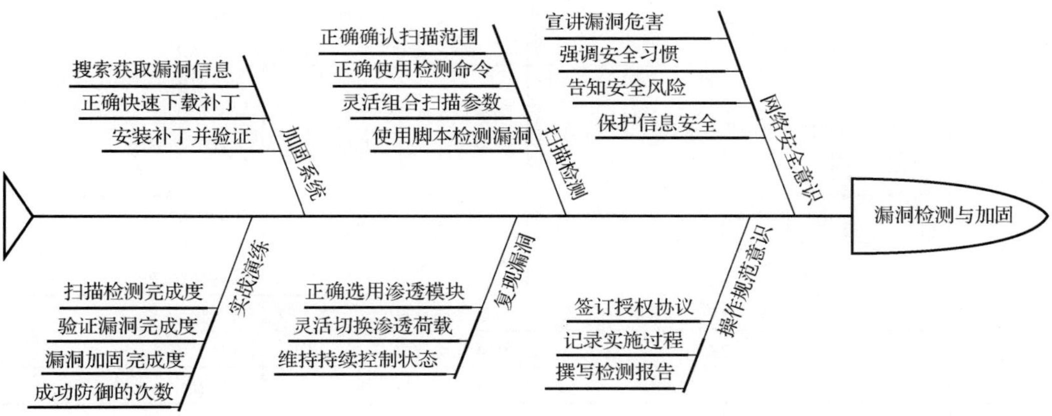

图 4-11　多维度优化教学评价指标

例 7

以信息技术系网络信息安全专业网络安全技术课程中课次 8“Windows 安全防护综合实战”为例，过程评价存在难及时、难全面、难客观的问题，使用实训评价系统能实现在课堂上即练即评，设计“多维分析，多元评价”的教学效果评价体系。

课中主要设计了三个阶梯式系统安全防御活动来展开实训教学：

1）服务器系统登录安全活动；

2）服务器安全事件响应和处置；

3）服务器安全防御。

最后，教师进行项目小结，点评三个教学活动各小组的表现情况和碰到的问题以及解决办法，要求学生撰写安全运维工作报告，进一步培养学生的职业规范意识。教师要求学生课后回看课程录播，并在实训系统中锤炼“查、验、固、战”的各项技能，锻炼学生发现问题、思考问题、解决问题的能力。

该课程教学流程及信息技术教学评价如表4-8所示。

表4-8 “Windows安全防护综合实战”教学流程及信息技术教学评价

教学环节		教学效果评价	
		信息技术支持	作用及内容
课前	预习新知	自主学习创新平台	·发布任务 ·智能推送 ·浏览测试
课中	反馈导入	自主学习创新平台	学习基础分析
	工作任务	智慧教师互动平台	及时推送
	服务器系统登录安全	·智慧教师互动平台 ·综合实训评价系统	·分组展示 ·整体进度 ·整体掌握度 ·效能图谱
	服务器安全事件响应和处理	·智慧教师互动平台 ·综合实训评价系统	·分组展示 ·整体进度 ·整体掌握度 ·效能图谱
	服务器安全防御	·智慧教师互动平台 ·CTF攻防系统	·分组展示 ·灵活应用 ·内化技能
	撰写报告	智慧互动教室	推送提交
	课堂总结	智慧互动教室	分享交流
课后	技能强化	综合实训评价系统	技能强化

3. 信息技术类课程完整思政教学案例

专业：网络信息安全

课程：网络安全技术

教学内容：服务器日常安全巡检

（1）网络安全技术课程背景

网络安全技术是计算机网络技术专业的一门重要的专业必修课程。安全漏洞、数据泄露、网络诈骗、勒索病毒等网络安全威胁问题日益凸显，有组织、有目的的网络攻击日益猖獗，为网络安全防护工作带来更多挑战。

（2）网络安全技术课程思政目标设置方法

课程以技能知识学习为主，学习过程中全面渗透思政目标。结合“1+X”网络安全运维职业技能等级证书的要求，将世界技能大赛、全国职业院校技能大赛等赛事的要求转化融入课堂教学。课程整体教学理念是以岗位要求、课程标准、技能大赛、“1+X”职业技能考证为基础，依托安全企业的信息化技术手段，培养学生“会设置、能扫描、重分析、善防护”的网络运维岗位安全技术技能。

课程以“宪法法治意识”育人目标为主要指导目标之一，把网络安全意识、操作规范意识、安全防护习惯以及保护网络信息安全、建设网络强国的意识贯穿于整个课堂教学中，分解课程思政目标、使其能落地，引领学生成长为具备良好网络安全意识的网络运维实战型技术人员。

（3）教学环节设计及教学效果评价

以“服务器日常安全巡检”一课的教学内容为例，该课程在分析学情和教学目标的基础上，基于工作任务，优化教学内容。该课次共设计了 11 个教学环节，如表 4-9 所示，将发现漏洞、复现漏洞、加固漏洞三个教学环节分别细化为计划、探究、练技、对抗 4 个教学活动。通过工作任务课堂化，让学生融入工作环境，在“查、验、固、战”的教学环节当中培养遵纪守法的思想意识、网络强国的行动自觉。

具体教学环节和教学效果评价如表 4-9 所示。

表 4-9　“服务器日常安全巡检”教学环节和教学效果评价设计表

<table>
<tr><th colspan="2" rowspan="2">工作流程</th><th colspan="2" rowspan="2">教学环节</th><th colspan="2">教学效果评价</th><th rowspan="2">课程思政</th><th rowspan="2">职业素养</th></tr>
<tr><th>技术支持</th><th>效果</th></tr>
<tr><td rowspan="3">课前</td><td rowspan="5">明确任务</td><td rowspan="3">预习新知</td><td>接收任务</td><td rowspan="3">自主学习创新平台</td><td rowspan="3">• 发布任务
• 智能推送
• 浏览测验</td><td rowspan="8">• 遵纪守法
• 网络强国
• 保护网络
• 信息安全</td><td rowspan="8">• 安全意识
• 规范意识
• 安全习惯
• 自主意识
• 团队协作</td></tr>
<tr><td>视频自学</td></tr>
<tr><td>自主检测</td></tr>
<tr><td rowspan="5">课中</td><td>反馈导入</td><td>反馈课前</td><td>自主学习创新平台</td><td>• 学习基础分析
• 学生能力画像</td></tr>
<tr><td>工作任务</td><td>任务描述</td><td>智慧教室互动平台</td><td>• 及时推送</td></tr>
<tr><td>签订协议</td><td>签订授权</td><td>签订授权</td><td></td><td></td></tr>
<tr><td>扫描检测</td><td colspan="2">发现漏洞（查）</td><td>• 智慧教室互动平台
• 综合实训评价系统
• CTF 攻防系统</td><td>• 分组展示
• 完成时长
• 请求帮助
• 重复次数
• 内化技能</td></tr>
<tr><td>验证漏洞</td><td colspan="2">复现漏洞（验）</td><td>• 智慧教室互动平台
• 综合实训评价系统
• CTF 攻防系统</td><td>• 分组展示
• 完成时长
• 请求帮助
• 重复次数
• 内化技能</td></tr>
</table>

续表

<table>
<tr><th colspan="2" rowspan="2">工作流程</th><th rowspan="2">教学环节</th><th colspan="2">教学效果评价</th><th rowspan="2">课程思政</th><th rowspan="2">职业素养</th></tr>
<tr><th>技术支持</th><th>效果</th></tr>
<tr><td rowspan="4">课中</td><td rowspan="2">安全加固</td><td>加固漏洞（固）</td><td>• 智慧教室互动平台
• 综合实训评价系统
• CTF 攻防系统</td><td>• 分组展示
• 完成时长
• 请求帮助
• 重复次数
• 内化技能</td><td rowspan="5">• 遵纪守法
• 网络强国
• 保护网络
• 信息安全</td><td rowspan="5">• 安全意识
• 规范意识
• 安全习惯
• 自主意识
• 团队协作</td></tr>
<tr><td>实兵演练（战）</td><td>• CTF 攻防系统</td><td>• 灵活应用
• 内化技能</td></tr>
<tr><td rowspan="2">项目小结</td><td>撰写报告</td><td>• 智慧教室互动平台</td><td>• 推送提交</td></tr>
<tr><td>课堂总结</td><td>• 智慧教室互动平台</td><td>• 分享交流</td></tr>
<tr><td>课后</td><td></td><td>技能强化</td><td>• 综合实训评价系统</td><td>• 技能强化</td></tr>
</table>

在课堂教学效果评价当中，本案例基于网络综合实训评价系统，提升了学生实训任务的完成度和掌握度。在分步实训过程中遇到困难时，学生可以自主选择反复尝试、提示、教师指导等方式，实现个性化实训。系统评价模块以“即练即评”为核心，实时记录学生的操作时长、尝试次数、提示次数、完成情况、掌握度等数据，形成个性化能效图谱，解决了过程评价难及时、难全面、难客观的问题，强化了学生的基础技能训练，提高了学生正确认识、分析以及解决问题的能力（职业技能），并将完成实际工作任务的实战技能内化于心。

图 4-12 所示为网络综合实训评价系统的实时评价数据。

图 4-12　网络综合实训实时评价数据

为了让课堂教学效果能从隐性转化为显性，引入行业 CTF 竞赛，形成符合中职课堂教学的竞赛规则与判定机制，由此激发了学生技术创新的潜力，增强了学生学习的自信心，强化了社会责任感，并将其转化为维护网络安全、国家安全的实际行动；同时有效地丰富了课堂教学形式，活跃了课堂实践氛围，提升了学生的团队合作效能，培养了学生团队协作的职业素养，强化了学生“会设置、能扫描、重分析、善防护”的实战技能，让学生真正实现了实战任务的可体验、可操作、会应用。

图 4-13 所示为 CTF 组内系统加固实战态势。

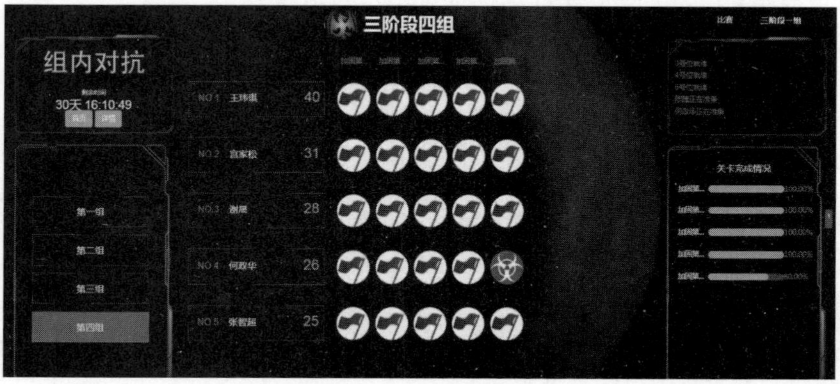

图 4-13　CTF 组内系统加固实战态势

本案例在我国数字化转型大背景下，面对日益凸显的互联网安全漏洞、网络诈骗、数据泄露、勒索软件等安全威胁，运用“岗课赛证”的教学理念，重构教学内容，采取“查验固战”的教学模式，并依托实训系统，把行业 CTF 竞赛形式课堂化，改革传统教学方法，明确以教师为主导、学生为主体、任务为驱动的教学定位，更好地来培养学生安全运维能力及网络安全意识、安全习惯等职业素养。实践证明，这一案例改革切实提高了课程教学质量。

但网络安全威胁层出不穷，技术迭代快，学生对新技术、新方法的了解和掌握还有所欠缺，仍需不断地主动学习。另外，由于学生在这一年龄阶段好奇心和好胜心较强，有时喜欢用反攻的方式回应网络恶意者攻击，这就需要教师在教学中反复强调网络安全法规的基本内容和要求，使学生认识到必须采取正确的合法的方式回应恶意攻击，不断强化学生的安全守法意识。

4.4.2　智能制造类专业的思政教学实践

1. 智能制造类课程思政建设背景

习近平总书记强调：“要坚定推进产业转型升级，加强自主创新，发展高端制造、智能制造，把我国制造业和实体经济搞上去，推动我国经济由量大转向质强。”[22] 第四次工业革命的浪潮席卷而来，科技革命和产业变革日新月异，智能制造已成为我国经济社会发展变革的强大动力。作为“制造强国”建设的主攻方向，智能制造发展水平关乎我国未来制造业的全球地位，对于巩固壮大实体经济根基、加快发展现代产业体系具有重要意义。

为了满足社会对智能制造专业技术人才的迫切需求，上海信息技术学校以工业和信息化部等八部门印发的《“十四五”智能制造发展规划》、上海市经济和信息化委员会印发的《上海市智能制造行动计划（2019—2021 年）》和上海市人民政府办公厅印发的《上海市推动制造业高质量发展三年行动计划（2023—2025 年）》为指导，在教育部工业机器人国家级教学创新团队和市级现代控制技术教师教学团队基础上，以智能制造产业链为依托，围绕智能制造整个生命周期生产流程的职业岗位群，系统思维、顶层设计、整体规划智能制造专业群建设方案，如图 4-14 所示，构建了涵盖机电一体化技术、工业机器人技术、电气设备运行与控制、数控技术应用等专业的智能制造专业群。

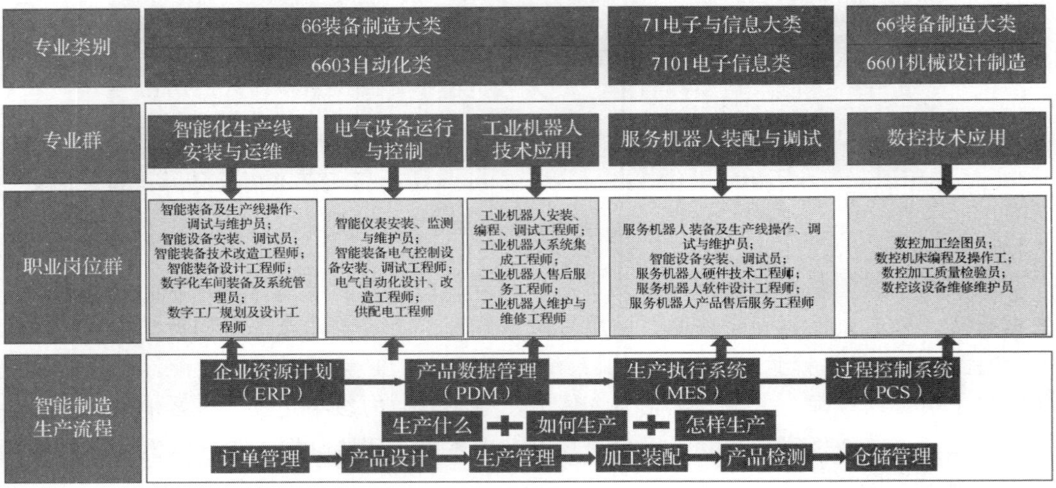

图 4-14 智能制造专业群架构

2. 探索智能制造类课程思政实现路径与方法

（1）制定思政目标与教学目标

智能制造业具有范围广、种类多、技术含量高、与其他产业关联度大等特点，且属于高就业、高附加值产业。因此，智能制造类专业的课程思政应紧扣新时代对高素质技术技能型人才的培养要求，追踪智能制造领域的前沿性、时代性知识，引导学生聚焦国家重大战略需求和关键技术，并鼓励学生将其内化为专业学习的动力，发扬挑战创新的热情和不断奋进的精神。智能制造类专业课程可从国家或区域智能制造业的发展需求、企业转型升级和用人需求、个人发展需求三个层面聚焦课程思政实施要点，构建课程思政元素系统发展的指标体系。

宏观层面：国家或区域制造业发展需求。智能制造业是国之重器，是实体经济的重要组成部分，是工业的“心脏”和国民经济的“生命线”。一方面，我国制造业正在向高端化、智能化、绿色化、服务化方向发展，新产品、新模式、新业态不断涌现；另一方面，受单边主义、贸易保护主义影响，国际上的先进技术、关键技术被垄断或封锁，这就倒逼我们更加坚定地走独立自主、自力更生的道路。因此，智能制造类专业的课程思政元素，从宏观层面来讲，包括国家政策、宏观意识、绿色发展理念和创新发展理念等指标，各指标的具体内涵如表 4-10 所示。

表 4-10　智能制造类专业课程思政元素的指标体系及其内涵

层面	指标	主要内涵
宏观层面	国家政策	政治认同、爱国精神、民族精神
	宏观意识	家国情怀、使命担当、责任意识
	绿色发展	清洁生产、节能环保、能效提升
	创新发展	创新理念、科技创新、文化创新
中观层面	人才培养	职业精神、工匠精神、创新创业
	校企合作	校企协同育人，树立职业理想，做好发展规划
	技能提高	工程实践、技能成才、技能报国
	传承发展	名企、工匠进校园，职业荣誉感
微观层面	职业技能	安全意识、规范操作、工程思维
	职业素养	吃苦耐劳、严谨细致，精益求精
	职业道德	讲诚信、会生产、能操作、有道德
	职业发展	坚持不懈、善学乐学、创新进取
	职业法规	安全生产、遵纪守法、爱岗敬业

中观层面：企业转型升级和用人需求。智能制造类专业涉及生产、安装、调试、集成、应用、维护等岗位，学生需要提高专业技能，感悟职业精神和工匠精神，培养团队合作意识，增强安全、质量和环保意识，提升信息技术和创新思维能力，以此提高就业适配度和竞争力，促进人才与岗位的精准对接。因此，智能制造类专业的课程思政元素，从中观层面考虑，包括人才培养、校企合作、技能提高、传承发展等指标。

微观层面：学生个人发展需求。关注学生的个性化发展、可持续发展和自我发展，使学生树立“一定要把我国制造业搞上去，把实体经济搞上去，扎扎实实实现‘两个一百年’奋斗目标”[23] 的职业信念，不断提升职业素养和综合能力，为国家制造业的高质量发展服务。为此，微观层面可设计职业技能、职业素养、职业道德、职业发展和职业法规等指标。

智能制造类专业的不同课程由于特点不同，课程思政的融入方法和启动点均有所不同，因此在教学过程中要积极凝练思政教育核心元素，将专业知识、职业素养及工程应用与时代要求相结合，在教学目标中引入思政点，使其由“自选动作”变为“规定动作”。通过课程专业知识学习和思政引领相结合，宏观、中观和微观层面的思政要点相结合，在言传身教、潜移默化中加强对学生理想信念教育的目标引领。

（2）课程思政资源建设

能否将思政元素融入教学内容是影响课程思政实施效果的重要因素，因此要建立多样的课程资源来帮助学生更好地理解思政元素。

首先，完善课程标准和授课计划，在课程标准中明确育人目标，在授课计划及教案中明确课程思政元素及思政融入手段。

例 8

以数控技术应用专业机械基础课程为例。

➢ 教学目标

知识目标：理解机器的基本概念，掌握机器的组成；掌握常用工程材料的分类、牌号、性能及应用；掌握平面连杆机构、凸轮机构等常用机构的组成、原理及应用；掌握带传动、齿轮传动等常用机械传动的组成、工作原理、传动特点；掌握轴、轴承、联轴器、离合器和制动器等轴系零件的结构特点、常用材料和应用场合及有关标准和选用方法等。

能力目标：具有合理选择材料、确定零件处理方法的能力；具有分析和选用机械零部件及简单机械传动装置的能力；具有使用手册、图册等有关技术资料的能力；具有正确操作和维护机械设备的基本能力；培养学生独立寻找解决问题途径的能力，把已获得的知识、技能和经验运用到新的实践中，提高分析和解决问题的能力。

➢ 思政目标

通过上述知识和技能的学习，使学生能够掌握与机械制造技术相关的基础知识和专业知识，对简单机械机构进行分析和判断，提出解决方案，并初步具有机械创新的能力。通过机械“五维度”（产值先进，技术先进，产能先进，品牌先进，过程先进）确定的课程思政元素（家国情怀、国际视野、职业规范、安全意识、创新创业）与案例教学内容有效精准融合，以及通过讨论、项目设计、项目训练等形成性评价过程的有效融入，多元化综合培养学生的理想信念、家国情怀、责任意识、安全意识、创新意识、团队意识。

其次，搜集教学案例，形成教学案例库。智能制造类专业课程教学和实训中蕴含着求真务实、规范严谨的科研精神、精益求精的工匠精神、艰苦奋斗的职业素养、勇于探索的创新精神以及全方面的安全教育等，它们都是课程思政的重要元素。例如，搜集我国科学家在智能制造发展史中的经典故事，发挥榜样示范作用；搜集智能制造相关优秀案例以及错误案例，加强学生责任意识；列举智能制造专业领域的工匠和劳模事迹，发挥其道德模范作用；搜集先进的设计思想、编程思想，培养学生创新能力等。

再次，根据课程需求，开发一批具有思政特色的新形态教材。传统教材一般都是基于知识体系，很少融入思政教育。优化教材，将教材从传统的知识体系向项目一任务体系转变，在各项目的教学目标和教学内容中穿插课程思政元素，并配以视频、图片、微课、动画等资源，丰富教材思政元素。每个项目都设置知识链接、工程经验、拓展阅读等模块，将知识点和技能点对接真实应用场景，提升教材的可用性，满足学生发展需求。

最后，依托教育部智能制造虚拟仿真基地建设项目，开发实训教学数字化资源。智能制造系在专业群建设中利用现代信息技术，先后完成了生产线电气控制综合应用、电气控制与 PLC 技术、机器人基础编程与操作、制造执行系统实施与应用、机器人生产线综合应用等 5 门课程共 30 个虚拟仿真实训项目的开发，构建了“虚拟、仿真、实物、实训”四位一体的实践教学平台。虚拟仿真教学资源和平台的建设，对标智能制造领域最新的专业知识和技术图谱，融入了新技术、新工艺、新规范，平台的开放性、交互性和易操作性有效克服了以往生产线拆装困难、联调困难等难点，拓展了学习的深度和广度，提升了学生的学习兴趣和学习效果，为课程思政教学，也为学生自主学习和实践探索创造了条件。

（3）教学流程设计与思政目标实现过程

1）“大课程，小项目”的项目化教学模式。智能制造类课程任务大都以解决工程实际问题为导向，以生产一件具体的、具有实际应用价值的产品为目的，因此可采用项目教学法，按照由易到难层层递进的顺序，把教学内容分为一些具体的小项目，通过完成一个个实际生产过程中的任务，使学生掌握理论和方法，具备未来岗位所需的职业技能，并在实践过程中深化学生的职业认知，提高学生的职业素质。在项目化教学过程中，通过在项目设计、计划、实施、展示、评价环节融入思政元素，促使学生在完成项目的同时自主探究思考，从而培养践行社会主义核心价值观、具有学科素养、工程思维、综合能力的智能制造专业人才。

2）“线上线下、虚实结合”的混合教学设计。智能制造类课程大都为理实一体化课程，如何提高教学效率和质量，使培养的人才能够适应产业技术革新变化并且具备终身学习的能力，“线上线下、虚实结合”的混合式教学设计无疑是有效途径之一。在课程教学中，将线上虚拟仿真训练与线下真实设备操作相结合，理论知识与实践操作有机融合，灵活应用现代教育技术及多种教学方法，使学生通过虚拟训练对装置、设备、工艺流程产生一定认知后再进入真实操作阶段，进一步强化专业技能。线上教学强调学生自我学习、互动交流以及思政材料的丰富呈现，线下教学强调知识重塑和内化，两者互补互通，着眼于培养能够分析和解决生产一线复杂工程问题的智能制造类人才。

教学设计围绕学习目标、学习过程以及学习评价展开，通过知识体系构筑与优化、项目式驱动下的专业能力培养、思政教育的呈现与内化三个方面使课程成为知识传授、能力培养和课程思政的有效载体。

例 9

以自动化生产线安装与调试课程中“模块四 鸡蛋装箱单元安装与调试”为例，可以设计如下教学内容和思政内容总体方案，如图 4-15 所示。

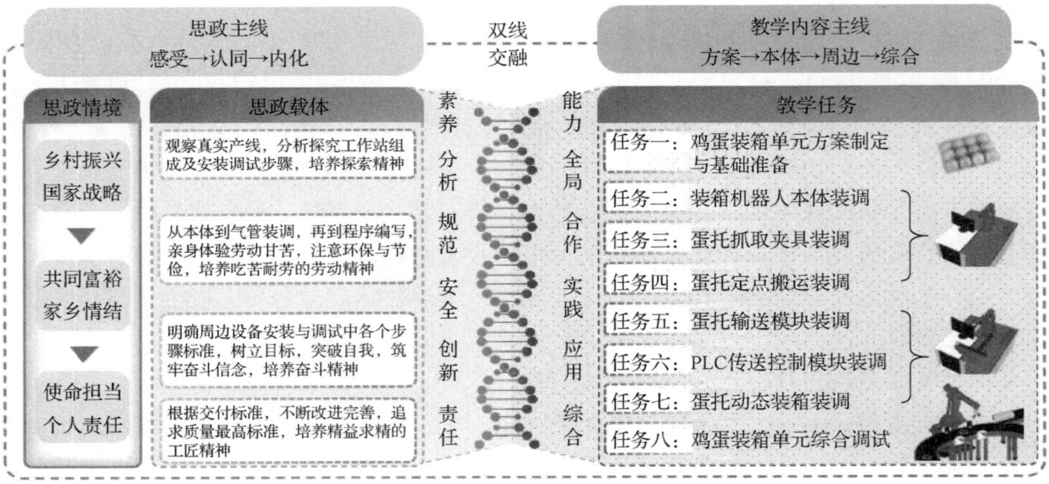

图 4-15　教学内容和思政内容总体设计方案

具体教学设计方案如图 4-16 所示。

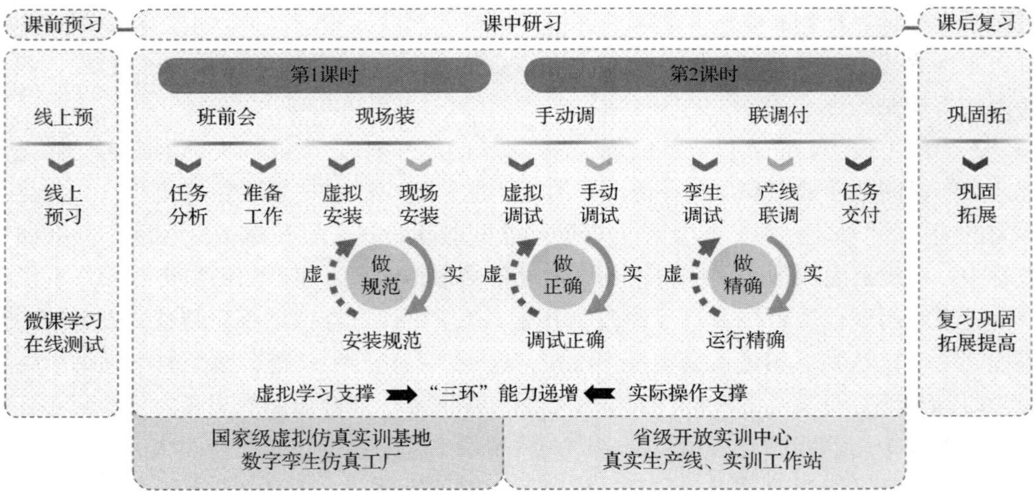

图 4-16　线上线下、虚实结合实训教学设计方案

采用线上线下、虚实结合教学设计方案。先进行虚拟仿真练习，再进行实训设备的操作，虚实结合，不断强化，最大程度提高技能水平。

例如，根据学生认知规律和工程实际，将教学流程制定为“线上预、班前会、现场装、手动调、联调付、巩固拓”六个环节。由“会做到精做”的设计思想，在“现场装、手动调、联调付”三个环节采用虚实结合闭环形式。“现场装”环节，通过虚拟环境搭建，学会如何安装；实际安装不断测试调整，直至符合规范标准，实现“做规范”。“手动调”环节，通过信号配置和仿真调试，学会如何调试；手动调试不断修改参数，直到满足要求，实现“做正确”。“联调付”环节，通过仿真整体调试，学会如何优化；真机联调不断优化改进，提高整体运行精度，实现“做精确”。从“做规范”“做正确”到“做精确”，不断提升学生的工程实践能力，培育精益求精的工匠精神。

3）围绕知识传授、能力培养、价值塑造相统一的原则，将课程思政元素有效融入教学内容以支撑课程目标的达成。新工科背景下，“满堂灌”“纯理论讲解”“被动式实操”的实践教学，缺乏活力，难以调动学生的积极性和主动性，以“促进学习主动发生”为目的，引入课程思政元素，以智能制造类课程“层次化、模块化、多融合”的实践特征为基点，优化并重构课程实践实训教学，以“课程模块化衔接、实践思政阶梯设计、跨领域融合”为思路，将典型思政案例渗透到专业课程中去，以“感知→感化”“领悟→遵循”实现途径推进课程思政深入开展，如表 4-11 所示。

表 4-11　课程思政实现途径和实现形式

实现途径	实现形式
感知→感化	教师讲述历史故事 引导学生观看案例 学生分析交流体会
领悟→遵循	教师演示操作身教 教师明确操作要求 学生分工合作执行

例 10

以智能制造类相关专业课程为例讲解课程思政目标的具体实现过程。

1）教师讲述历史故事。例如，在工业机器人认知课程中，教师向学生讲述古人智慧——五千年文化中的机器人雏形。《三国志》中记载，三国时期，诸葛亮创造出“木牛流马”，可以运送军用物资，这可谓是最早的“陆地军用机器人”。虽然我们不能见到木牛流马原来的样子，但它体现了我国古代劳动人民的智慧，是世界上早期机器人雏形，这可激发学生的民族自豪感，增强学生的文化自信，培养学生为中华民族伟大复兴而努力学习的理想信念。

2）引导学生观看案例。例如，在机械基础实训课程中，通过观看《大国工匠》宣传片、中国空间站建设介绍等影片，使学生认同并逐步培养工匠精神；在讲授连杆机构时，先观看我国的火星探测工程短片，激发学生的好奇心，再进一步讲述火星探测器中所用到的连杆机构类型及其组成；讲解零件技术要求时，引入零件尺寸精度对生产成本及产品质量的影响，培养学生成本质量意识、凝练机械加工工艺中的大国工匠精神。

3）学生分析交流体会。例如，在认知课程中，通过查阅资料、行业调研等方法，让学生分享交流体会，深刻理解在全球竞争日益激烈和复杂的情况下，智能制造业是与国家发展战略密切相关的领域之一，树立起制造强国、科技报国的理想信念和家国情怀。

4）教师演示操作身教。例如，在工业机器人操作与编程课程中，关于目标点的示教，习得示教点位不是一蹴而就的事情，而是需要反复调整。这就要求学生必须克服浮躁心理，不骄不躁，认真、耐心、准确地操作机器人，并时刻关注机器人本体的姿态以达到合适的位置。教师可以通过亲身示范操作，对比学生示教的成果等形式，培养学生吃苦耐劳、认真踏实、精益求精的工匠精神。

5）教师明确操作要求。例如，在工业机器人操作与编程课程中，在实践操作机器人之前，首先要对学生进行安全教育，明确操作要求，提高安全意识：调试机器人靠近目标点时，正确使用增量模式；机器人实现远距离运动时，需要合理增加运动过渡点；手动调试机器人时，对机器人进行降速处理；在机器人处于自动状态运行时，必须要与之保持安全距离等。课程结束后，学生要将机器人调回到原点位置，取下夹具，将夹具与示教器归位，最后将机器人关闭并断电。

6）学生分工合作执行。例如，在机电一体化系统故障检测和排除课程中，通过分组实验操作和实践，熟悉机电设备制造生产的工艺要求和工艺流程，能够按照工艺规范标准，实践完成机床电气控制柜的安装、连接、检测、上电、调试和维护维修等，使学生在实践劳动中体会科学严谨的工匠精神和工程意识；培养学生的劳动纪律和实验安全、场所整洁的意识，促进学生德智体美劳全面发展。

（4）课堂思政教学效果评价

凸显专业特色与优势，构建课程思政闭环监控评价体系。智能制造类专业具有“软硬结合、强弱并重、跨学科、重实践”的课程特色，涉及工业机器人、服务机器人、自动控制、人工智能等新兴技术，如何利用学科特色与优势，构建课程智能制造思政过程监控评价体系尤为重要。因而将涉及教学效果的诸多“课程+思政”因子引入质量监控体系，运用专业软硬件环境搭建、数据采集、分析与处理等专业技术，全方位、多维度、多层次构建学生、教师、管理者或决策者大数据标签体系，将思政教育与课程教学紧密渗透融合，初步探索“学生—教师”“课程—思政”的双闭环监控过程评价体系，全面提升人才培养质量。

例 11

以自动化生产线安装与调试课程评价体系为例，将思政与素养目标转化为可评可测客观性指标，构建了从准备、安装、调试、交付四个阶段十个观测点的评价体系，其中增值评价融合个性化评价指标。针对传统实践教学过程评价难的问题，上海信息技术学校自主研发 AI（artificial intelligence，人工智能）评价系统，多主体参与，实时采集学生行为数据，对教学各环节进行客观性全过程评价，课前线上诊断学生预习情况；课中线上线下混合评价，实时录入数字工作手册，评价学生学习过程；课后拓展评价落实知识迁移。通过平台数据处理功能，形成全体与个体的数字化综合评价画像，跟踪检验教学成效，如图 4-17 所示。

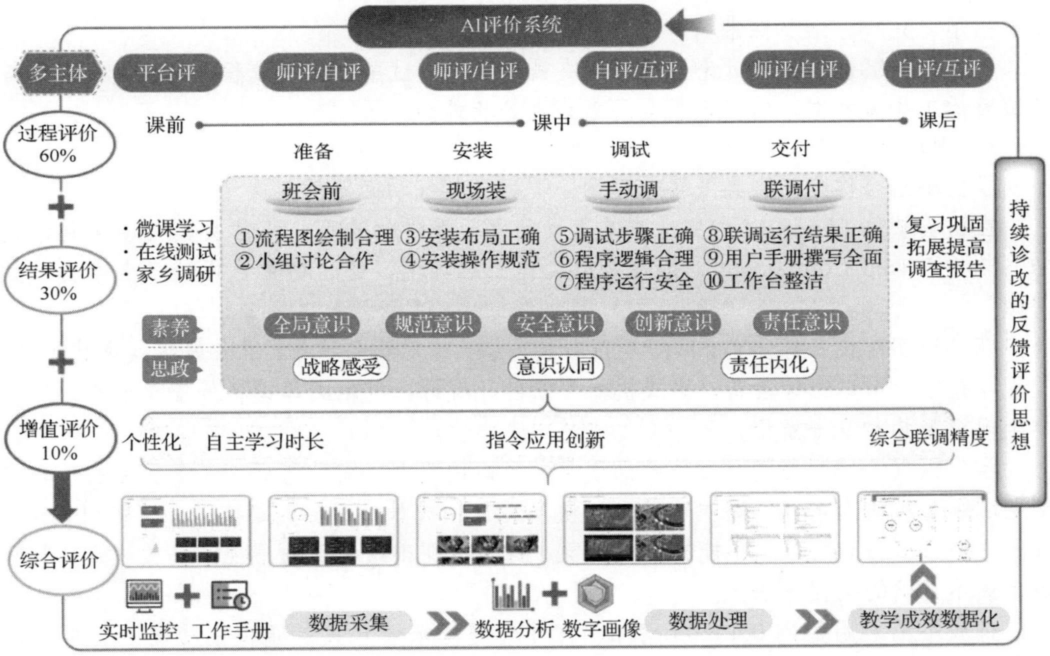

图 4-17　上海信息技术学校研发的 AI 评价系统

3. 智能制造类课程完整思政教学案例

专业：工业机器人技术应用
课程：自动化生产线安装与调试
教学内容：鸡蛋装箱单元安装与调试

乡村振兴是脱贫攻坚的接续战略，农村的产业聚集与产业升级需要大量专业技术人才。本课程授课对象为乡村振兴对口帮扶农村的学生，因此有责任把他们培育为“匠心精技”的工业机器人技术技能人才，为实现振兴乡村贡献力量。

下面以自动化生产线安装与调试课程中“鸡蛋装箱单元安装与调试”项目中蛋托抓取夹具装调实训课为例，具体谈谈如何实现课程思政目标。

（1）课前：线上预

课前，学生利用智库云平台，学习指定微课，借助平台中的测评功能完成课前预习测试，培养学生自主学习能力。教师查阅平台自动统计的学生预习情况，发现其中的问题，及时调整教学策略。

（2）课中：班前会

首先，对课前预习测试情况进行评价并总结。

随后，播放实际生产线中鸡蛋装箱机器人通过夹具的闭合和张开完成鸡蛋的抓取和放置视频进行任务引入，引出本次课的工作任务。通过观看视频的方式引入任务，可激发学生学习兴趣，培养探索精神。

再次，小组合作共同讨论蛋托抓取夹具安装与调试整体工作流程，绘制夹具安装与调试整体工作流程图，培养学生全局意识和分析能力。

1）现场装。

学生小组合作分析夹具气路原理图，罗列夹具气动回路的元件清单。

在仿真软件 FluidSIM 中完成夹具气动回路元器件的选型，搭建夹具气动回路，在仿真软件 Visual Component 中搭建夹具工作三维环境，通过仿真过程让学生学会“如何做”。

在进行实际设备操作前，做好规范着装准备，核对物品清单，准备好夹具安装工具、气管、扎带、水口钳等设备，完成机器人法兰、气源、电磁阀等设备的安全检查，培养学生规范着装和安全意识。

学生根据气动回路图和工作手册引导，严格按照电气安装与调试工艺国家标准，连接电磁阀与机器人本体气路快速接口、快换装置和机器人四轴气路接口。连接过程中，气管的插拔要符合规范，不能有漏气现象，针对个别小组出现的不规范插拔现象，教师示范演示正确的插拔方法。

将气路压力调整到 0.4～0.6MPa，打开过滤器末端开关，通过手动按压气路电磁阀上的测试按钮，使法兰端快换装置的钢珠弹出缩回，将夹爪工具安装到法兰端快换装置上。平台统计结果显示有小组不正确，通过平台监控回放发现共性问题：反复测试，夹具安装不到快换公盘上。学生小组互换查找故障，培养团队合作和互帮互助意识。

教师借助原理视频讲解，分析原因，让学生明晰电磁阀和夹具工作原理。学生根据教师讲解，修改夹具气管连接直至夹具被正确地安装到法兰端且能够张开、闭合。

夹具功能测试正确后，学生根据工作手册中的绑扎规范要求进行气管绑扎，教师巡视发现绑扎不规范的问题和绑扎用时长的问题，然后让学生停下手中工作，通过图片对比分析，让学生更加明确绑扎规范。

通过操作演示和经验库分享世赛选手指法快速绑扎视频，鼓励学生总结反思，发掘工作中的智慧。

然后继续完善调整，直至扎带距离、扎带留余长度、捆扎美观度、捆扎安全性符合规范要求，自评互评并提交结果。

2）手动调。

学生在仿真软件中对搭建好的夹具气动回路进行仿真运行，通过仿真帮助学生学会夹具“如何调”。

学生现场调节单向节流阀的开度，个别小组在调试的时候出现问题，夹具运行不平稳，导致鸡蛋破碎，引出安全和质量意识。疑点剖析，安装正确为何导致鸡蛋破碎？分析原因是节流阀未调好，气流太大，导致夹具运行速度太快。解决办法为顺时针旋转节流阀。

可是旋转几圈呢？学生反复测试调整，不能找到快速调整节流阀的方法。借助技术手册和企业视频，得出快速调试经验方法，培养学生严谨、细致、追求准确性的工作态度，突破教学难点——能准确调试夹具运行速度，实现夹具张开和闭合运行平稳。

学生再次调试，夹具张开闭合平稳。通过不断排除故障，突破自我，培养奋斗精神。

3）联调付。

根据初步运行情况，学生在仿真软件中配置电磁阀控制输入/输出信号，修改参数，并继续调节节流阀，通过强制机器人输出信号再次进行仿真联调，优化后的夹具实现运行平稳度提高。

信号配置完成后，学生利用输入/输出信号控制夹具张开或闭合，根据信号联调结果不断调试，直至夹爪的张开速度和闭合速度平稳。小组演示夹具的运行情况，根据最终运行情况，完成任务总体评价和验收，对本次课的重难点、小组表现等进行总结。

（3）课后

学生按要求整理好本次任务的学习结果，将虚拟仿真动画、真实夹具安装与调试过程视频上传至资源库，通过更新资源库，让教学资源“活”起来。

在学习平台上完成练习题，复习巩固，查缺补漏，并以小组为单位调查夹具在农业自动化设备中的应用情况，制作调查报告 PPT，培养学生的职业理想和家乡情节。

总之，在智能制造类专业知识传授过程中逐步渗透思政理念，紧密结合学科前沿发展状况，以智能制造实际应用为出发点，整合相关课程教学内容，构建理论与实践相融合的教学模式，训练学生从系统的角度、全局的高度来学习与应用知识，逐步实现人才培养方案中的育人目标，为其今后从事相关专业工作打下思想基础。

4.4.3 材料与检测类专业的思政教学实践

1. 材料与检测类课程思政建设背景

在“后疫情时代”，人们对良好生态环境的渴望越来越强烈，“去石油化”和“碳减排”已经成为全世界人民的共识，这将进一步加快化工产业转型升级。2022 年 4 月，工业和信息化部等六部门联合印发《关于“十四五”推动石化化工行业高质量发展的指导意见》。意见提出，以改革创新为根本动力，推动石化化工行业高质量发展。化工行业一直是我国国民经济的支柱性产业之一，同时化工行业作为技术密集型、工艺复杂、安全质量要求高的特殊行业，如今面临新材料、新技术、新工艺、新标准以及人工智能的新挑战。化工行业对人才的需求从单一的技术技能型向多学科交叉、多纬度综合素质培养转变，新时代“德技并修”的高素质化工技能人才是我国化工行业现代化转型升级和高端化发展的重要支撑。

上海市发布的《上海市国民经济和社会发展第十四个五年规划和二〇三五年远景目标纲要》明确了上海将建设成为具有世界影响力的社会主义现代化国际大都市，将推动服务经济提质增能，大力发展以知识密集型服务为代表的高端生产性服务业，大力发展法律、财会、咨询、广告、检验检测、人力资源等专业服务，开放第三方检验检测认证服务；将构筑质量强市品牌高地，全面提升“上海标准”国际化水平，促进质量基础共性技术能力和检验检测认证数据结果国际互认，参与国际技术标准规则制定；建立长三角标准化联合组织，推进“上海设计”等标准应用，推进计量技术规范共建互认，打造检测认证技术高地。

以此规划纲要提出的目标为导向，上海信息技术学校材料与检测类专业群中的化学工艺、分析检验技术、药品食品检验、食品质量与安全专业本着“专业链对接产业链”“专业动态调整”的理念，在专业教学中深度挖掘思政元素及其内涵点，做好学生的引路人，使政治认同、家国情怀、文化素养、宪法法治意识、道德修养入脑入心，如表4-12所示。通过创新育人模式，培育“明匠心、精工艺、能独当、敢创新”的复合型高素质技能人才，满足我国经济社会高质量发展的需要。

表4-12　材料与检测专业群中思政内涵点

专业类别	67 生物与化工大类（中职）		69 食品药品与粮食大类（中职）	59 食品药品与粮食大类（高职）
	6702 化工技术类		6902 药品与医疗器械类	5901 食品工业类
专业群	670201 化学工艺	670207 分析检验技术	690204 药品食品检验	590103 食品质量与安全
职业岗位群	面向化工产品生产通用工艺人员等职业，化工生产现场操作、化工生产中控操作、化工生产设备维修等岗位群	面向检验试验人员、检验、检测和计量服务人员等职业，样品采集、常规检测分析、校准计量等岗位群	面向药物检验员、农产品食品检验员、食品安全管理师等职业，药品食品生产、质量监控、理化分析、微生物检验、食品质量检验与食品安全快速检验等岗位群	面向质量管理工程技术人员、质量认证认可工程技术人员、食品安全管理师等职业，食品质量控制、食品质量安全管理体系审核和食品安全监督管理等岗位群

续表

思政内涵点	确立行业认同感。引领本专业的学生了解化学工业发展史，理解化工在国民经济发展中重要地位和创造人民美好生活不可或缺的重要作用，学生通过了解国家在绿色化工、新材料行业等的最新发展，坚定自己对所学专业的认同感、自豪感，确立行业发展、道路发展的信心，感知认同内化作为化工人应该具备的价值观和素质培养	树立起质量强国的意识。党的二十大后中国进入高质量发展的新时代，在人们赖以生存的食品、药品、环境等方方面面，把握好质量检测关，培养质量检测卫士应具备的素养

2. 探索材料与检测类课程思政实现路径与方法

（1）制定课程思政目标与教学目标

上海信息技术学校化学工艺专业建立于 1959 年，是学校的传统重点专业。教学目标是培养德智体美劳全面发展，掌握扎实的科学文化基础和化工单元操作、化学反应工艺及设备、典型化工生产装置开停车等知识，具备较强的化工装置操作、生产控制、设备检维修等能力，具有工匠精神和信息素养，能够从事化工生产现场操作、化工生产中控操作、化工生产设备维修等工作的技术技能人才。在厚重的专业教学积累中，化学工艺专业的教师团队挖掘出了以健康、安全、环保理念为核心的思政要素，如图 4-18 所示。

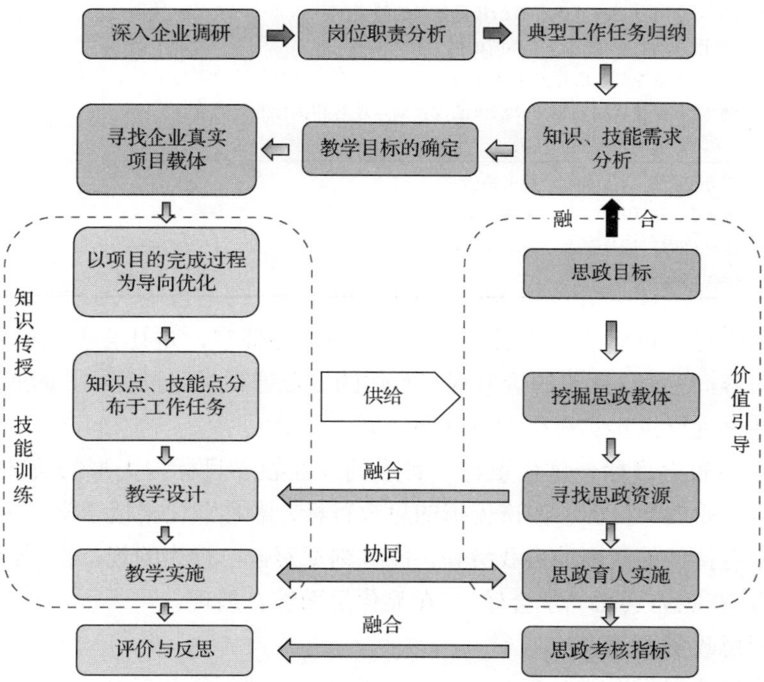

图 4-18　化学工艺专业课程思政目标与教学目标融合制定

分析检验技术专业建立于1982年，是学校的传统强势专业。在40多年的专业教学实践中，“精准、规范”是本专业的课程思政基本要素。随着时代变化，对课程思政的认识也在不断地提高。2023年2月，中共中央、国务院印发《质量强国建设纲要》，明确提出到2025年，质量整体水平进一步全面提高，中国品牌影响力稳步提升，质量推动经济社会发展的作用更加突出。到2035年质量强国建设基础更加牢固，先进质量文化蔚然成风，质量和品牌综合实力达到更高水平。本专业将聚焦检验检测行业的战略需求来培养职业型、技能型、复合型的专业人才，以服务国家质量基础建设工作。分析检验技术专业思政目标与教学目标一体化设计如表4-13所示。

表4-13　分析检验技术专业思政目标与教学目标一体化设计

<table>
<tr><th colspan="2">人才培养目标</th></tr>
<tr><td colspan="2">本专业培养德智体美劳全面发展，掌握扎实的科学文化基础和分析检测理论、原料产品分析、产品的过程质量控制及检验等知识，具备样品采集与制备、分析与检测，常用仪器设备使用等能力，具有工匠精神和信息素养，能够从事样品采集、常规检测分析、仪器校准计量等工作的技术技能人才</td></tr>
<tr><td>教学目标</td><td>1. 具有独立完成常规样品采集前处理的能力；
2. 能够理解化学微生物的基本知识，熟练掌握化学分析微生物检验的基本原理与操作技能；
3. 具有使用紫外可见吸收光谱分析、原子吸收光谱分析、色谱分析等常规仪器分析的能力，并能够理解其方法原理；
4. 具有按照常规仪器设备的检定规程和校准规范，进行校准计量、日常维护的能力；
5. 具有熟练运用常用办公软件进行原始数据处理的能力；
6. 具有辅助操作自动监测/在线分析系统的能力；
7. 具有实施安全质量控制、践行安全环保理念的能力，以及分辨分析检测与生产工艺等异常现象的能力；
8. 具有分析检验专业领域相关标准及法律法规查询、理解和执行的能力；
9. 具有终身学习和可持续发展的能力</td></tr>
<tr><td>思政目标</td><td>遵纪守法，保守秘密；刻苦学习，勤奋钻研；
科学严谨，客观公正；程序规范，保质保量；
爱岗敬业，团结协作；诚信正直，廉洁自律；
安全作业，保护环境</td></tr>
</table>

上述案例中思政目标的“公正、敬业、诚信”黑体字，是社会主义核心价值观24字中的原文内容，这就让抽象的价值观在具体的专业课程学习过程中，逐渐地、具体地、潜移默化地转化为学生实实在在的感知和认同。

思政目标与教学目标一体化设计，有形的专业教学目标与无形的思政目标交融共生，在有形的专业教学目标中渗透无形的思政目标，潜移默化根植于学生内心，使学生在日常工作中有持续的清晰的自我意识，能时刻觉察自己行为的规范性，最终在意识层面“知道要”，在能力层面“学会做”，在显化层面综合展现。

（2）课程思政资源建设

在建立本专业课程思政资源的过程中，需要注重课程思政资源的针对性和实用性，并将技能操作中的科学精神和职业道德融入到教学中，以提高学生的思想素质和社会责任感。同时，也需要关注当前社会的发展需求和行业标准，让教学资源更具时代性和职业教育的适应性。

课程思政资源可以从以下几个方面建立。

1）从企业文化中寻找课程思政资源。在专业教学计划中，学校每个学年安排学生花一周时间去企业进行教学实践，第一学年的“专业认识”、第二学年的“专业体验”、第三学年的“专业实训”，由教师带领学生走进专业相关企业，理解企业的 6S 管理。所谓“6S”，是指对工作现场的人员、机器、材料、方法等生产要素进行有效管理，针对企业每位员工的日常工作行为提出要求，倡导从小事做起，力求使每位员工都养成事事讲究的习惯，从而达到提高整体工作质量的目的。整理（seiri）、整顿（seiton）、清扫（seiso）、清洁（seiketsu）、素养（shitsuke）、安全（safety）六个词的英文首字母都是 S，简称 6S。在“实物、实景、实岗、实效”中体验感受和本专业契合度较高的企业文化和课程思政素材。

2）从行业前沿动态、生活百态、社会热点、实时事件中挖掘课程思政资源。课程思政聚焦学生成长特点和需求，教学内容的关联点“引证”到课堂实施的每个环节。一年级，主要聚焦诚实守信、严谨负责、整洁有序等基本思想道德修养和职业素养；二年级，通过优秀校友宣讲、实践比武等方式，聚焦学生全力以赴、求真务实、精益求精的工匠精神的塑造；三年级，通过前沿技术研讨和开放性项目实践，聚焦学生职业价值、辩证思维、科学研究、创新精神的培养。

3）依托上海市现代化工开放实训中心开发课程思政资源。课程思政聚焦职业精神养成，解决学生职业认知和职业素养训练缺乏实践性的问题，通过一体化课程思政教学方案设计，将思政教学元素融入“化工仿真工厂”职业化运行各环节。

上海市现代化工开放实训中心拥有“专业综合训练—化工单元过程—微缩版典型生产工艺—化工企业生产装置”的现场实训平台，校企联合指导，实现了“校内与校外、虚拟与真实、教学与生产”三结合，探索出了“厚匠德、精匠术、践匠行”的现代化工类“德技并修”育人模式，突出了对学生三大职业核心能力、解决生产装置实际问题能力的培养，为化工行业产业升级储备了优秀全面的工匠型人才。

4）从优质课堂延伸课程思政资源。化学工艺专业的核心课程“化工单元操作”的学习任务一单元“认识化工传热过程”中，教师介绍了热管换热器在人造卫星、空间站等航天器及青藏铁路工程中的重要应用。一方面有助于学生通过具体案例理解知识点，另一方面能够激发学生的责任感、使命感和民族自豪感，坚定其知识强国、科技强国的信念，引导学生对专业的认可与热爱。

在智能仿真工厂进行传热仿真操作实训时，模拟生产岗位操作，主要教学目的一是训练学生严格按照企业操作规程进行换热器的仿真、开停车实训操作及检修与维护，并明确讲解不按操作规程操作会存在的安全隐患。强调传热单元操作中换热器开车时，应该先通入冷流体，后通入热流体，停车时先停止通入热流体，再停止冷流体，以防止换热器骤冷骤热发生变形损坏发生危险。教学目的二是训练学生进行传热单元操作正常运行过程中工艺参数的调节、优化和控制。任何单元操作过程中合格及高质量产品的得出都需要适宜的温度、流量、压力、液位等工艺参数，这就需要给学生讲解传热单元操作过程中主要工艺参数指标及其控制方法以及工艺参数怎样影响产品质量及产量，训练学生在操作过程中严谨细致、认真负责，谨记各工艺参数指标及控制方法，能够及时判断出异常工艺参数并分析异常出现的原因而及时进行调整，努力获得高质量、符合工艺要求的产品，这样潜移默化地培养技术优化的质量意识和岗位责任感。在传热单元实训操作中学生都是定岗定位操作，只有不同岗位的同学认真负责、通力合作才能得出合格的产品，通过实训操作培养了学生团队合作及爱岗敬业的职业素养。教师还可以在进行传热单元实训操作和仿真教学过程中以文字、视频或动画的形式引入单元操作事故案例，重点展示事故现象及严重后果，加强学生的安全教育，牢固树立安全意识；还可以让学生仿真模拟各单元操作故障的判定、分析及处理，通过亲身体验进一步增强学生的安全意识及事故的分析处理能力。

（3）教学流程设计与思政目标实现过程

在教学过程中从知识、技能、思政三个维度来贯穿核心能力建设，把宽泛的、抽象的、不可量化或不能观测到的素养，按“有限目标”来培育，渗透点小、内容更聚焦，落实在每个具体的课程教学任务中，全程贯通培育职业人。从职业能力到职业素养的超越是当今社会对职业教育的必然要求，要尽力考虑学生全方位发展需求，提升其在理想信念、道德品质、价值引领、综合素养等各方面的水平，由此增加职校生自我可持续发展的源源不断的动力。下面以分析检验技术专业的食品分析技术课程为例，讲解材料与检测类课程的教学流程设计与思政目标实现过程，如图 4-19 所示。

食品分析技术是中等职业学校分析检验技术专业三年级的专业课程。在专业目标上，本课程要求学生在掌握食品检测基本知识和基本技能的基础上，运用实际工作项目设计教学过程，识读和执行食品质量检测作业指导书（国家标准），预处理食品检测试样，对食品中的主要成分含量、添加剂含量和有毒有害物质含量进行检测，并出具相应检测报告，掌握食品检测的工作要求和工作程序，最终能够胜任食品检测工作。在价值目标上，本课程要求学生严格遵守操作规程，具备认真负责、实事求是的工作态度，牢固树立安全、环保意识，养成良好的职业习惯，以此满足学生就业和职业发展的需要。

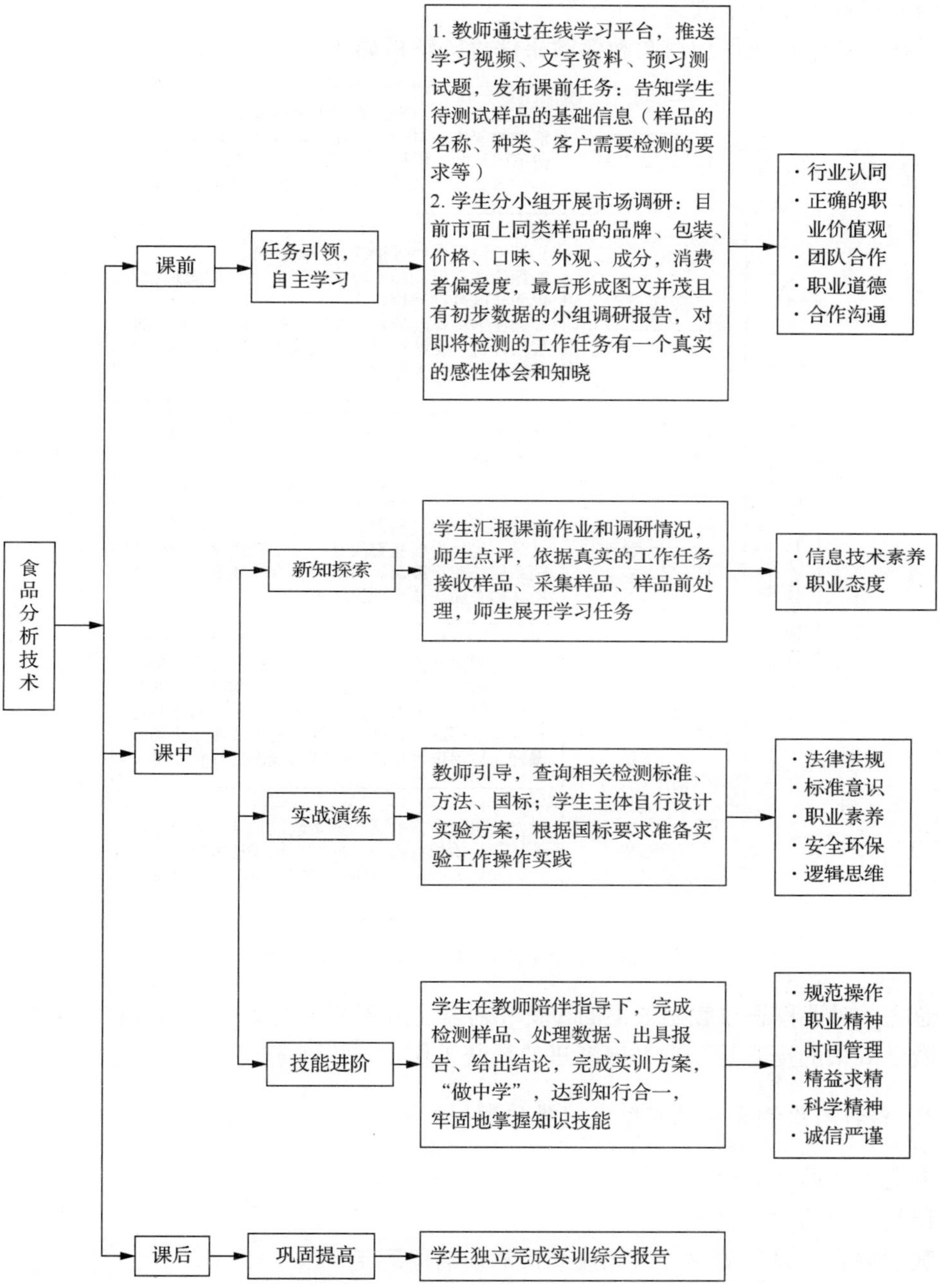

图 4-19　食品分析技术课程教学中课程思政的实现过程

（4）课程思政教学效果评价

对在专业中渗透课程思政教学效果评价的解析如图 4-20 所示。

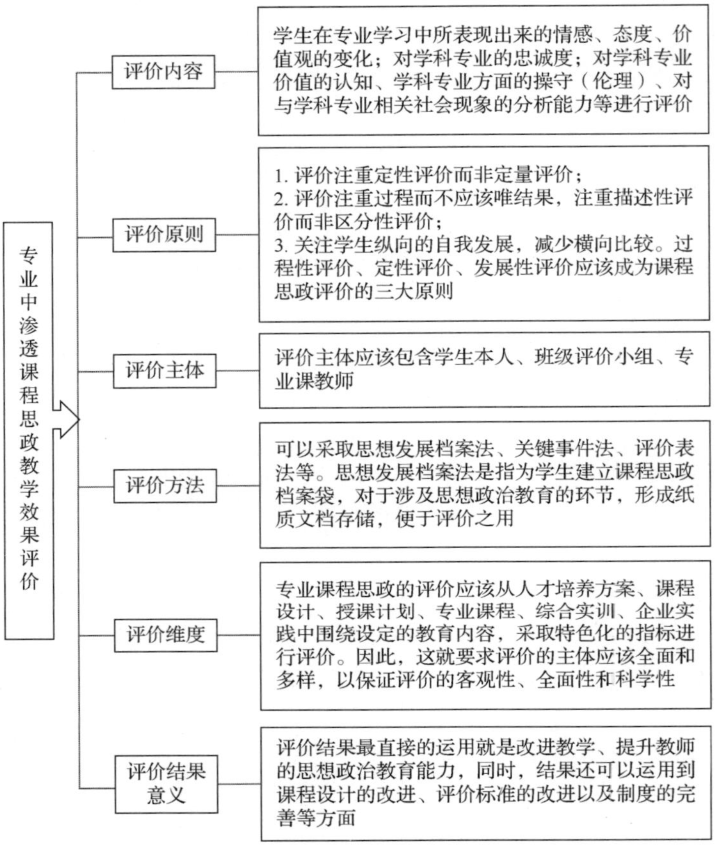

图 4-20　专业中渗透课程思政教学效果评价

总之，对课程思政教学效果的评价和对学生发展状况的评价是结合在一起的，课程思政教学效果的提升是一项循序渐进的系统工作。

3. 材料与检测类课程完整思政教学案例

专业：药品食品检验

课程：食品分析技术

教学内容：葡萄酒中二氧化硫食品添加剂的测定

民以食为天，食以安为先。食品安全是民生工程，也是关乎 14 亿人健康安全的底线工程。在我国“十四五”规划中，食品安全监管一直是党和政府重点关注的民生领域。从产业发展的角度来说，食品涉及的产业链长，技术工艺复杂，从业人员多，监管难度大，更是为行业的健康发展带来了巨大挑战。职业院校作为产业人才输出的“摇篮”，理应肩负起维护食品安全的职责，为国家和人民培养更高素质的从业人员，敬畏安全、守护健康。

下面以食品分析技术专业课程中“葡萄酒中二氧化硫食品添加剂的测定”项目中第一次专业综合实训课为例，具体谈谈如何实现课程思政目标。

（1）课前

1）教师通过在线学习平台发布课前待测任务：校企合作项目“中华人民共和国上海出入境检验检疫局关于进口葡萄酒中二氧化硫的测试任务”。

2）市场调研、自主学习。要求学生市场调研葡萄酒的品牌、包装、价格、口味、外观、成分、消费者偏爱度。教师提醒拍下每款葡萄酒的成分表。

3）教师通过在线平台推送葡萄酒感官分析的国家标准、葡萄酒中二氧化硫食品添加剂测定的国家标准，以及与教学有关的视频资料、文字资料、预习测试题，要求学生课前观看并完成测试，对后续学习有一个初步的理解和进入。

4）学生分小组开展市场调研（超市、商场、网上调研），最后形成图文并茂、有初步数据的小组调研报告，对即将开展的检测工作任务有一个真实的感性体会和知晓。

课前思政目标实现的要点：

1. 学生亲身参与到检测任务调研过程中，学会与人沟通、交流。

2. 学生学习信息技术在化工、分析检测技术领域的具体应用的各种工作方法。

3. 在不知不觉中，学生已从原先普通市民身份转换了视角，开始用检验检测专业职业人的视角看待各种食品的感官分析、营养成分测定、添加剂测定、有毒有害物质测定等专业内容。

4. 感性认知检测技术应用，初步建立食品安全、质量意识等方方面面的课程思政的内容。

（2）课中

活动一：小组汇报，新课导入。

以PPT、短视频等各种形式汇报分享调研情况和课前作业，学生本人、班级同学、教师互相点评，并引出新课内容。

活动二：明确任务，新知探索。

依据“上海出入境检验检疫局关于进口葡萄酒中二氧化硫添加剂的测试任务”的相关要求，教师布置学习任务，并在与学生的讨论互动中讲解知识点：食品中二氧化硫的作用；葡萄酒中为什么有二氧化硫；葡萄酒中二氧化硫的危害；葡萄酒中二氧化硫多少含量达标，多少含量不达标；葡萄酒中二氧化硫的测定原理。

活动三：实战演练，技能进阶。

学生在教师的引导下自行设计实验方案，根据国标要求进行操作实践。学生需理解的技能点：葡萄酒中二氧化硫前处理流程；葡萄酒中二氧化硫测定流程；食品中二氧化硫含量的测定；各试剂的作用、准备；检测葡萄酒中二氧化硫含量的测定流程及具体操作；食品安全检测仪的使用。

课中思政目标实现的要点：

1. 学生在汇报交流分享中提升了专业认同感，并进一步加深了对检验分析专业重要性的理解。

2. 整个教学实践过程中，学生小组讨论、互助学习分享、分工资料检索、国标阅读等活动都在慢慢培育学生践行社会主义核心价值观中的“文明、和谐、友善、团队合作”思政目标。

3. 学生主体自行设计实验检测方案；试剂、仪器的计算配制准备；样品的前处理技术；测定流程及具体操作等全部专业实训中都在循序渐进地培育学生建立起逻辑思维、严谨的工作态度和科学精神的思政目标。

4. 在教师的引导下，学生深度学习分析检验测试项目操作中要遵循国家标准、行业标准等，在这个过程中学生理解了建立起法律法规标准意识的课程思政目标。

（3）课后

巩固、提高、完成实训设计方案。

学生课后独立、翔实地补充完整课堂中的实训方案，“做中学、学中做”，从而达到知行合一，提升独立解决问题的能力，为下一次实训课打下基础。

本专业课程思政目标实现过程的思考：

1. 基于学生终身发展的需要，契合用人单位对学生职业素养的要求，教师深入具体地挖掘专业对学生独特的育人价值点，在教学流程中，除了知识点、技能点外，还增加了课程思政融入点（如安全教育、生命教育、严谨、规范、诚实、环保、耐心和稳定的职业心态等各个方面）。

2. 职业技能、职业知识的培养可操作，进步也容易看到，而价值观、品质、职业素养的培养具体怎么落实到每个教学环节和学习生活中去是有难度的，其进步不易看到和量化。教师在课程教学、综合实训过程中做了课程思政培育的全面探索和具体实践。

3. 在专业实训中实践“技德融合，素能一体”的课程思政培养思想，在实训教学中设计“素质＋专业＋实践”的培养方案，在综合实训中贯穿职业能力进阶培养，从基础能力到核心能力再到综合能力和拓展能力的进阶式训练体系。

（4）评价

以食品分析技术专业实训课程中“葡萄酒中二氧化硫食品添加剂的测定”项目为例做课程思政效果评价，如表 4-14 所示。

表 4-14　课堂思政效果评价表

<table>
<tr><th rowspan="2">名称</th><th colspan="3" rowspan="2">评分项目</th><th rowspan="2">课程思政评分要点</th><th rowspan="2">占比/%</th><th rowspan="2">配分</th><th colspan="3">评价方式</th><th rowspan="2">得分</th></tr>
<tr><th>自评</th><th>互评</th><th>师评</th></tr>
<tr><td rowspan="5">葡萄酒中二氧化硫食品添加剂的测定</td><td>课前</td><td>市场调研</td><td>撰写调研报告</td><td>学生在课前调研中所表现出来的情感、态度、价值观的变化</td><td>20</td><td>100</td><td>√</td><td>√</td><td>√</td><td></td></tr>
<tr><td rowspan="3">课中</td><td>小组汇报
新课导入</td><td>PPT、短视频各种形式的汇报分享调研情况</td><td>对检验检测专业价值的认知、学科专业方面的操守（伦理）、对与学科专业相关社会现象的分析能力等进行评价</td><td>10</td><td>100</td><td>√</td><td>√</td><td>√</td><td></td></tr>
<tr><td>明确任务
新知探索</td><td>接收样品、采集样品、样品前处理、查询相关检测标准、方法、国标；制定检验方案</td><td>• 分析检验工作重要性的认同；
• 分析规范流程的遵守；
• 主动合作沟通</td><td>25</td><td>100</td><td>√</td><td>√</td><td>√</td><td></td></tr>
<tr><td>实战演练
技能进阶</td><td>实验准备工作；检测样品；处理数据；出具报告；给出结论</td><td>• 合作协同能力；
• 职业态度：稳定的职业心态、耐心；
• 职业精神：一丝不苟按要求规范操作；
• 责任感、质量标准意识</td><td>35</td><td>100</td><td>√</td><td>√</td><td>√</td><td></td></tr>
<tr><td>课后</td><td>巩固练习</td><td>完成实验项目报告</td><td>严谨规范、时间管理、逻辑思维</td><td>10</td><td>100</td><td>√</td><td>√</td><td>√</td><td></td></tr>
<tr><td colspan="5">共计</td><td>100</td><td></td><td></td><td></td><td></td><td></td></tr>
</table>

总之，评价课程思政的效果是一个比较复杂的综合体系，需要考虑多方面因素，而且成果往往具有较强的主观性和非可量化性。因此，教师在评价课程思政实施效果时，要考虑课程内容是否符合实际需要、是否能够引导学生深入思考、是否能够提高学生的综合素质。

4.4.4　商务管理类专业的思政教学实践

1. 商务管理类课程思政建设背景

2021 年，国家统计局发布《数字经济及其核心产业统计分类（2021）》，指出数字经济是指以数据资源作为关键生产要素、以现代信息网络作为重要载体、以信息通信技术的有效使用作为效率提升和经济结构优化的重要推动力的一系列经济活动，并提出数字经济在智能交通、智慧物流、数字金融、数字商贸等方面的应用场景。

国务院办公厅印发的《“十四五”现代物流发展规划》（国办发〔2022〕17 号）明确提出以习近平新时代中国特色社会主义思想为指导，坚持稳中求进工作总基调，完整、准确、全面贯彻新发展理念，加快构建新发展格局，全面深化改革开放，坚持创新驱动发展，推动高质量发展，坚持以供给侧结构性改革为主线，统筹疫情防控和经济社会发展，统筹发展和安全，提升产业链供应链韧性和安全水平，推动构建现代物流体系，推进现代物流提质、增效、降本，为建设现代产业体系、形成强大国内市场、推动高水平对外开放提供有力支撑。

《上海市国民经济和社会发展第十四个五年规划和二〇三五年远景目标纲要》指出：要优化提升国内国际市场联通和辐射能力。完善供应链物流支撑体系，加快智慧物流基础设施建设和绿色发展，提高流通标准化应用水平，优化物流仓储规划布局和城乡配送网络体系。要加快建设新型国际贸易先行示范区。加快跨境电商综合试验区建设，鼓励模式创新，建设跨境电商营运中心、物流中心和结算中心。深化跨境电商出口试点，支持企业建设海外仓，提供多元化增值服务。要焕新轻工业历史经典品牌，力争在美妆护肤、珠宝首饰、运动用品、智能家居、时尚数码、适老及婴童等领域推出适应新生代消费群体需求的优质产品和新锐品牌，将上海打造成为品牌荟萃、市场活跃、消费集聚、影响广泛的国际时尚之都、品牌之都。

上述文件为商务管理类专业的教学指明了方向。为了满足社会对商务管理类人才的需要，上海信息技术学校以与商务管理类专业相关的《“十四五”现代物流发展规划》、商务部、中央网信办和发展改革委印发《“十四五”电子商务发展规划》（商电发〔2021〕191 号）等发展规划为依据，以商务管理产业链为依托，围绕商务管理整个业务流程，规划商务管理专业群，如表 4-15 所示。

表 4-15　商务管理专业群

<table>
<tr><td>专业大类</td><td colspan="2">63 财经商贸大类</td><td>79 公共管理与服务大类</td><td>75 文化艺术类</td></tr>
<tr><td>专业类</td><td>7307
电子商务类</td><td>7308 物流类</td><td>7904 文秘类</td><td>7501 食品工业类</td></tr>
<tr><td>专业群</td><td>121100
电子商务</td><td>121900 物流服务与管理</td><td>180300 商务助理</td><td>142700 珠宝玉石加工与营销</td></tr>
<tr><td>职业岗位群</td><td>网店编辑、客户服务、网络销售、网络推广</td><td>保管员、商品储运员、商品养护员、配送员、理货员、物流中心单证员、客户服务员等；
调度员、配载员、配送员、跟单员、客户服务员等；
单证员、操作员、业务员、客户服务员、跟单员、车辆调度、报关报检员、集装箱管理员、港口码头作业操作员等；
收派员、快件处理员、客户服务员、业务员等</td><td></td><td>贵金属首饰手工制作工、珠宝首饰营业员、珠宝检验员、首饰设计制作师、宝石琢磨工</td></tr>
<tr><td>商务管理业务流程</td><td colspan="4">线上交易⇌运输配送⇌接待录入、助理⇌设计、检测、营销</td></tr>
</table>

2. 探索商务管理类课程思政实现路径与方法

（1）制定课程思政目标与教学目标

在《纲要》中对经济学、管理学专业的思政要求是：要在课程教学中坚持以马克思主义为指导，加快构建中国特色哲学社会科学学科体系、学术体系、话语体系。要帮助学生了解相关专业和行业领域的国家战略、法律法规和相关政策，引导学生深入社会实践、关注现实问题，培育学生经世济民、诚信服务、德法兼修的职业素养。

商务管理类专业具有更新快、种类多、创新要求高、与其他产业关联度大等特点，其课程思政建设应紧扣新时代对高素质技术技能型人才的培养要求，追踪商务管理领域的前沿性、时代性知识，引导学生聚焦国家重大发展战略和规划，并将其内化为学生专业学习的动力，鼓励学生发扬开拓创新的热情和与时俱进的精神。商务管理类专业课程可从国家或区域商务管理业的发展需求、企业转型升级和用人需求、个人发展需求三个层面聚焦课程思政要点，构建课程思政元素的指标体系。

宏观层面：国家或区域商务管理业的发展需求。商务工作是国内大循环的重要组成部分，是联结国内国际双循环的重要枢纽，在构建新发展格局中发挥着重要作用。近年来，经济全球化遭遇逆流，贸易投资壁垒增多，贸易摩擦加剧，错综复杂的国际环境为我国商务工作带来了新矛盾新挑战。因此，商务管理类专业的课程思政元素，从宏观层面来讲，包括国家政策、国际视野、宏观意识、绿色发展理念和创新发展理念等指标。

中观层面：企业转型升级和用人需求。商务管理类专业涉及网店编辑、客户服务、网络销售、网络推广、物流员等岗位，学生需要提高专业技能，勇于开拓创新、兼具机遇意识和风险意识，准确识变、科学应变、主动求变，抓住机遇，应对挑战。因此，商务管理类专业的课程思政元素从中观层面考虑，包括人才培养、校企合作、技能提高、传统教育和生态环境等指标。

微观层面：学生个人发展需求。关注学生的个性化发展、可持续发展和自我发展，使学生拥有关注现实问题、经世济民、诚信服务、德法兼修的职业素养，能够为国家商务类服务业的高质量发展服务。为此，微观层面可设计职业技能、职业素养、职业道德、职业发展和职业法规等指标。

商务管理类专业课程思政元素各指标及其具体内涵如表 4-16 所示。

表 4-16　商务管理类专业课程思政元素的指标体系及其内涵

层面	指标	主要内涵
宏观层面	国家政策	坚持以习近平新时代中国特色社会主义思想为指导，深入贯彻党的二十大精神，紧紧围绕“五位一体”总体布局和“四个全面”战略布局培养学生追踪和辨识商务管理领域热点、难点和焦点问题的能力，引导学生了解当代商务，客观分析我国商务发展前景与挑战，充分认识中国特色社会主义制度的优越性
	宏观意识	引导学生了解商务领域的国家战略、国家规则及相关政策法规，例如《“十四五”现代物流发展规划》《“十四五”电子商务发展规划》等，增强学生对实现社会主义现代化和民族复兴的历史使命感
	绿色发展	把绿色发展理念融入商务管理业的体系建设、消费流通数字化和绿色转型、促进线上线下消费融合发展，发展绿色、健康、安全消费，持续改善消费环境。深入落实碳达峰、碳中和重大战略决策，坚定不移推进商务领域走生态优先、绿色低碳发展道路

续表

层面	指标	主要内涵
宏观层面	绿色发展	发展绿色消费，倡导简约适度、绿色低碳生活方式，创建绿色商场，促进绿色产品销售，扩大绿色产品消费。发展绿色流通，加强商务领域塑料污染治理，支持绿色配送、绿色仓储和快递包装绿色转型，建立新型再生资源回收体系，加强废旧物资回收网点布局，提高废旧物资回收、分拣、集散能力，促进二手商品流通。 发展绿色贸易，建立绿色低碳贸易标准和认证体系，打造绿色贸易发展平台，营造绿色贸易发展良好政策环境，大力发展高质量、高附加值的绿色产品贸易，严格管理高污染、高耗能产品出口
	创新发展	支持消费领域平台企业加大创新力度、创新机制、创新监管方式、推动商品市场创新发展
中观层面	人才培养	培育高质量交流载体、培养一大批复合型人才、形成人尽其才、才尽其用的生动局面
	校企合作	通过校企协同育人、产教融合、“1+X”证书制度等手段，引导学生树立职业理想，做好发展规划
	技能提高	通过分类指导课程、技能竞赛如互联网+创新创业、名师带教等方式，坚定学生技能成才、技能报国的理想
	传承发展	融入和宣传传统文化教育，开展名企、工匠进校园活动，宣传成长成才的先进事迹，培养学生的职业荣誉感
	生态环境	将环境污染、浪费问题与环境恶化、资源紧缺等结合起来，培养学生勤俭节约、绿色环保等良好习惯
微观层面	职业技能	包括战略管理能力、创新学习能力、变革管理能力、资源整合能力、危机处理能力、团建建设能力、组织管理能力。需要的通用能力为人际沟通能力、项目管理能力、专业洞察能力、分析解决问题能力
	职业素养	包括持续学习能力、工作执行能力、责任心和敬业度、困难与挫折承受力和专业知识和技能解决问题的能力
	职业道德	包括爱岗敬业、服务群众、严守商业信用、诚信无欺、公平交易、实事求是、通晓业务、严于律己、挑战自我、以身作则、诚信、协作、感恩、拼搏、担当
	职业发展	重点关注学生的个性化发展需求，着眼于学生的可持续发展，提高学生适应社会发展的能力，与职业岗位相适应的职业素质和能力
	职业法规	教育引导学生遵守国家及行业法律法规

商务管理类专业的思政目标通过专业课程知识和技能的传授，引导学生拥有精益求精、爱岗敬业的服务精神，良好的团队协作精神和人际沟通能力；在学习科学文化知识的同时，时刻牢记对社会、国家和集体所应承担的任务和使命。希望学生掌握良好的职业道德和法律素养，能够运用相关法律法规处理实际问题；通过持续的自我学习，不断提高市场风险分析能力；具有一定的创新能力，能够运用新技术改进工作；具有良好的身心素质。

1）电子商务专业培养目标与思政目标。

培养目标：培养理想信念坚定，德、智、体、美、劳全面发展，具有一定的科学文化水平，良好的人文素养、职业道德和创新意识，精益求精的工匠精神，较强的就业能力和可持续发展的能力，掌握本专业知识和技术技能，适应电子商务行业及相关岗位需要，熟悉营销、管理、计算机技术及互联网应用等基础知识，掌握电子商务、新媒体平台应用的理论知识与操作技能，具有良好的职业道德、具备“一技之长＋综合素质”，有较强的创新思维能力与创业精神的适应产业升级和企业技术创新需要的复合型和创新型的技术技能人才。

主要思政目标：

- 中国特色社会主义道路自信、理论自信、制度自信、文化自信，积极践行社会主义核心价值观；
- 爱国主义教育；
- 正确的社会主义核心价值观、勇于探索创新精神；
- 传统文化认同、认知；
- 金融风险防范；
- 诚实守信、信用意识；
- 合法使用信息、保护隐私；
- 理性批判思维。

2）物流服务与管理专业培养目标与思政目标。

培养目标：本专业培养与我国现代化建设要求相适应，德智体美劳全面发展，具有良好的职业道德和职业素养，掌握物流服务与管理专业对应职业岗位的知识与技能，能从事仓储与配送、运输业务、快递业务、国际货代等岗位群的工作，具备职业生涯发展基础和终身学习能力，能胜任生产、服务、管理一线工作的高素质劳动者和技术技能人才。

主要思政目标：

- 爱国精神；
- 全球化思维；
- 团队合作和不断创新的精神；
- 乡村振兴；
- 合作精神；
- 责任意识。

3）商务助理专业培养目标与思政目标。

培养目标：本专业坚持立德树人，面向商品生产与销售企业，培养从事企业公关活动、企业信息管理、商务活动策划、客户服务、文秘等工作，德智体美劳全面发展的高素质劳动者和技能型人才。

主要思政目标：

- 习近平新时代中国特色社会主义思想；
- 保密原则；
- 务实原则；
- 爱岗敬业；
- 中华优秀传统文化；
- 礼仪之邦的文化自信。

4）珠宝玉石加工与营销专业培养目标与思政目标。

培养目标：本专业坚持立德树人，面向首饰、珠宝玉石加工与营销等行业企业，培养从事首饰、珠宝玉石方面的加工、营销、检测、设计等一线工作，德智体美劳全面发展的高素质劳动者和技能型人才。

主要思政目标：

- 工作认真、细致、负责的职业作风；
- 审美与创造美的意识与基本文化修养；
- 吃苦耐劳；
- 有团队精神与团结合作的热情和态度；
- 具备规范操作和产品质量意识；
- 有较好的沟通能力；
- 为客户服务的职业意识。

（2）课程思政资源建设

目前，商务管理类课程的思政资源较少，且资源形式较为单一。需要多方面、多维度地收集资源，使其有充分的参考依据与案例支撑，融汇专业群内各个专业的课程思政内容。

《纲要》对经济学、管理学专业的思政要求是围绕“经世济民、诚信服务、德法兼修”设计不同专业的资源库。

这就要求职业学校根据学生的发展特点，增加工匠精神类教育；根据社会主义核心价值观的内涵，增加爱国类、社会主义核心价值观类教育；根据企业经营过程中可能出现的问题，增加绿色、安全发展理念类教育；等等。教师在讲授相关课程或某个知识点时，可以在资源库中快速查询到自己需要的思政元素、案例、示范课及其他资源。

商务管理类课程资源类别丰富，可以示范课、优秀案例、资源库等多种形式展开。

1）建设教学案例库。组织征集和开发高质量、多形式的教学案例，特别是聚焦习近平新时代中国特色社会主义思想在中华大地的生动实践，开发一批以创新理论为主题的案例。这些优秀案例可以结合社会实事、社会新闻、社会热点展开，鼓励学生思考、讨论，充分发挥主观能动性，提高学生的沟通交往能力与分析问题能力。各地区各专业还可以充分利用本地资源，围绕当地特色进行案例融入。如在融入“乡村振兴”这一思政点时，上海学生可以以南汇的西瓜、青浦的草莓为例讲述农产品的网络营销；云南学生可以引入普洱茶、咖啡和三七的营销作为案例；新疆学生则可以引入葡萄、苹果、核桃等的营销作为案例。操作课程要紧扣职业道德与职业技能，以项目式教学为主，运用社会案例，培养学生爱岗敬业、一丝不苟、团队协作的能力。

各校可以参考各自校企合作单位对于岗位能力的需求，将实际案例带入课堂，如物流业务流程这门课除了介绍物流业务的基本操作外，还可以通过案例讲解和讨论在每个环节强调操作的规范性，并对每个环节进行打分和评价，锻炼学生的危机处理能力，培养精益求精的工匠精神。

2）打造教学重难点问题库。建立思政课教学重难点问题征集机制，动态收集学生关注的问题和思想理论困惑，统一组织研究问答，形成教学问题库。如在教学中，大部分学生对“贸易壁垒”这个词的由来感到疑惑，教师可以将关键词放入重难点问题中，统一组织研究问答。后续教学中，教师可以在资源库中搜索出难点的答案和解答路径。

3）建设教学素材库。建立完善采集、审核、共享机制，充分调动一线思政课教师的积极性、创造性，持续推出一大批优秀思政课课件、讲义、重难点解析、重要参考文献、教学配图、微视频、融媒体公开课等优质教学素材。如在摄影课程中，在教学构图环节，设计的教学配图为“香港回归”“国庆阅兵”等重要场景，让学生在学习摄影构图的同时，加强爱国主义教育。

4）开发在线示范课程库。以国家统编教材为基本遵循，整合全国优秀思政课教师和哲学社会科学专家力量，组织开发高水平在线示范课程。各学校各专业可以每学期选择几门核心课程，进行同组备课和备案，将近几年的时事热点及思政要求融入核心课程中，形成系统的示范课程，并在市区、省级、国家层面进行示范推广。尤其是在物流叉车作业中，学校的实训作业环境可能局限了操作的业务，通过在线示范课程的学习和VR（virtual reality，虚拟现实）技术的实景操作，学生在学习到技能的同时，又了解了物流操作的安全规范。

商务管理专业资源库的建设使课程思政资源的呈现形式与内容更加丰富，让课程思政教学改革有据可依，改变了商务管理专业群课程思政建设无资源可应用的局面。

（3）教学流程设计与思政目标实现过程

在贴合国家政策、适应行业需求的基础上，各校各专业也应按照当地、学校、专业特色挖掘、设计教学流程，使得思政的学习与技能的学习贴合学生的现状，贴近学生的生活。

东部城市学校响应国家号召，利用东部学校发展优势援助，积极响应国家东西部职业教育联合办学战略，积极参与乡村教育振兴，持续以更大力度推进做好“三援”工作，帮助学生了解电子商务专业和行业领域的国家战略、法律法规，引导学生关注现实问题，培育学生诚信服务、德法兼修的职业素养。西部学子“自信融城市、自强学技能、自立促就业”。西部学校可以立足本地情况，发挥市场、企业、社会组织作用，吸引更多社会力量参与中西部教育发展，挖掘当地特点融入专业中，培养学生社会责任感、创新精神和实践能力。

在教学中应精选时事、社会案例，紧紧围绕习近平总书记的讲话，运用案例教学、项目式教学等方法，同时兼顾知识技能和德育目标。融入实现民族复兴、家国情怀与责任担当、做人做事的基本道理、社会主义核心价值观等思政元素，推进思想政治教育和课程知识能力体系有机结合。

以商品信息采编这门课程为例，课程分摄影拍摄、商品信息采集、商品海报及详情页的制作几个环节。在教学中将思政元素与知识技能点相融合，使得学生在学习知识的基础上达到思政学习效果。表 4-17 列出了该门课程的思政要点。

表 4-17　商品信息采编课程思政要点

项目任务	知识点、技能点	思政融入途径	思政元素
摄影拍摄环节	摄影构图	案例图片主题是每年的国家大事，如党的二十大、阅兵仪式、逆行英雄等	爱国精神、家国情怀、文化自信
商品信息采集环节	准确采集商品信息	以最近的热点如布洛芬缓释片和布洛芬片的区别、大美林和小美林的区别为例，强调商品信息采集的重要性，增强学生的职业认同感和职业使命感	工匠精神、责任担当、严谨认真的职业素养
商品海报及详情页制作环节	商品图片美化、店铺装修	案例导入中选择著名国货品牌和非遗文化店铺，如华熙生物、鸿星尔克、苏绣、京剧脸谱等	乡村振兴、传统文化教育、创新精神

如图 4-21 与图 4-22 所示，以商品信息采编课程中海报设计环节为例，说明教学流程设计与思政目标实现过程。

图 4-21　商品信息采编课程具体实施流程

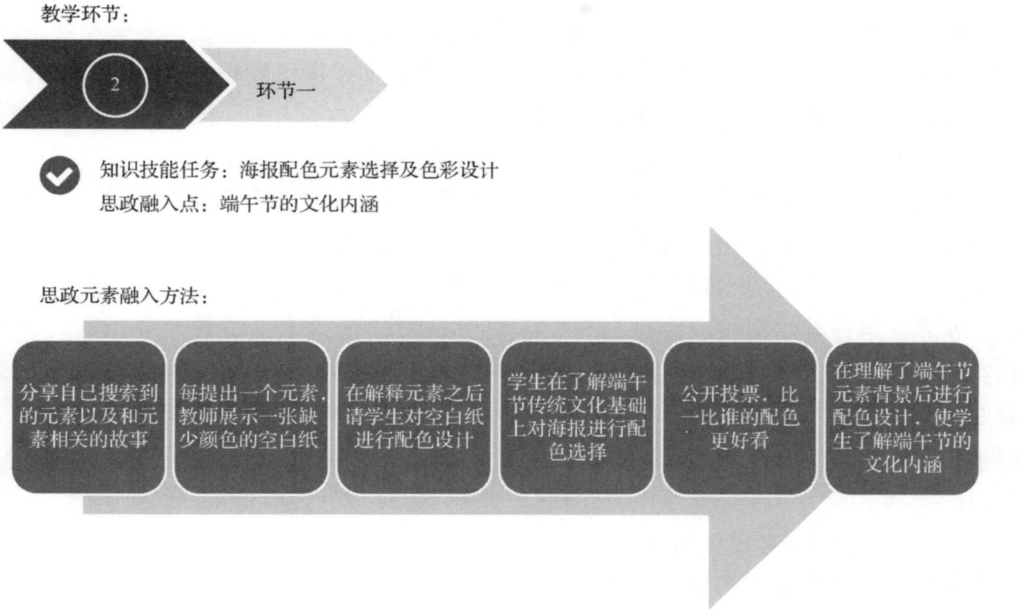

图 4-22 商品信息采编课程中环节一思政元素融入方法

在课程内容编排上需将思政点融入，并进行合理的规划，集综合项目、任务实践、理论知识于一体，强化技能训练，在实践中寻找理论和知识点，增强课程的灵活性、实用性与实践性。强化理论与实践一体化，使用项目教学、案例教学、任务教学、角色扮演、情境教学等方法，利用校内外实训基地，将学生的自主学习、合作学习和教师引导教学等教学组织形式有机结合。

（4）课程思政教学效果评价

商务管理类课程应侧重于对学生表达能力、团队协作能力及创新能力的培养，在教学评价中可采用多种评价方法，多元、多维度地了解学生知识技能和思政要点的掌握情况，具体如图 4-23 所示。

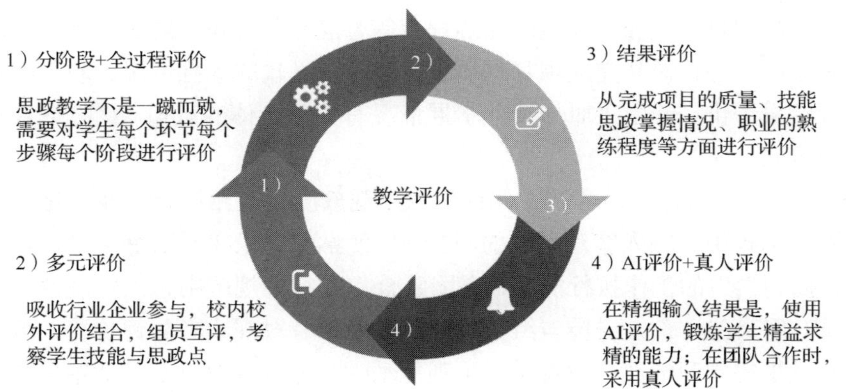

图 4-23 教学效果评价图

1）分阶段+全过程评价，更加全面地了解思政教学效果。思政教学效果与知识技能教学效果不一样的是，前者的达成不是一蹴而就的，而是潜移默化的。思政教学效果应该分阶段来判定并进行全过程评价，从情感态度、对应技能方向、岗位能力、职业行为等多方面对学生在整个学习过程中的表现进行综合评价。

评价可以按照学年分阶段进行。商务管理类专业为三年学制，可以在第一学年中，多融入专业相关热点和相关政策，培养学生的专业认同感。在第二学年，更多的专业课程加入学习，可以运用互联网平台和相关实训软件，指导学生的职业道德、锻炼学生的职业素养，培养学生精益求精的工作态度和团队协作的工作能力。在第三学年，学生面临实习和就业，在这一学年融入真实案例，让学生更加真实地面对岗位，培养学生爱岗敬业、企业忠诚度和创新创业精神。通过分阶段的评价来确定教学效果的达成情况。还要重视对学生遵纪守法、规范操作等职业素质形成的考核，兼顾对节约意识、网络安全意识的考核。

2）多元评价，考察学生技能与持续学习能力、工作执行能力、责任心与敬业度，符合企业对于商务人才的需求。除了教师的评价，也可以吸收行业企业参与，校内校外评价结合，引入行业、企业的考核与评价标准，并邀请行业、企业专家参与考核评价，使学生适应行业、企业的考核评价方法。加入思政元素后的教学效果是较有成效的。理论课程中，因为选择的案例多与社会热点相关，从学生的兴趣和学生关心的事情出发，学生的参与度高，90%的学生愿意加入其中，热烈讨论，掌握了沟通交往能力。操作课程中，工作任务与工作素材来源于真实情境，学生在操作过程中获得了知识，发展了能力，有积极的情感体验，并在操作中提升了职业认同感，了解企业责任，提升职业道德，树立了正确的世界观、价值观和人生观。一体化课程中，项目式教学融入国家政策、企业社会责任和祖国文化，并鼓励学生开拓和创新，让学生在感受民族精神和时代精神的基础上，勇于开拓创新。

3）结果评价，可以提高学生学习积极性，提高学生的主观能动性和积极性。结果性评价是从完成项目的质量、技能的熟练程度等方面进行评价。通过比赛、校内外活动等对学生进行结果评价。从完成项目的质量、技能、思政的掌握情况、职业的熟练程度等方面进行结果评价，让学生对于目前掌握情况有一个总体的认知，树立职业理想，不断校准前进方向。

4）AI 评价+真人评价，客观量化评价与主观效度检验相结合更能内化学生学习主动性。在课程思政中，融入客观量化的 AI 评价使学生可以在不断练习中，提高准确度和精确度，提高学生的工作执行能力，在团队合作和行为规范中融入主观性强的真人评价，如组长对组员的评价，组员与组员的评价，观察者对观察者的评价等，可以多元多维度地考察学生的学习情况，激发学生主观能动性，符合专业以及行业中自主、持续学习的要求。

3. 商务管理类课程完整思政教学案例

专业：电子商务
课程：电子商务基础
教学内容：电子支付

以电子商务基础这门课为例，课程将理论和实践教学相结合，要求学生了解电子商务基本概念、商务模式、电子支付、电商物流、电商法律法规等知识点和技能点。根据课程的特点，融入相应思政元素，如表4-18所示。

表4-18 电子商务基础课程思政

课程项目	知识点、技能点	思政融入途径	思政元素
电子商务基本概念	电子商务的基本概念	解读《“十四五”电子商务发展规划》，了解“十三五”时期我国电子商务方面取得的显著成就	• 爱国精神 • 国家自信
电子商务模式	B2B、B2C、C2C等网站的运营模式	介绍不同运营模式的特点和企业故事，引入社会责任，鼓励学生创新	• 社会责任 • 创新精神
电子支付	电子货币支付、安全支付	讲解电子支付的时候，介绍信用贷、微信和支付宝的信用积分等机制，强调诚信的重要性	• 诚实守信
电商物流	电子商务与物流的关系	介绍疫情期间，以京东物流的“逆行者”为例，强调企业责任和国家责任	• 爱国精神 • 责任与担当
电商法律法规	了解和掌握电子商务基本法律法规	通过“网购诈骗案”“薇娅事件”，引导学生知法守法，诚实守信	• 安全意识 • 信息素养 • 知法守法

注：B2B——business to business，企业对企业；B2C——business to consumer，企业对客户；C2C——consumer to consumer，客户对客户。

在教学计划阶段，就分任务模块，将整体教学目标和思政目标细分后融入每个教学章节，在授课前结合当前热点事件进行资源整合、案例更新，使学生更加感同身受地了解思政要点。以该课程中的“电子支付”单元为例，在课前让学生调研大家都在使用什么支付方式，以及不同支付方式的优势和劣势，了解电子支付和现金支付的差异。

（1）课前

提前布置调研任务。请学生汇报目前同学中所使用的支付方式的调研结果，全班100%的同学会使用电子支付，94%的同学只使用电子支付。

设计意图：以课前预习的方式布置作业，让学生通过调研、汇报来锻炼逻辑分析能力、表达能力，进而引入本次课程。

（2）课中

活动一：解释电子支付的含义。

教师展示中国数字人民币发展相关研究报告，以及国外友人赞叹中国“微信支付”和“支付宝”的视频，进而介绍中国电子支付的现状、安全保障等。

知识点：了解什么是电子支付，电子支付的优势。

设计意图：在观看视频和发展研究报告中，让学生感受中国电子支付的地位，提升国家自豪感。

活动二：分析电子支付的优势和信用付的概念。

引入支付宝和微信的信用分，讨论为什么信用分高可以免押金？强调信用的重要性。

知识点：掌握什么是第三方支付。

技能点：学会使用第三方支付，并用正确的方法提高自己的信用分。

设计意图：在学习中领会诚实守信的重要性。

活动三：分析电子支付存在的问题。

引入校园贷的故事。请学生讨论为什么会出现校园贷以及校园贷的危害。

知识点：拥有正确的消费意识、风险防范意识。

技能点：警惕网络诈骗，树立勤俭节约、合理合法的金钱观念。

设计意图：通过案例分享与讨论，让学生了解电子支付存在的问题，同时树立正确的金钱观念和勤俭节约的品质。

（3）课后

布置作业，通过学习，自主设计校园内电子支付安全方案、探讨信用支付的可行性，下节课进行分享。

设计意图：运用创新思维、归纳能力，对今日所学内容进行总结。

（4）评价

电子商务基础教学评价表如表 4-19 所示。

表 4-19　电子商务基础教学评价表

名称	评分项目			评分要点	占比/%	配分	评价方式			得分
							自评	互评	师评	
电子支付	课前	市场调研	撰写调研报告	逻辑分析能力、表达能力、问卷编写能力	10	100	√	√	√	
	课中	小组汇报新课导入	PPT、短视频各种形式的汇报分享调研情况	表达能力、演讲口才、沟通协调能力	10	100	√	√	√	
		解释电子支付含义	了解电子支付的概念，并了解电子支付安全保障	能绘制电子支付系统业务流程图对国家的电子支付系统感到自豪	35	100	√	√	√	
		电子支付的优势与劣势	正确提高自己的信用分，树立正确的金钱观，用电子商务安全法律法规保护自己	电子商务安全法律法规、电子商务安全问题、诚实守约的精神、正确的金钱观、勤俭节约的精神	35	100	√	√	√	
	课后	设计校内电子支付安全方案	完成校内电子支付安全方案	创新能力、严谨规范、时间管理、逻辑思维	10	100	√	√	√	
共计					100					

课程思政建设实践篇

它山之石可以攻玉，丰富的案例可以给课程思政提供可以借鉴的思路。上海信息技术学校紧紧围绕立德树人根本任务，立足强化职业教育的类型特色，积极探索课程思政实施路径，经过多年的实践探索，积累了一些优秀的经验和做法，形成了独具特色的“上信方案”，为中等职业学校进一步开展课程思政建设、推进“三全育人”工作、构建“大思政”格局提供了示范和参考。

案例1

突破篮球技能瓶颈，训练中培育自信果敢品质

上海信息技术学校　朱新帅

一、基本信息

专业：应用化工技术

课程：体育

课题：篮球持球交叉步突破

教学对象：中职二年级学生

教学内容：持球交叉步突破是篮球运动中进攻技术之一，该技术主要通过脚步动作和运球技术相结合，以实现快速超越防守队员的目的。学生在学习过程中不但能够发展速度、力量、灵敏等体能，还能逐步建立自信果敢和勇于挑战的良好品质。另外，持球交叉步突破技术也是中职体育与健康课程篮球项目的重要教学内容之一。

二、思政目标和思政价值

思政目标❶：形成在复杂情境中勇于挑战、善于合作的精神品质。

在课堂教学中以问题为引领，激发学生主动思考，由“要我学”向“我要学”转变，营造探究学练的良好氛围，逐步提升解决问题的能力；结合中职学生心理特征，创设多种利于合作、勇于挑战的复杂情境，让学生在情境中体验不同角色所要承担的不同任务，逐步提升责任意识和情绪调控能力；通过持续一段时间高强度、大密度的体能练习，帮助学生克服“极点”，掌握运动负荷监测和调整的方法，学会科学健身，并能表现出突破自我，坚持不懈的行为。

思政目标❷：具备高度集中的注意力和临危不惧的心理素质。

应用化工技术专业具备一定危险性，在进行生产和实验时，需要学生具备高度集中的注意力和临危不惧的心理素质。同时，良好的创造力、想象力和坚持不懈的精神更是突破化学工业研发瓶颈的关键之处。因此，把握篮球持球交叉步突破的技术特点，通过“以问育德、以情育德、以练育德”的教学策略，整体设计学习活动，逐步落实学科核心素养目标，培养中职学生未来职业发展中所需具备的素养。

三、教学设计

1. 以问题引领思维碰撞，提升解决问题的能力

（1）教学片断

教师要求两人一组，进行“一对一”的练习，并提出了在 2 分钟内记录自己突破成功的次数。当 2 分钟练习时间到，教师询问学生都成功突破了几次，学生的回答此起彼伏，突破成功率不尽如人意。

（2）课程设计思路

根据教学目标，教学重点、难点，设置相关问题，引起学生的思考。通过“问题链”引导学生不仅要知道“做什么”，还要明白“怎么做”“为什么这么做”，并从比赛实战角度引导学生认识持球交叉步突破技术的合理变化和运用，并与同伴队友形成配合意识。在技能掌握的过程中，逐步提升解决问题的能力和交流探析的能力。

关键问题 1：如何运用持球交叉步突破技术形成有效突破？（相关因素有哪些？）

对策 1：通过在规定时间内“一对一”突破成功次数的记录，引导学生归纳突破成功率不高的因素，并提供学练菜单引导学生选择，进行练习。

关键问题 2：完成持球交叉步突破技术时，低重心的作用是什么？如何才能做到低重心？

对策 2：通过“突破触膝”等练习，帮助学生降低重心，体悟重心与速度的关系，以及重心与护球的关系。

课程设计思路如图 1 所示。

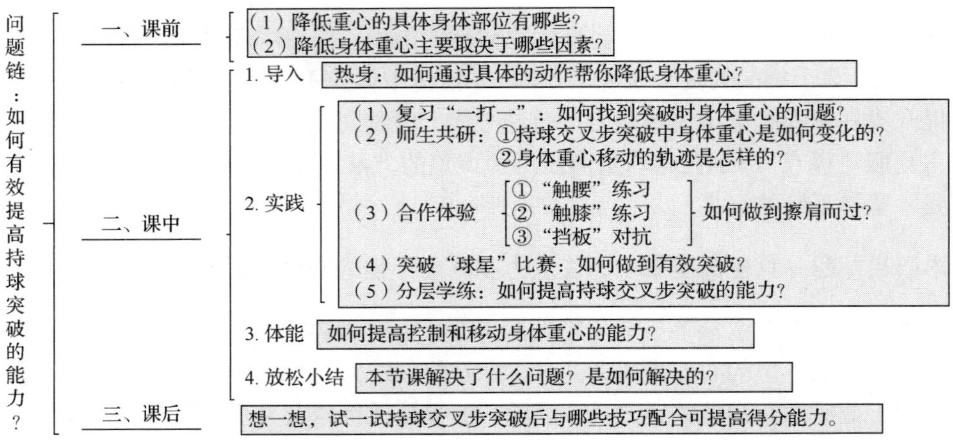

图 1 体育与健康课程“篮球：持球交叉步突破”课程设计思路

2. 以情境为支点，撬动学科育人

（1）教学片段

教师在条件限制的比赛情境中，设计了突破队员、防守队员、裁判等多种角色，让学生轮换担任不同职责。在比赛过程中，教师反复强调，篮球赛场上的每个角色都有其不可或缺的职责和任务，只有当所有人都具备了责任意识和协作精神时才能保证每一场比赛的顺利举行。

（2）课程设计思路

老师根据场地情况、学生技能掌握水平等因素，创设了限制条件的比赛情境。该情境基于比赛实践中的运用，将赛场上出现的各种角色融入情境之中，促使学生自主体验不同角色履行的不同义务和责任。学生在胜任不同运动角色的过程中，逐步形成了遵守规则、尊重对手、尊重裁判的良好品质。此外，学生在比赛情境中还感受到了强烈的集体归属感和荣誉感，增进了彼此间的交流和协作意识，提高了社会适应能力和情绪调控能力。

3. 以适宜运动负荷，体现科学健身价值

（1）教学片段

在高强度的“综合体能”专项体能练习后，部分同学开始手抵膝盖，表现出了疲劳的状态。教师及时观察到学生的行为变化，带领学生边踏步边深呼吸调整。当学生状态有所调整后，教师提出更高一层的要求，并鼓励学生敢于突破自己。

（2）课程设计思路

以适宜的运动负荷为基础，让学生在持续强度的刺激中克服体能的困难和运动中的“极点”，能够培养学生“意志顽强、超越自我、勇于进取”的体育精神。教师看到学生手抵膝盖，表现出疲劳的状态时，及时运用了踏步进行调整；在专项体能练习结束后，运用了心率监测，给予了学生自我调整的空间。通过调整运动负荷的方法，让学生在无形中提升了对运动强度和密度的调控能力，不仅加深了学生科学健身的意识，更在持续一定强度的体能练习中磨砺了学生的意志品质。

4. 以德育时机的及时捕捉，加强对职业体能的关注

（1）教学片段

学生在“敏捷灯”练习的后半程，出现了脚步放慢，面色凝重，甚至有部分同学未按要求完成练习的情况。为了激发学生的学练兴趣，教师以身为范，主动参与到学生的练习中，并在此时及时教育学生职业体能对于未来工作岗位的重要性。

（2）课程设计思路

在授课过程中，教师要善于观察，及时跟进、及时控制和捕捉有利的德育“契机”。通过有效调动学生的好胜心和竞争意识，激发部分学生的内在潜力，从而完成自我突破。

职业体能对于中职学生未来可能从事的工作岗位有着重要作用，学生不仅要具有较高的职业技术操作能力，而且还必须具备较强的职业体能。

体育学科的德育是蕴藏在身体活动之中的，教师要充分认识到教学过程中的不可预测性，学会观察，及时跟进，才能完成立德树人的根本任务。

5. 以职业特点为基础，培养良好的健康行为

（1）教学片段

在跟随音乐进行拉伸放松练习时，部分学生出现动作散漫、交头接耳、注意力不集中的情况，教师适时强调应用化工技术专业的特点是需要注意力高度集中以及良好的心理素质来进行生产和实验，因此学生更需要注意精神的集中和身体的放松。

（2）课程设计思路

应用化工技术专业需要长时间高强度的注意力集中和体能消耗，跟随音乐的拉伸放松有着独特的释放压力的功能，能够使人获得安宁的情绪，降低对压力的应激反应，同时能够放松紧张的肌肉与神经系统，将我们从精神压力中释放出来。教师抓住时机提醒学生学会在合适的时候选择科学、有效的解压方法。

案例2

英语课上自信表达，激发爱国情怀

上海信息技术学校　杨柳

一、基本信息

专业：分析检验技术

课程：英语

课题：A Dream Trip

教学对象：中职一年级学生

教学内容：本节课要求学生在掌握动名词短语的基础上，能够说出 My dream trip is + V-ing +some place 这个表达梦想之旅的基本句型。根据中职英语课程标准的要求，本课中关于动名词短语的学习，只要给予学生充分的语言输入，使其能够理解这样的语言搭配，能按照句型结构说出自己的梦想之旅即可。

二、思政目标和思政价值

思政目标❶：激发对祖国大好河山的热爱和民族的自豪感。

本课的教学主题是 A Dream Trip，学生通过阅读一篇文章了解到一个家庭的梦想之旅。通过本课的学习，学生可以了解到一些中外著名的旅游景点，拓宽自身的国际视野和见识，也可以激发对祖国大好河山的热爱和民族的自豪感。

思政目标❷：展示文化自信，以此激发学生对未来美好生活的向往和追求。

通过小组合作的方式，培养学生的团队合作意识和互相帮助、共同协作的能力，增强学生的集体意识。课后的作业通过小组合作汇报的形式来完成，在此过程中，学生分工合作，共同协商探讨，培养团队合作能力，同时应能够使用简单的英语介绍祖国的著名景点，展示对中国文化的自信。另外，通过对旅游景点的认知而提高旅行路线的策划能力，激发学生对未来美好生活的向往和追求。

三、教学设计

1. 设计理念与意图

本案例的教学内容出自华东师范大学出版社的中等职业学校教材试用本《英语》第一册 Lesson 8 A Dream Trip。本课开始以旅游景点为切入点，介绍中外具有代表性的旅游景点。对国外景点的介绍可以开阔学生的国际视野，同时通过对中国名胜古迹的介绍，可以帮助学生感受祖国河山的美丽和历史文化的深厚。本课的重点是通过阅读一篇文章，来了解一个家庭的梦想之旅。在学习的过程中，通过小组合作的方式，可以增强学生的合作意识、提高其团队协作的能力。对于学困生来说，小组合作也可以减轻他们畏难的心理压力。课后作业要求小组设计一个结伴出游路线并用英语汇报。学生在查找资料的过程中，即可感受祖国山河之美，增强民族自豪感，提升文化自信。

2. 教学分析

本次授课的班级为本校分析检验技术 214201 班级的学生，全班共 30 人。英语考试成绩出现两极分化现象，最高分与最低分相差 50 分左右，本班的平均分在 60 分左右。但是本班学生比较质朴，愿意听从老师的教导，学生态度较为端正，希望提高自己的英语水平，因此在教学设计时采用小组的方式，既可以降低学困生的焦虑、畏难心理，也可以调动学优生的学习积极性，发挥“小老师”的作用。

本节课要求学生在掌握动名词短语的基础上，能够说出 My dream trip is+V-ing+some place 这个表达梦想之旅的基本句型。根据中职英语课程标准的要求，本课程中对动名词短语的学习，如 driving across Europe, visiting Antarctic, having a space tour，不需要过多地进行语法方面的解释，只要给予学生充分的语言输入，使其能够理解这样的语言搭配，能按照句型结构说出自己的梦想之旅即可。通过本次课的口语对话、阅读文本、听力理解、写出文章中的旅行内容等一系列的练习和巩固，大部分学生应该能够掌握这种语言结构的用法，基本上能够比较简单地表达自己的意愿、想法和态度，体会到语言作为表达工具的特点。能力好的学生还可以更进一步地拓展，开展评论和旅行设计等更加个性化的活动。

3. 教学过程

本次课程主要采用任务教学法，分为读前，读中和读后三个环节。

（1）读前

读前部分是以口语和听力活动为主，学习一些基本的语言知识，包括单词和句型的铺垫。教师介绍个人的旅游经历以导入本课主题，并邀请学生介绍自己旅行过的地方。在学生看图片、猜地名的过程中，学习本课出现的地名。通过介绍事先采访过的几个学生的梦想之旅，展现动名词的用法及本课句型。接着学生需要完成听力配对练习、双人对话、仿写句子，和在众多句子中进行选择、表达等活动，来巩固和练习基本句型。在这个阶段，教师对不同能力水平的学生具有差异化的要求，学优生可以表达个人的梦想之旅的内容及原因，学困生只要能用句型表达个人梦想之旅的内容即可。

在此过程中，教师通过图片或视频的方式，对中外著名风景名胜进行介绍，学生亦可分享自己的旅游经历，介绍一些旅游的景点，并了解其相关的背景知识和英文名称，从而拓宽学生视野，丰富学生的见识，培养学生热爱自然，热爱文化传统，并且激发学生热爱和保护祖国大好河山的感情。本阶段可以通过口头陈述的方法，对思政目标进行考查。

（2）读中

在阅读活动过程中，主要采用 Question Masters 教学方法，如表 1 所示。首先要求学生先对阅读内容进行自学，写出个人感兴趣的五个点，再将这五个点变成一个特殊疑问句，然后通过小组合作的方式进行分享和协商，确定小组的五个最佳问题，进行润色修改，最后在全班范围内进行各小组间的提问比赛，答对问题的组获得 1 分，提出别组答不出的问题，则提问组得 1 分，每组依次提问，最后得分最高者胜。这项活动既要求学生的自我学习，也要求有小组合作的过程。在各小组的问题提问过程中，学生能够熟练掌握整个文章的内容。学困生在小组活动中可以获得帮助，减少畏难心理，学优生也可以发挥带头小老师的积极作用。

表 1　Question Masters 教学方法

Your interests	Your questions
1.	
2.	
3.	
4.	
5.	

本阶段主要培养学生的自我学习的能力和小组合作学习的能力。学生既要能在独立阅读中思考，提取文中的关键信息，提出问题，又要能在小组合作协商中，挑选出适合的问题，列出问题清单，从而在提问和回答的比赛环节中，帮助小组取得好成绩。在此阶段中，教师要为学生介绍学习的要求和比赛规则，使学生能够按要求进行学习。教师在各个环节中进行必要的引导和支持，通过观察等方法随时进行过程性评价，从而使此阶段的思政目标得到落实。

（3）读后

在阅读后的活动中，通过一个听力理解再次对文章中的细节内容进行补充，完成课本上的练习题目，巩固阅读活动中的内容。此时，学生对家庭之旅有了较为全面的认识，可以鼓励学生发表个人对这个家庭旅行好坏喜恶的看法，并进行简单的原因阐述。最后的作业则是让学生以小组为单位，设计一个结伴旅行计划，确定基本的旅行活动内容和计划。

本阶段思政目标还是侧重在学生的团队合作方面。学生需要通过协商讨论确定结伴旅行的目的地、行程、住宿、花费等相关问题，并且需要分工合作搜集信息，制作 PPT 汇报作业。在此过程中，学生的团队合作能力和意识都将有所锻炼和提升，同时也激发了学生对未来美好生活的向往。在汇报作业时，学生用英语进行表达，介绍中国具有特色的文化或风景，增强学生的文化自信。教师在此过程中为学生提供思路和方法，并且在过程中提供适当的帮助。通过学生的作业汇报，来对学生的思政目标进行评价和反馈。

4. 教学成效

1）学生在读前阶段，已经具备了一定的关于旅游方面的生活经验，通过教师的鼓励，很多学生都可以分享自己过去的旅游经验，分享在旅游当中见到的祖国的美景和丰富的人文景观，很显然，这些经历已经在学生的生活经历中留下了清晰的痕迹。通过教师的介绍，学生学习到一些著名的旅行景点的英文名称，通过对这些景点的简单介绍，开阔了学生的国际视野和见识，也激发了学生对祖国大好河山的热爱和民族自豪感。学生纷纷表示只要有机会就要去看看这些美好的景色。

2）在读中阶段，学生既要通过个人的自学，也要通过小组合作的方式对阅读文本进行学习和分析，并且一起协商合作，为小组制定一个根据文本内容所设计的问题清单。在此过程中，学生的团队合作意识和共同协作的能力得到了锻炼和提高。在回答问题竞赛环节，学生也积极地回答问题，为各自的小组争分添力，此过程中也增强了学生的集体意识和集体责任感。

3）在读后阶段，学生对本课所学的内容进行总结和分析，并且学会评价不同生活的方式，提高了学生的归纳总结和思辨能力。课后作业同样通过小组合作汇报的形式来完成，学生需要分工合作、协商探讨、制订计划、完成汇报，培养锻炼了学生的团队合作能力和沟通协作能力。在汇报作业的过程中，学生用英文来表达我国的一些景点和文化，提升了学生的文化自信，也激发了学生对未来生活的美好憧憬。

5. 反思诊改

本课中对思政目标评价的方法和成效还有待进一步细化。学生对于旅游经验的内化和情感的升华，比较难以量化的方式呈现。另外，学困生在读中环节，因为学习水平和文本难度的原因，在选出兴趣点和设计问题环节时容易遇到困难，进而导致在小组甄选问题的过程中参与度较低。对学困生的合作学习能力、分工协作能力的培养，还需要更加细致地分解和设计。还有，在作业汇报阶段，学生对于自然与人文景点的文化内化和理解，还需要进一步落实和激发学生的反思，使学生在心目中对这些文化留下痕迹。

为解决这些问题，可以在日后通过设计和添加《学生自我评价表》和《互评表》的方式使得学生对课堂所学和课后作业收获进行一个反思和评价，借助自我评价、生生互评和师生评价的方式，使得学生能够增加一个思考的过程，从而使思政目标达成一定程度上的内化。

四、经验总结

思政的目标达成是一个润物无声的过程，在教学和学习的过程中，应当与课堂内容形成比较融洽的结合。教师应当更加细致地挖掘课程内容与思政的结合点，在教学中增加必要的教学环节，激发学生的思考和情感上的认同，从而顺利地达到教学目标。

英语的学习可以帮助学生拓宽视野和见识，帮助学生认识世界，同时我们也要反视自己的文化认同和价值观。我们之前的英语学习更倾向于单向地向外学习，现在我们也需要将视角转向自身，通过比较语言、比较文化，认识到我们自身的文化特色、文化传统和优势，更加自信地表达自己，更加自信地站在世界的舞台上。

案例3

完成城市观光主题，体悟文化自信

上海信息技术学校　刘娜娜

一、基本信息

专业：数字媒体技术应用

课程：英语 1

课题：A City Tour

教学对象：数字媒体技术应用管乐特色班一年级学生

教学内容：本课是以口语为主，词汇句型为辅的课，主题是城市观光，内容选自华东师范大学出版社出版的中职英语第一册第六课 A City Tour。

二、思政目标和思政价值

思政目标❶：了解文化多样性，体会城市精神内涵，追求美好生活。

围绕给定的景点和景点地图，小组可以选取建筑特色、历史文化特色、美食特色、购物特色等，先展开即兴对话，后共同完成一条路线的设定。学生在习得语言知识、发展语言能力的同时，根据收集的资料发现城市的精神和文化。

思政目标❷：了解民族历史，激发爱国情感与文化自信。

学生搜集内容和准备路线的同时，先了解每一个景点所承载的文化内容，如外滩历史与现存风貌，在历史长河中承载了很多故事，建筑的美不仅仅存在于特别的设计，还存在于给人们带来的历史气息等，结合自己的学习与经历，提高兴趣，发现身边的美，体现城市自信、文化自信，也明白本课学习输入是以实现有效交际沟通为目的，吸引更多游客来共享城市的精神文化内涵。

三、教学设计

1. 教学理念与意图

城市景点的了解与介绍，是对学生基础表达的一种锻炼，也是让学生关注身边事物的一种很好的方式。在模拟真实情景的过程中，学生可以围绕课文内容自由发挥，在小组讨论与交流中，规范词与句式的使用。从输入到输出安排了 2 课时，重点内容有 3 项，一是掌握景点表达，二是学习句式与对话，三是设计路线与介绍，让学生通过这一过程掌握词汇与句式的同时，根据不同的文化与精神内涵设计路线，与同组和他组一起，挖掘景点背后的精神。

2. 教学分析

受之前教育阶段教学模式影响，多数学生虽具备一定的英语语言基础知识，但语用知识贫乏；具备一定的口语能力，但运用恰当的语句内容进行自由表达能力尚需提高；具备一定的应试能力，而综合运用英语能力较弱，如在表达活动或计划安排时，语句用词比较缺乏；少数学生具备较强的自主学习能力，可以在教师的引导下通过完成线上学习任务，但大部分学生辨识、筛选和整合在线资源的信息素养有待进一步培养。

3. 教学过程

教学过程如表 1 所示。

4. 教学成效

对话学习对学生来说比较容易，而路线设定，学生需要很多提示语才能完成演讲。在路线呈现的过程中，学生可以提问，可以设计一些交互式的内容，达到更好的交流效果。学生在景点介绍和路线设计中，体现出了思政与外语学习的有效结合，利用自己的双语优势，做好当代外语学习者的文化传播工作。

5. 反思诊改

各小组在设计路线的同时，引导挖掘景点背后的人文历史和故事，让路线呈现出更多的内容，将一个城市带给学生、带给游客的感受放在景点当中，关注身边的美，寻找景点的故事，找到历史文化对当今的影响，使得文化自信、城市自信、国家自信从一点一滴积累起来。

表 1　教学过程展示

<table>
<tr><th colspan="2">教学环节</th><th>教学内容</th><th>教师活动</th><th>学生活动</th><th>设计意图</th></tr>
<tr><td>课前</td><td></td><td>在教学平台上完成学习任务：
（1）上海景点英文名称：图文匹配、中英文匹配；
（2）交通方式表达：中英文对照学习；
（3）景点介绍视频：观看并找出吸引自己的地方</td><td>在教学平台推送预习任务单和学习资源包，内容有：
（1）发布有效内容、检查后台并及时反馈；
（2）提供对照表，鼓励学生互查学习；
（3）按本课内容对视频进行筛选和过滤</td><td>（1）通过教学平台观看老师推送的教学内容，并完成小测；
（2）完成小组任务并在教学平台上上传成果，推选出小组发言人</td><td>在学生预习和交流的过程中，可以让学生提前感受本课学习的内容，为课堂活动做好充分准备。对景点的初步认识，有助于加深学生挖掘出景点背后更多的故事</td></tr>
<tr><td rowspan="2">课中</td><td>活动一：小组展示预习成果，师生互动点评</td><td>在地图上标出上海一些热门、著名景点，列出景点特色
各小组依次展示项目任务，介绍“我所了解的景点”：
• the Bund
• the maglev
• Shanghai World Financial Center
• Nanjing Lu Shopping Street
• the Oriental Pearl TV Tower
• Yuyuan Garden
• People’s Square
• Jing’an Temple</td><td>（1）引导学生反观预习小测结果，进行预习质量的评估。
（2）组织展示，指导学生对评价的依据进行合理协商，引领学生进行科学评价，这也是思政元素教学有效性评价的客观依据。<table><tr><td>景点</td><td>匹配正确 40 分</td><td>介绍正确 30 分</td><td>展示自信 30 分</td></tr><tr><td>得分</td><td></td><td></td><td></td></tr></table>教师点拨：小组合作很好，熟悉景点是了解这座城市的前提，也是培养观察力、不断发现身边美的前提</td><td>（1）在教师鼓励下进行预习质量的评估和反观。
（2）在教师启发下根据预习内容，给出评价依据，友好而客观地互评作业，养成良好的评价习惯。
（3）体会了解与熟悉是交流的前提，也是培养恰当交际的前提</td><td>（1）预习小测的评估和反观可以让中职生养成注重质量的学习习惯。
（2）小组展示城市景点，可有效激发学生的学习兴趣，培养小组合作的能力，也让学生体会熟悉景点是了解这座城市的前提，也是培养观察力、不断发现身边美的前提。
（3）项目化教学可以更好地培养学生乐于学习、乐于表达的勇气，友好而客观地互评是需要专业知识支撑的</td></tr>
<tr><td>活动二：按照教材上的任务，课堂完成，巩固景点内容</td><td>挑选一个景点进行 3 分钟左右的介绍</td><td>教师巡逻指点</td><td>学生根据例句格式，每组挑选一个或多个景点，按照例文和刚才师生点评要点，组间相互介绍</td><td>培养学生根据所学现场语言组织与表达能力</td></tr>
</table>

续表

教学环节		教学内容	教师活动	学生活动	设计意图
课中	活动三：根据学生介绍，结合课文对话，学习路线设计描述	（1）课文对话中的两条路线有什么特色？ （2）两条路线如何结合景点的内容？ （3）向他人介绍路线特色时，要遵循的原则： 一是合适的对话用语（看交流的对象是谁）；二是路线介绍时清晰明了；三是突出路线特色（取决于准备介绍的路线以什么为特点，如建筑特点、历史故事、红色旅游、美食文化等） （教师补充不同特色路线的介绍，在教学平台上或现场准备好资源） （1）对话学习。 • 引导学生寻找表达需求与解决需求的语句 • 说说这些句子在交际对话中起到的作用 （2）路线设计的元素：特色体现出了什么、可以有哪些特色？ Confidence in: culture, city, country… Beauty in: culture, buildings, customs, cities, country… 除关注语言知识本身的正误，还关注语言承载的价值。例如，某位学生在谈论历史文化特色路线设计时，关注到红色旅游路线，且红色旅游路线在目前的城市观光中很受欢迎，于是设计了一位初次来上海的外国游客要了解一些主要景点，希望学生能够安排一天的观光，以领略为主，了解一些景点背后的历史故事和传统文化	发动讨论，教师点拨。补充景点特色，尤其是能体现出城市、人文、情怀、历史、精神等的特色，结合学生专业与学习，如演出去过的地方、团学活动参观过的地方、专业摄影设计取材过的地方等，进一步熟悉身边的城市，了解城市景点的精神内涵	对照对话，在老师带领下，利用线上线下地图，小组讨论思考如何设计一条有特色的路线	（1）由向学生的输入自然过渡到学生自觉输出。 （2）将对话学习与实用交际结合在一起。 （3）培养学生在小组内与小组间讨论时倾听需求与回应的交际原则

续表

教学环节		教学内容	教师活动	学生活动	设计意图
课中	活动四：课堂小结，理顺逻辑，规划好路线，写出要点，为课后作业做准备	完成任务评价表	利用投影或投屏，将小组路线呈现出来。作为观众，将自己代入到需求者的角度，理解和倾听学生的设计，并给出反馈	小组自评与互评，展示介绍内容	学生在交流和设计主题路线的过程是提炼出本条路线的文化或精神内涵的过程；通过其他同学和老师的反馈，可以让学生对所了解的景点有更多的认识，并且在别人的诉求和倾听中达成有效沟通
课后		为某旅行社设计并完善特色路线，吸引更多游客来参观	发布内容	学生搜集内容和准备路线时，先了解每一个景点所承载的文化内容，如外滩历史与现存风貌，在历史长河中承载了很多故事，建筑的美不仅是由于有特别的设计，还存在于给人们带来的历史气息；如豫园现代商品与历史建筑并存，和谐包容，给游客谦和大气、兼容并包的风貌；如上海景点的美食，从南京西路到南京东路，小吃、零食、饭店，无一不体现出了人们的生活……	学生结合自己的学习与经历，发现身边的美，体现城市自信、文化自信

四、经验总结

学生认真倾听小组成员的分析与表达，共同合作设计出路线，其他小组倾听汇报和设计，为小组成果鼓掌，体现出了倾听需求与回应的交际原则。

各小组在设计路线的同时，通过挖掘景点背后的人文历史和故事，找到历史文化对当今的影响，积累文化自信、城市自信、国家自信。

学生可以结合自己的演出经历，为自己的数媒设计准备素材，体会这所城市的包容大气，在互相交流的过程中发掘城市的美。

通过本课次，教师认识到可以提高的地方：

可以设计一些学生间交互式的提问内容，以达到更好的交流效果；本堂课时间有限，学生设计路线时不能完全按照设定来完成。

体会城市的内涵与文化不是一次课所能实现的，但是结合学生的实际参与演出和设计，可以让学生在真实情境中运用语言。

案例4

研究励志公式，领会努力与收获的关系

上海信息技术学校　胡雨欣

一、基本信息

专业：智慧物流

课程：数学

课题：指数函数的图像与性质

教学对象：商务管理系智慧物流专业213G01班一年级学生

教学内容：讲解指数函数的图像、总结指数函数的性质。

二、思政目标和思政价值

思政目标❶：“勤学如初起之苗不见其增，日有所长”“堕学如磨刀之石不见其损，日有所亏”。

本课程以“励志公式”为依据，让学生通过“励志公式”悟出“勤学如初起之苗不见其增，日有所长”“堕学如磨刀之石不见其损，日有所亏”的道理。通过这个谚语，帮助学生学习指数函数图像的特点，加深对函数图像的记忆。

思政目标❷：领悟量积累到一定程度会引起质变的思想。

每天坚持自律，坚持进步，才能遇见更好的自己。让学生懂得努力的重要性，从而能够对人生作更好的思考与规划，不断努力地进取，越努力越幸运，终将遇见更好的自己。

思政目标❸：通过探究性问题，感受数学知识在专业中的价值。感受数学应用的魅力，增强民族自豪感。

通过快递业务量飞速增长的数据，让学生结合物流专业的发展引发思考，提升学生的专业认同感。与此同时，通过快递业的发展让学生感受我国经济的飞速发展，增强民族自豪感。

思政目标❹：培养学生的辩证思维及利用客观数据进行缘事析理的思维。

让学生体会到利用科技手段提升工作效率的优势，鼓励学生积极主动探索新事物。

三、教学设计

1. 设计理念与意图

数学中的概念、性质、公理、公式等本身蕴含着丰富的哲理知识，数学知识与实际生活中具有密切联系。因此在实际教育教学中，善于结合具体的数学知识，借助典型的教学案例融入思政教育元素，深化学生对具体数学知识的理解，可以促进学生对于数学知识的高效应用，也可以促进学生综合素养的提升。

课程融入思政育人教育可进一步培养学生科学严谨的治学态度，逐步引领学生在数学学习中树立正确的世界观、人生观和价值观。

本节课选自上海教育出版社中等职业教育教材试用本《数学》第一册，第四章第二节的内容“指数函数的图像和性质”，从中体会一个很重要的人生哲理。

$$1.01^{365}=37.8$$

$$0.99^{365}=0.03$$

“积跬步以至千里，积怠惰以致深渊”。这条等式明明白白告诉人们这样一个道理：哪怕每天多做的这一份努力毫不起眼，只要你坚持不懈，定能得到千分收获；不进则退，你只多一分怠惰，千分成就都会亏空。只比你努力一点的人，其实已经甩你太远。

除了这个公式之外，也可以通过指数函数图像的单调性，看出努力越多收获越大，越努力越幸运。

本节课通过讲授函数图像，促使学生在学习数学知识的同时也明白一定的人生道理。

无论是在学习或工作生活中，功利地根据能否快速获得效益而选择努力与否，这个做法并不可取。所有的成功绝不仅靠偶然，我们应调整好心态，任何时候都努力踏踏实实走好每一步，未来厚积薄发，成功就成为必然。努力越多，收获越大，可谓是越努力越幸运。让学生行动起来，为自己而努力。

2. 教学分析

课程分析：指数函数是中职数学课程中的重要内容，通过指数函数的探究及应用，培养学生数形结合思想，提升建模解模释模能力。

学情分析：学生所属为中职一年级智慧物流专业，已经学习了函数的奇偶性、单调性，以及指数函数的基本概念。部分学生数学学习能力弱，数学学习兴趣较低，动手能力较弱。

知识目标：绘制指数函数图像，总结指数函数性质；运用指数函数解决简单的实际问题。

能力目标：纸笔作图与软件作图相结合提升作图能力；通过软件观察不同底数的函数图像的变化，总结函数指数图像的性质；以我国 GDP（gross domestic product，国内生产总值）数据为基础，展示指数函数模型建立的过程。

态度目标：软件为学生提供了探究发现的平台，提升学生成就感；通过指数函数图像的性质，让学生懂得“勤学如初起之苗不见其增，日有所长”“堕学如磨刀之石不见其损，日有所亏”，以及努力越多，收获越大，从而体现数学在对学生德育方面的影响；通过探究性问题，感受数学知识在经济生活中的价值。

教学重难点：通过指数函数的图像，总结指数函数的性质。

3. 教学过程

任务 1：数学励志公式中，365 次方代表一年的 365 天，0.01 代表每一天的努力；1.01 表示每天多做 0.01，0.99 代表每天少做 0.01；365 天后，一个增长到了 37.8，一个减少到 0.03，这就相当于人生的路程，每天多努力一点点，积少成多，就会带来质的飞跃；每天稍微懈怠，天长日久将一事无成，失去力量。

我们可以将它转化成数学语言，开始是 1，每天进步 0.01，第一天是 1.01，第二天是 1.01^2，第三天是 1.01^3，依次类推，第 365 天就是 1.01^{365}。每天退步 0.01，第一天是 0.99，第二天是 0.99^2，第三天是 0.99^3，依次类推，第 365 天就是 0.99^{365}。

在 Geogebra 软件中，以 1.01 为底画出第 1 天、第 10 天、第 100 天、第 200 天、第 365 天对应的点；同样地，以 0.99 为底，画出第 1 天、第 10 天、第 100 天、第 200 天、第 365 天对应的点。

通过软件中的点描绘的曲线，可以看出，每天进步 0.01，慢慢积少成多，在一年之后，就会有质的飞跃；每天退步 0.01，刚开始没什么感觉，但是一年之后就会被甩在很后面。

总结：勤学如初起之苗不见其增，日有所长；堕学如磨刀之石不见其损，日有所亏。

任务 2：分析特殊的 $y=1.01^x$ 和 $y=0.99^x$ 的图像性质。

教师：通过上述的点，可以研究函数的图像，分别以 1.01 和 0.99 为底，作图时按照步骤，列表描点做题。可以在软件中将画出来的点用光滑的曲线连接，从而得出函数图像。

通过软件中图像的呈现，学生可以总结出图像的值域、单调性、奇偶性、最值。

学生：$y=1.01^x$ 图像是上升的，每天努力，我们收获的就会越来越多；$y=0.99^x$ 图像是下降的，每天退步，我们收获的就会越来越少。

任务 3：分析一般函数 $y=a^x$（$a>0$ 且 $a\neq1$）的函数图像以及性质。

教师：刚刚讲了底数为 1.01 和 0.99 的图像和性质，那么对于底数是其他数，曲线特征如何？又有什么样的性质？

通过 Geogebra 软件，建立含参数的指数函数，并对底数 a 建立两个滑动条，一个是 $0<a<1$,一个是 $a>1$。通过滑动，a 发生变化，得出函数的图像，进而让学生总结，函数的图像特点以及性质。

学生：当底数 $0<a<1$ 时，图像的走势与 $y=0.99^x$ 的相似，图像的性质也与其一致。

当底数 $a>1$ 时，图像的走势与 $y=1.01^x$ 的相似，图像的性质也与其一致。

教师：同学们总结得非常好，那么在遇到指数函数图像的问题时，大家都可以联系励志公式，回忆它的图像和性质。

当底数 $a>1$ 时，如果 a 逐渐增大，那么函数图像又有什么变化呢？

学生：函数图像位于 y 轴右侧的部分，随着 a 的变化而变化，a 越大，函数上升的速度越快，图像越陡峭。

教师：大家总结得非常棒，联系到我们平时的学习生活，大家可以得出什么结论呢？

学生：a 可以看成我们每天努力的量，努力得越多，我们收获的也就越多。

教师：非常棒！只要我们每天都努力，每天肯定都会有收获，而且努力得越多，收获也就越大，越努力越幸运，我们终将遇到更好的自己。

任务 4：拟合快递业务的增长函数，预测未来几年的快递业务量。

让学生观看快递发展视频，给出学生近几年来快递业务量的增长数据，让学生将数据建立拟合函数，并预测未来几年我国的快递业务。

学生通过视频可知，我国快递业务量的增长是指数型函数的增长，在课程中引导学生将实际问题转化成数学问题，建立数学模型，并在这个过程中培养学生建模、解模、释模的能力。

4. 教学成效

为了使学生从知识上、能力上、思想上尽可能地得到发展，在创设情境上由问题引入，让学生运用软件直观地学习指数函数的性质。在教学过程中，采用由特殊到一般，遵循学生的认知规律。在教学方法上，主要采用了以学生活动为主的启发式教学，将主动权交给学生，充分体现了学生是课堂的主人，教师起到引导者、组织者的作用。在教学手段的选择上恰到好处地利用教学软件，将抽象的事物以动画等形式表现出来，学生实际操作软件，非常形象和直观，真正起到一望便知、印象深刻的作用。在教学的过程中，不断地引导学生，让学生自己总结数学中映射的人生哲理，既扩充了学生的数学知识储备，又引导了学生改善自己的思想观念，在学习专业知识的过程中还可以梳理正确的人生观和世界观。

通过学生对励志公式的深入研究以及软件的演示，学生可以得出，每天都努力进步，不久的将来，就会突飞猛进。让学生通过函数图像的变化，底数 a 越大，上升的速度越快，图像就会越陡峭，表明努力得越多，收获就会越多。学生能够从课程中感受到努力学习的重要性。另外，结合行业数据，通过拟合函数让学生了解快递业务的发展趋势。

5. 反思诊改

在整个教学过程中，始终体现以学生为本的教育理念。在学生已有的认知基础上进行设问和引导，关注学生的认知过程，强调学生的品德、思维和心理等方面的发展。重视讨论、交流和合作，重视探究问题时习惯的培养和养成。虽然在课前通过各种渠道做了充分的准备，但是由于各种原因也出现了一些问题。比如，学生对数学软件的使用不够熟练，课后还需要多多加强。学生对于数学知识中的人生哲理不够清晰，还需要多引导才能得出结论。平时在数学课中的思政内容还需要多多渗透。

四、经验总结

教师是学生价值观教育的引路人，很多数学知识中都蕴含着人生哲理，在今后的数学教学过程中，在讲解数学知识的同时，均要注重对学生德育方面的正向引导，课程安排从特殊到一般，内容层层递进，情感态度目标也在逐渐升华，让学生感受到生活中处处有数学，在学习数学知识的同时，也能让思政润物无声地给予学生人生的启迪、智慧的光芒和精神的力量，引导学生养成正确的世界观、人生观、价值观。

案例 5

读《精益求精 匠心致远》，树立使命感与责任感

上海信息技术学校　武敏

一、基本信息

专业：工业机器人技术应用

课程：心理健康与职业生涯

课题：精益求精 匠心致远

教学对象：中职一年级学生

教学内容：《精益求精 匠心致远》一文位于职业教育国家规划教材《职业生涯规划》（第五版）第二单元第一课，学生知晓了本专业所对应的职业群及社会价值，在理解岗位要求的职业素养基础之上，需进一步理解新时代背景下产业升级对从业者素养提出的更高要求。工匠精神强调细致、勤奋和追求卓越的价值观。本教学案例针对我校智能制造类专业的中职生设计，让技能型学生深刻感悟工匠精神对于中国制造、民族复兴的伟大意义。而中职学生正处于人生的“拔节孕穗期”，他们的价值观、人生观、世界观正逐渐形成，需精心地栽培与引导，培养高素质的技术人才也正是顺应新时代中国建设之需要。本案例将工匠精神巧妙地融入教学中，系统创设工匠精神培育外化路径，内化学生价值观路径建构，两者互相融合实现对当今中职生工匠精神的培育与传承。

二、思政目标和思政价值

思政目标❶：政治认同。理解国家对制造业提出的一系列规划与纲要的意义。

通过参观调研，明白劳动精神、工匠精神是中国制造前行的精神源泉，也是中华民族的传统美德；通过案例分析、人物访谈，探讨工匠精神，让技能型学生深刻感悟工匠精神对于中国制造、民族复兴的伟大意义，增强为制造强国贡献力量的报国情怀和使命感。

思政目标❷：职业精神。树立追求卓越，做技能大师的生涯目标。

通过小组辩论，绘制榜样学长成长路线，树立“注重细节、追求极致”的职业精神和“匠心致远”的职业生涯发展观，激发主动提升自身职业素养意识。

思政目标❸：健全人格。培育克服一切困难，勇往直前的思想品质。

通过罗列工匠精神对工业机器人技术应用专业的具体要求，克服内在和外在的困难、阻力，积极践行工匠精神。

三、教学设计

1. 教学理念与意图

2019年8月，中共中央办公厅、国务院办公厅印发《关于深化新时代学校思想政治理论课改革创新的若干意见》提出注重推动思政课建设内涵式发展，要全面提升学生思想政治理论素养，实现知、情、意、行的统一。党的十八大以来，习近平总书记曾先后多次提及工匠精神，在党的十九大报告中，明确提出了弘扬工匠精神的要求，强调营造劳动光荣的社会风尚和营造精益求精的敬业风气。2020年11月24日，习近平总书记在全国劳动模范和先进工作者表彰大会上，阐明了“执着专注、精益求精、一丝不苟、追求卓越”的工匠精神内涵。当前，我国已进入新发展阶段，建设高素质劳动大军，建设科技强国，推动经济社会高质量发展，必须大力传承和弘扬工匠精神。

本案例以《中等职业学校思想政治课程标准（2020年版）》为指导，结合工匠精神的价值观念和中职思政课程的目标，通过议题教学的设计、议题教学情境的创设、议题教学活动的生成、议题教学的反馈与评价四个关键要素进行系统分析，真正促进中职生思考探究能力的形成，实现思想政治教育的价值引领，培育学生学科核心素养，为议题式教学实践提供经验。学生探索学习内容有助于解决真实情境中的问题，明白学习结果的意义。

2. 教学分析

（1）教材分析

本课选自职业教育国家规划教材《职业生涯规划》（第五版）第二单元第一课，需1课时完成。

（2）学情分析

1）学生心智特征分析。由于中职一年级学生的课程以文化基础课为主，对专业认知较抽象，遇到难题放弃解决过程，追求简单化操作。本课议题式教学和活动开展可以激发学生兴趣，转化学生思维习惯，落地学生行为表现。

2）学生已有分析经验。通过上节课的学习，明确了从业者的职业素养要求，工匠精神是职业素养的升华。通过课前测试，大部分学生能答出工匠精神的基本要求，但对于工匠精神的内涵理解及将工匠精神践行于专业学习中，需要进一步深化思考和学习。

（3）教法分析

本设计融合社会热点、新时代背景，设计线上线下教学活动，打造学生学习沉浸式的体验感，激发学生学习兴趣。

教法上，以学生为主体的理念，教学方法主要采用任务驱动、情境教学、体验教学法开展教学，在课前、课中、课后三个教学环节中，打造多维度的学习场景，学生通过由议题、情境、活动和任务四个要素形成的四条线索，核心议题为“为什么要人人争当工匠？”，在课堂架构中起引领和纽带作用；情境线由“看工匠一悟工匠一学工匠一做工匠”架构课堂载体；活动线由“小组演绎一商议总结一辩论展示一动手比拼”构成，架构课堂活动路径；任务线是“明确工匠精神的四个内涵一感悟新时代中国工匠的意义一学习身边的工匠一立足专业践行工匠精神”。

学法上，学生始终以自主学习、分组探究、团队协作、感受体验的学习方法，在真实教学中学习思考，达到知行合一。

教学结构如图1所示。

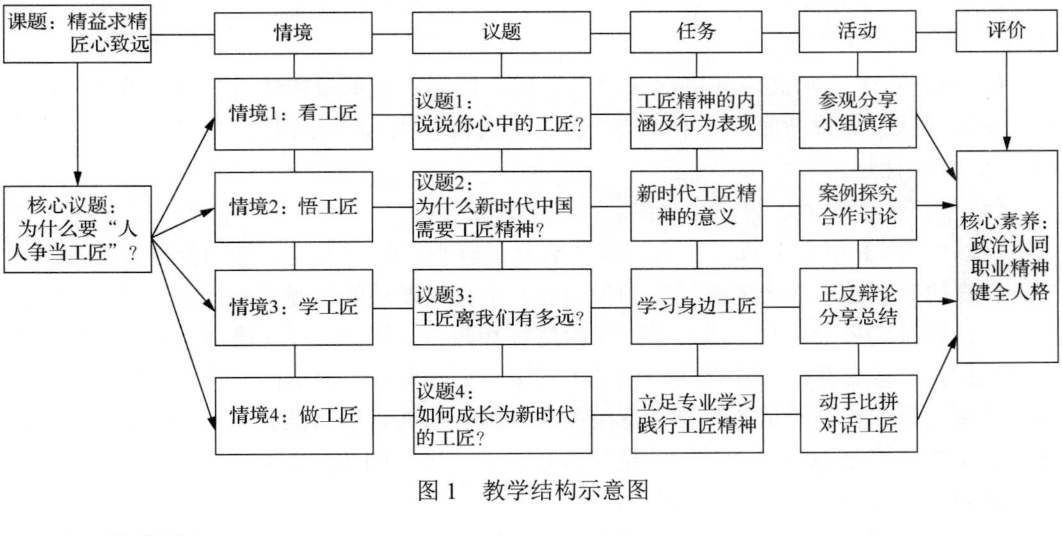

图1 教学结构示意图

3. 教学过程

（1）课前教学环节

课前教师通过学校“智慧学习空间”发布教学任务并引导学生分组逐步完成课前参观、调研上海工匠馆活动。本环节为后续的教学活动埋下伏笔，促使教学活动递进展开。

设计意图：通过观看、品读上海工匠馆的工匠事迹，对工匠精神有初步认知。

（2）课中教学环节

议题一：说说你心中工匠的样子。

【情境导入】以两位中职生的对话导入本节课，以动画形式渲染课堂情景。

小骊：小骏，上海工匠馆你参观了吗？我看了好激动呀，你喜欢哪位工匠？

小骏：看了看了，看到了爷爷经常给我讲的教练机制造者饶国章。1929 年，他制造出的“成功一号”教练机，除了发动机和必要的仪表等设备外，均采用国产材料制造，仅为原采购价格的三分之一。

亲爱的同学们，你们在工匠馆看到了哪些工匠？说说你心中工匠的样子吧？

【议学任务】通过课前云上参观工匠馆，学生分享工匠故事及感动的行为表现。

【议学活动】演绎、探讨、总结。

【设计意图】精心设计课前作业，通过学习回顾，引导学生分享、讨论总结工匠精神的故事及行为表现，初步达成本课知识目标，知晓工匠精神的四个内涵。更深刻感悟“工匠精神”表面上是工匠们对自己做出来的东西达到“精益求精”的要求，其实内核是一种追求十全十美的精神理念；蕴含着责任过硬的职业道德精神、敬业实干的职业品质，更有专注执着的精神特质。

议题二：为什么新时代的中国需要工匠精神？

【情境导入】小骊：我了解工匠的内涵了，可是在科技发达的今天，还需要工匠精神吗？

【议学任务】教师展现并讲解（中国近代、社会主义革命和建设时期、改革开放和社会主义现代化建设新时期、中国特色社会主义新时代）时代工匠人物图例，及讲解中国制造 2025 计划。

【议学活动】思考、分享、总结。

【设计意图】根据上海工匠馆的四个部分了解不同时期工匠精神的异同。把握“四史”教育的时代性，着力增强学生的使命感，学会用发展的眼光看待问题。了解新时代中国工匠精神的社会环境，激发学生家国情怀和政治认同感。今天稳居世界第一制造大国的地位，这背后都离不开不同年代的大国工匠们的坚守。但祖国的今天所需要的不是简单重复的操作员，而是更需要具备精益求精精神的高素质技能人才，也深刻感悟劳动精神、工匠精神是中国制造前行的精神源泉，中华民族的传统美德。

议题三：工匠离我们有多远？

【情境导入】小骊：我知道了中国制造 2025 背景下，机器人专业有许多新的机会。但我们是中职生，可以成为工匠吗？工匠好像离我们很远。

旁白：老师叫你们去连接导线。

小骏：走，先去实训室。

小骏：小骊，你看我这个导线接得差不多了吧，也能导电，再说了我只用了 2 分钟，就完成任务了，差不多就行了。

【议学任务】开展辩论赛——《差不多到底多不多》，并播放《身边的榜样》的视频。

【议学活动】辩论、展示、讨论。

【设计意图】通过学生辩论，提高学生思辨能力，澄清和升华时工匠精神的认知。明白具有工匠精神的人借助专注、精益等心理品质，在职业中找到了价值和意义。通过视频播放，学生分享身边榜样学长的成长的体会，知道我们离工匠不远，他们均具有“注重细节、追求极致”的职业精神和“匠心致远”的职业生涯发展观。

议题四：如何成长为新时代的工匠？

【情境导入】小骏：听了学长的故事，我也特别想成为工匠，要从哪里开始做呢？

小骊：那不如就先从手边连接的导线开始吧，看看我们比之前能进步多少？

【议学任务】现场连接导线活动；将学生分成四组讨论，引导学生反思，结合专业将工匠精神的内涵具体化，总结做得好的方面和改进经验分享。

【议学活动】动手比拼、总结分享。

【设计意图】通过学生再次动手连接导线活动，促发学生知行合一，学以致用。并以四个小组的总结，明确今后专业提升工匠精神努力方向，落地行为表现，突破教学难点。

（3）课后作业环节

课后活动延续并巩固提升。通过上传四周的行为打卡，记录自己最想提升的行为变化，评选出班级“工匠之星”。

4. 教学成效

思政课议题式教学评价坚持以学科核心素养为评价标准。为更好地发挥评价的功能，促进教学活动有效展开和落实，完整的教学过程包括议题活动结论的反馈与评价。为推动教学方式和学习方式的改进，注重评价功能的及时性、整体性、发展性。

1）及时性：有效的议题活动能最终落地，离不开活动结论的分析与反馈。教师要及时梳理课堂资源和学生观点，并将其转化为生成性的结论，帮助学生内化观点、升华感悟。在案例四个议题活动总结反馈时，教师结合智慧空间学习平台，总结出工匠精神的四个内涵、四个时期工匠精神演变时间线路图、鱼骨图呈现双方论点、可视化榜样生涯路线图。

2）整体性：满足对学生学习各环节、全方位的评价，准确判断学生学科素养发展水平，要有师生双边评价。对学生的评价功能，注重多元主体和多样化的评价。在本案例中通过“师评生”“生评生”“组评组”的方式最后推选出最佳小组和个人。

3）发展性：本校为每位学生都建立了成长档案袋，学生通过本课对工匠精神的系统的学习，再次将导线连接活动的生生互评分数上传到智慧学习空间。通过数据分析可以直观地知道有63%学生在长度精准部分中有进步，22%的学生在位置精准部分中有进步，15%的学生在余量精准部分有进步。在课后“小小工匠”评选活动中延续课堂效果，践行工匠精神，连续四周记录学生行为改善数据，强化学生自信，更新学科素养发展轨迹。

5. 反思诊改

1）跨界融合，推进协同育人。思政课、专业课老师共同备课，从学生专业、岗位、实际特点入手设计教学，深挖思政资源，实现同向同行，协同育人。

2）知行合一，落地学科核心素养。结合认知行为理论和本课教学目标融入教学任务，在议题的引领下，梯度情景教学任务促进学生认识、情感、行为的统一，落地学科核心素养目标。

3）信息化手段，丰富学习资源。通过信息化手段，丰富教学资源，营造学习情境，激发学生学习兴趣，落地学习过程，可视化学习评价。

四、经验总结

课程实施过程中要坚持育人为本和体现时代特征。结合学生实际生活经验，思政议题式的四大教学环节不仅提升了思政课堂的实效性，而且议题教学的质和核心是质疑和思辨，符合中职生在思维的逻辑、辩证思维处于优势发展特征。有序的议题活动促进、引发、展示了中职生的思考、认知水平和解决问题的能力。本议题式案例四个教学环节程序为他们提供了“思维框架”，满足他们自我意识的发展，并在教师创设的情境、议题、活动、评价中不断促进学生在质疑、批判、辨析中不断内化工匠精神的价值内涵，在建构知识体系、反馈评价中升级认知方式，走出“被绑架”的思维，做到知行合一，在专业学习中践行工匠精神，凸显出价值引领有重要意义。

在以工匠精神为例的中职思政课议题式案例中，突显了议题式教学的优越性，使思政课堂在掌握知识、形成能力、培育素养的多维融合发展的过程中变得有趣、有用、有深度，无形之中培育了中职生思政学科核心素养。

案例6

学习《民法典》，点亮美好生活

上海信息技术学校　冯淑红

一、基本信息

专业：电子商务

课程：职业道德与法律

课题：学习《民法典》，点亮美好生活

教学对象：中职二年级学生

教学内容：依法参与民事活动。

二、思政目标和思政价值

思政目标❶：政治认同。体会中国立法为民的宗旨。

通过了解人大代表参与立法的过程，通过议题探究，深刻体会到“民有所呼、法有所应，”中国的立法“从群众中来，到群众中去”，是真正的立法为民，形成政治认同。

思政目标❷：法治精神。养成遵法守法的习惯。

通过了解民法，认识民法，思考如何践行民法，初步培养法治思维，养成遵法守法的习惯，形成法治意识。

思政目标❸：公共参与。提升积极参与的主人翁意识。

通过社会调研《民法典》如何改变我们的生活，关注生活，感悟立法就在身边，提升主人翁意识，培育公共参与素养。

思政目标❹：健全人格。具备自信的心理品质。

通过分工合作完成调研，学会合作、学会有效学习、培养创新精神、养成自信的心理品质，提高适应社会、应对挫折的能力。

三、教学设计

1. 教学理念与意图

在设计本课题时，力求用培养学生思政学科核心素养来统领教学的各个环节，力求培养学生的政治认同、法治意识、公共参与以及健全人格的核心素养。在教学中贯穿了一条逻辑主线：《民法典》如何点亮我们美好生活？采用了“5E”教学模式，即通过课前吸引、探究，课中解释、迁移，课后评价的环节完成教学。教学方法采用任务驱动、角色扮演、分工合作、议题教学实现做中学、玩中学、做中悟、议中悟。本课次的“5E”教学模式过程如表1所示。

表1 “5E”教学模式过程

“5E”教学模式			
教学环节	教学要求	教师行为	学生行为
吸引	教师提出关于周围事物的一些问题，将学生引入学习状态，同时，了解学生的已有背景知识和相关概念	布置课前任务： 1. 完成《民法典》知识知多少调查问卷。 2. 观看“哪吒遇上《民法典》”视频，完成任务“遭遇以下情境应该如何做”。 3.《民法典》对我们的生活有何影响	表现出对问题的兴趣，经过思考确定如下选题： 选题一：绿色原则； 选题二：隐私保护； 选题三：社会公德； 选题四：公民权利
探究	学生制定计划进行探究，收集证据回答问题	课前给予指导： 1. 鼓励学生合作，给予间接指导，倾听学生想法，协助学生进行分组。 2. 为学生完成社会实践提供条件并进行观察。 3. 扮演学生顾问的角色，给予帮助和指导	1. 制定完成调查报告的计划。 2. 尝试按照计划进行调查报告。 3. 小组讨论计划的实施以及困难的解决方法。 4. 分工合作，完成调查报告。 5. 制作展示PPT。 6. 形成感性认识
解释	在学生探究和解释的基础上，教师正式明确概念、原理。在教师的指导下，学生使用新知识回答最初提出的问题	课中讨论、分享观点 1.《民法典》如何影响我们的生活？ 2.《民法典》为什么是“社会生活百科全书”？ 3.《民法典》收集建议和意见体现出了什么？ 4. 在学生课前感性认识以及课中的讨论基础上，得出结论，解释问题	1. 课上展示课前调查报告。 2. 微论坛小组讨论。 3. 得出结论、分享观点。 4. 倾听并试图理解教师提供的解释。 5. 由感性认识上升为理性认识
迁移	学生运用新知识、新概念解决新的问题	课中分工合作 1. 作为中职生应该如何践行《民法典》？ 2. 完成倡议书，思考如何公共参与	课中小组合作、完成任务、展示成果、倾听别组分享、理解教师归纳总结
评价	用正式或非正式的方法评价学生对于新知识、新概念的理解情况，包括新技能的学习情况	布置课后作业	利用观察结果、所得数据和已得的解释回答开放性的问题 制定实施计划与行动

2. 教学分析

本课例选自职业道德与法律课程。该课程为中等职业学校德育必修课之一，开设学期为二年级，旨在培养学生社会交往能力，提高学生的职业道德素质和法律素质，引导学生树立社会主义荣辱观，增强社会主义法治意识。

课程所用教材为由高等教育出版社出版的职业教育国家规划教材《职业道德与法律》(第五版)。教材内容分为五个单元，其中前两个单元为职业道德内容，后三个单元为法律内容，如图1所示。

图1　所用教材的内容体系

本课例教学内容为第五单元第十一课依法公正处理民事关系，第一部分依法参与民事活动。

本课例教学目标如下。

知识目标：了解《民法典》内容；理解《民法典》是一部社会百科全书。

情感态度价值观目标：充分认识民法重要性，树立遇事找法、解决问题靠法的法治意识；体会民法立法的人民立场，坚定政治认同。

运用目标：养成用法治思维解决问题的能力；具备分工合作的能力。

本课例教学重点如下。

《民法典》是一部社会生活百科全书；《民法典》对公民民事权利的保护。

学情分析：课前通过调查问卷、访谈等方式对学生学情进行了分析，学情主要表现为以下三个方面。

- 学习基础：学生大多对法律知识感兴趣，乐于分析社会生活中的具体案例。
- 学生通过新闻、网络等方式对《民法典》有了简单的了解，但是对于《民法典》的立法过程和立法内容如何体现以人为本的治国理念缺乏深度的解读，理解《民法典》人民至上有一定的难度。
- 通过一年级的学习，学生已经具备一定的团队协作能力和信息整合能力，能在任务引领下以合作的形式完成。

学习习惯：主要表现为善操作、喜实践、好网络，不喜欢理论灌输，喜欢信息化手段教学。

学习态度：表现为学习被动、不善表达、有畏难情绪。

因此本课例的教学难点为：理解《民法典》体现的“人民至上”的理念；增强日常生活中积极为国家立法建言献策的意识，提高参与意愿，实现知行合一。

3. 教学过程

（1）课前吸引（engagement）环节

课前教师提出问题，将学生引入学习状态，同时了解学生的已有知识基础。

通过教学平台为学生布置任务，激发学生学习兴趣。

任务一：完成“《民法典》知识知多少”问卷调查。

任务二：请学生课前观看“哪吒遇上《民法典》”视频，完成任务。思考遭遇以下情境应该如何做？《民法典》有什么解决办法和法律依据，寻找相关的法律条文，将答案上传至教学平台。

情境 1：未成年人“游戏充值”“打赏主播”可以返还吗？

情境 2：疫情等突发状况下，未成年人生活无人照料怎么办？

情境 3：遭遇高空抛物怎么办？

情境 4：未成年人遭遇性侵害怎么办？

任务三：请学生分组完成报告《民法典》如何影响了我们的生活。

（2）课前探究（exploration）环节

课前教师对学生进行支架式指导，倾听学生想法，鼓励学生进行探究。协助学生分组并确定选题。

选题一：绿色原则；

选题二：隐私保护；

选题三：社会公德；

选题四：公民权利。

为学生完成社会实践调查报告提供帮助，给予指导，并观察学生行为。

（3）课中解释（explanation）环节

课中解释环节完成议题一：《民法典》为我们带来了怎样的生活？议题二：《民法典》为什么能为我们的美好生活保驾护航？

教学环节如下。

议题一：《民法典》为我们带来了怎样的生活？

通过入情境、抛问题、展成果、深挖掘、达共识完成议题一。

【入情境】《民法典》“好人条款”背后的故事。

2017 年 3 月，被称为“《民法典》之魂”的《民法总则（草案）》提请全国人民代表大会审议。编纂工作专班的同志在汇总代表审议意见后发现，大家普遍对草案中“因自愿实施紧急救助行为造成受助人损害的，救助人不承担民事责任。但是救助人因重大过失造成受助人不应有的重大损害的，承担适当的民事责任”的有关规定十分关注，引发了热烈讨论。

有代表指出，做好事又让人承担责任，不太合适，不能让见义勇为者既流血又流泪。还有代表认为，紧急情况的发生具有突然性，见义勇为者自身也承担风险，让其承担赔偿责任将有损社会价值观，不利于鼓励见义勇为，可能导致无人施救的后果。

在立法过程中，某个条文遭到批评甚至反对的情况很常见，但在大会审议阶段，还有如此多且强烈的反对意见，让不少同志十分意外。代表的审议意见引起了专班同志的高度关注。大家对代表提出的意见进行了反复研究，一直忙到次日凌晨 3 点多才完成相关条文修改工作。经全国人民代表大会宪法和法律委员会审议，“好人条款”有关规定在综合考量后被修改为：因自愿实施紧急救助行为造成受助人损害的，救助人不承担民事责任。受助人能够证明救助人有重大过失造成自己不应有的重大损害的，救助人承担适当的民事责任。

但在后续审议时，代表们对修改后的“好人条款”还是不满意。法律委员会和专班同志充分尊重代表意见，经过热烈讨论及修改，这才有了我们最终看到的“好人条款”，即《民法典》第一百八十四条“因自愿实施紧急救助行为造成受助人损害的，救助人不承担民事责任。”

【抛问题】《民法典》如何改变了我们的生活？

【展成果】分组展示调查报告内容。

【深挖掘】请学生根据重庆检察主分院漫画《千古难题之老人摔倒扶不扶？张无忌也犯了难》进行角色扮演。

【达共识】《民法典》为我们带来了美好生活。

本环节中，通过学生完成调查报告展示成果，了解认识《民法典》培养学生的法治意识的思政核心素养。在调查报告完成与角色扮演中，鼓励学生克服困难，分工协作。培养学生的公共参与意愿和健全人格的思政核心素养。

议题二：《民法典》为什么能为我们的美好生活保驾护航？

通过入情境、抛问题、亮观点、达共识完成议题二。

【入情境】

情境 1：从《民法典》立法过程看，《民法典》编纂工作自启动以来，始终在党中央的统一领导下进行。党中央对编纂《民法典》的工作任务作出总体部署，提出明确要求，确保《民法典》经得起历史和人民的检验。一场广泛而热烈的“《民法典》大讨论”，成为法治中国的靓丽风景。无数中国公民多年来持之以恒地直接或间接参与。

《民法典》在编纂过程中组织者广泛、公开征求意见，到基层进行调研，凝聚共识，累计收到 42.5 万人提出的 102 万条意见和建议。

情境 2：全国人大代表、上海长宁“萍聚工作室”党支部书记朱国萍对参加《民法总则（草案）》的意见征询活动印象深刻。国外立法机构代表团成员在参观基层立法联络工作室后说：“没想到你们代表的联络办公室不藏在深宅大院，而是敞开式地设在马路边，行人可以随意进出。”朱国萍利用工作室倾听群众心声，咨询专家学者意见，将采纳的意见集中带到征询会上。

【抛问题】请学生谈一谈对《民法典》编纂过程中收集建议和意见的看法。请学生讲一讲对材料的直观认知。

【亮观点】学生通过小组讨论的方式，得出以下观点，《民法典》编纂过程原来没有那么简单，普通公民竟然可以提出建议和意见，其编纂过程中听到了公民的需求和呼声，还有一些组提出了作为中职生今后要积极参与立法的建议等。

【再抛问题】请学生思考，为什么普通人的建议、中学生的建议可以被立法关注并被采纳呢？

【达共识】由直观认识上升到深度思考，引导学生达成共识，中国的立法是真正的立法为民，体现了民有所呼，法有所应。

在本环节中通过了解人大代表参与立法的过程，使学生深刻体会到中国的立法是真正的立法为民。形成政治认同的思政核心素养。引导学生感悟立法就在身边，群众皆可参与，提升主人翁意识，培育公共参与的思政核心素养。

（4）课中迁移（elaboration）环节

运用已经得出的结论，开展课堂活动，巩固学生的认识，教师再次引导修正增强学生的公共参与。

议题三：如何践行《民法典》，实现美好生活？

【派任务】请学生分组完成“美好生活 法典相伴”倡议书。

【共探究】学生完成倡议书，并上传至教学平台。

【做评比】教师点评，引导修正。

本环节中，通过完成倡议书，引导学生思考对生活在“《民法典》时代”的未成年人应如何践行《民法典》的思考，将内心信念转化为行动。培养学生法治意识和公共参与的思政核心素养。

（5）课后评价（evaluation）环节

为学生设置课后任务，启思导行，巩固认识，将认识转化为实践与行为，达到知信行导的统一。

寻找行业中的《民法典》规定，结合本专业，查阅《民法典》相关规定，在规定时间内上传至教学平台。

4. 教学成效

本课题的设计，将理论和实践相结合，通过课上课下学生的实践活动，能够提高学生的兴趣，避免枯燥与理论说教。

在教学中，利用教学平台，采用了混合式教学，有助于提高学生积极性。

课题设计中，始终坚持“参与式教学”理念，调动学生的主动性，教师提供指导和点拨、归纳、总结，提高了学生的参与度。

5. 反思诊改

在课题设计和实施过程中，依然存在一些不足，如教学设计应该更加细化，教师应该对学生的困难有充分的预判，及时解决一些学生沟通问题，鼓励学生克服胆怯、懒惰的情绪等因素。

四、经验总结

1）本课题中，采用了“5E”教学模式，通过“吸引—探究—解释—迁移—评价”五个环节完成了知信行导。

2）根据思政课课标要求，本课题设计注重培养学生的思政学科核心素养，政治认同、法治精神、公共参与、健全人格。

3）本课例实施中利用参与式教学模式、课上课下的实践活动、在线学习平台，能够提高学生的参与度，激发学生的学习主动性。

案例 7

设计主题商品海报，感受优秀传统文化

上海信息技术学校　王冠羽

一、基本信息

专业：电子商务

课程：商品信息采编

课题名称：端午节主题商品海报设计

教学对象：商务管理系电子商务专业学生

教学内容：端午节主题商品海报的配色、字体排版与原创设计。

二、思政目标和思政价值

思政目标❶：感受文化内涵，继承和弘扬中华优秀传统文化。

通过学习端午节历史与背景，感受文化内涵，让学生充分感受传统文化的时代精神和悠久历史，热爱中华优秀传统文化，继承和弘扬中华优秀传统文化，树立文化自觉和文化自信。

思政目标❷：引导和激发爱国热情，热爱祖国。

通过了解屈原的故事，了解他爱国的诗句，让学生在更为广阔的时空维度中体会和理解热爱祖国这一精神品质。

思政目标❸：了解原创与创新的重要性，尊重知识产权。

通过原创教育，帮助学生健全人格品质，养成不抄袭等良好信息素养，提高创新能力。学生了解原创与创新的重要性，尊重知识产权。

三、教学设计

1. 设计理念与意图

本节课的专业要求是进行海报设计。本节课的上课时间刚好是端午节过后，学生在过节期间可以亲身感受节日气氛，并寻找贴近生活的素材，教学设计让学生对课程内容更加有兴趣。

本节课的思政元素有传统文化、爱国精神、原创与创新精神、不抄袭（尊重知识产权）等。对培养本专业的学生的作用与价值如下。

传统文化：当提到端午节的时候，很多人的反应都变成了放假和吃粽子，而与端午节相关的民俗活动如划龙舟、祭龙、采草药、挂艾草、打午时水、洗草药水、拜神祭祖、浸龙舟水、吃龙舟饭、放纸龙、放纸鸢、拴五色丝线、佩香囊等却被人渐渐淡忘。这些民俗活动不应该被遗忘，它不仅清晰地记录着先民丰富而多彩的社会生活文化内容，也积淀着博大精深的历史文化内涵。电子商务专业的学生在设计海报的时候不应该肤浅地只是去设计粽子，而应该在设计端午海报之前去了解端午节的文化内涵，这样才可以设计出更加有深度的海报。

爱国精神：端午节的活动很多是围绕中国历史上第一位伟大的爱国诗人屈原，粽子、赛龙舟等活动都是为了纪念他。中华民族的历史之所以悠久和伟大，爱国主义作为一种精神支柱和精神财富是起了重要作用的。爱国是所有中国人均应拥有的精神。海报是有宣传功能的，要求电子商务专业的学生在爱国精神的基础上去完成每份海报的制作。

原创与创新精神：海报是有版权的。精美的海报需要原创与创新。电子商务专业的学生必须在原创的基础上进行创新，制作出更加精美的海报。

2. 教学分析

（1）教材

本课例采用华东师范大学出版社出版的《电子商务商品信息采编》教材任务 4.3 食品饮料的美化设计，适用于电子商务二年级第一学期。

（2）学情

商品信息采编是电子商务专业二年级的一门一体化课程，也是该专业学生的一门专业必修课。商品海报设计是该课程的重要任务环节。本节课是接触海报设计的第一节课。教材中以雀巢咖啡为例设计海报，但该班级的学生来自云南，对雀巢公司不太了解，对于咖啡知识也没有那么熟悉。这个年龄段的学生也不是咖啡主要受众群体。因此教师更换素材，改为制作端午节主题商品（主要为食品）的海报，提高学生的学习兴趣。

（3）教学重难点分析

知识目标：

1）理解海报设计的概念与原则（原创的重要性）；

2）了解原创与创新的重要性，尊重知识产权；

3）了解海报的表现形式；

4）了解端午节历史与背景，感受其文化内涵；

5）感受传统文化的时代精神；

6）了解端午节与屈原的故事，让学生在更为广阔的时空维度中体会和理解热爱祖国这一精神品质。

技能目标：

1）掌握海报元素的配色要求；

2）掌握海报的字幕排版设计；

3）掌握主题商品海报的设计方法，掌握海报的制作方法。

情感态度与价值观：

1）提升观察力；

2）可以独立原创完成符合端午节文化的海报；

3）提升探知新知识的兴趣和能力；

4）利用信息检索、掌握自主学习的能力。

教学重点：

学生在了解端午节文化和屈原爱国精神的基础上，掌握海报元素选择，配色方案及字幕排版方法，并完成端午节海报的设计。

教学难点：

能够完成原创且主题突出的海报设计。

（4）课时安排

2 课时。

3. 教学过程

（1）课前准备阶段

1）教师布置学生预习本课所学内容，翻一翻老照片，回忆端午节是怎样度过的，端午节有些什么样的活动。

2）搜索以往购买记录，观察什么特色的商品海报可吸引自己下单。通过引导学生观察自己下单过的商品海报，培养学生的观察能力和分析能力分析出商品海报所具有的特点。

（2）课中教学阶段

【环节一】解读端午节元素及配色设计（设计意图：以端午节为载体，培养学生对传统文化认知与传承，期望学生在了解端午节传统文化和习俗的基础上了解端午节元素并进行配色选择）。

师：拿出无字海报问学生，这个海报说明的是什么主题？

生：端午节。

师：为什么是端午节？

生：因为海报中展示了粽子、赛龙舟……

师：除了这些，还有什么元素与端午节相关？

教师要求搜索端午节相关资料，学生利用信息技术知识搜索相关故事后准备回答课堂问题（设计意图：培养学生自主探索，利用信息化手段自主学习的能力）。

学生每提出一个元素，教师展示一张没有色彩的该元素的纸。

在学生解释元素背后的故事之后，请学生对空白稿进行配色设计。

学生在了解端午节传统文化基础上对稿件进行配色选择和设计，公开投票，比一比谁的配色更好看。

【环节二】屈原背景介绍及字幕排版设计（设计意图：通过粽子的由来和赛龙舟活动的介绍引出屈原的故事，激发学生的爱国热情。通过对屈原的诗句的排版设计，在学习字体设计的同时感受爱国情怀）。

师：请哪位同学讲讲粽子的由来。

生：人们怕鱼吃掉了屈原的肉身。

师：为什么要赛龙舟？

生：划桨的水波可以赶走鱼群，使得屈原的肉身不被破坏。

师：提到屈原，你们想到什么关键词？

生：爱国诗人，离骚，浪漫主义……

师：同学们可以分享下有哪些诗句吗？

生 1：路漫漫其修远兮，吾将上下而求索。

师：道路又窄又长无边无际，我要努力寻找心中的太阳。

生 2：举世皆浊我独清，众人皆醉我独醒。

师：与众不同，独来独往，不苟合，不妥协。

生 3：亦余心之所向兮，虽九死其尤未悔。

师：我心中追求的东西，就是多次死亡也不后悔。

教师请学生思考：为什么两千年后的今天，人们还要花三天时间去纪念屈原？屈原对于中国人民的含义是什么？

教师引出屈原故事：屈原眼看自己的祖国被侵略，心如刀割，但是始终不忍舍弃自己的祖国，于五月五日，在写下了绝笔作《怀沙》之后，抱石投汨罗江身死，以自己的生命谱写了一曲壮丽的爱国主义乐章。时至今日，端午节仍是中国人民一个十分盛行的隆重节日。

教师请学生思考：过端午节，是中国人两千多年来的传统习惯，但是端午节给大家的影响不应该只是假期。我们背着离骚，迎接着高考，享受着假期带给我们的清闲，屈原的愿望是不是早就实现了呢？

师：我们的海报缺少一些字，请大家去网上搜索屈原的爱国诗句，并选择你最喜欢的一句进行字体设计和排版设计。

学生：挑选屈原诗句完成海报字体设计，并和大家分享屈原的诗句对于当代的我们有什么意义。

师：了解到端午节的背景，我们才可以更好地制作端午节海报。

【环节三】原创海报探讨（设计意图：培养学生原创精神和创新能力，提高学生的版权意识，提高自己的审美能力）。

教师向学生强调设计原创海报的重要性。教师解释什么是原创：原创是独立完成的创作。原创不属于歪曲、篡改他人创作或者抄袭、剽窃他人创作而产生的作品，亦不属于改编、翻译、注释、整理他人已有创作而产生的作品。

教师解释什么是抄袭：抄袭，指窃取或修改他人的作品并将其当作自己的，在相同的使用方式下，完全或者部分完全（设定、念白、概念、台词、场景、图片等）照抄他人作品或在一定程度上改变其形式或内容的行为，是一种严重侵犯他人著作权的行为。

学生讨论什么是原创：原创应该是自己设计出来的东西。

学生根据海报，讨论抄袭带来的问题。

生 1：知识产权不被保护。

生 2：这是艺术创造，应该创新。

【环节四】教师提出课程评价体系后，学生完成海报制作与课程评价。

教师提出课程评价体系，内容包括主题突出有创意、体现传统文化相关思想情感与价值等，要求学生填写表 1（设计意图：培养学生交流合作与听取他人意见的能力）。

表 1　学生端午节海报制作评价体系

评价指标		权重
主题	主题突出，有创意。符合任务要求，体现与传统文化相关思想情感与价值	0.2
	主题表现符合科学性、时代性、先进性	0.1
素材	选用素材注重原创，引用素材标注有出处	0.1
	素材获取及其加工凸显主题，积极向上，符合当前主旋律	0.1
表现力	表达方式具有想象力和个性表现力，作品美观、和谐，构图完整、（页面布局）合理内容	0.1
	结构设计独特，具有艺术表现力和感染力，能调动受众的感知觉器官	0.1
技术应用	技术运用合理、准确、先进技术	0.1
	技术应用于所学专业	0.1
团队合作	主动与班级同学交流，听取他人意见	0.1

学生在老师的指导下完成以下步骤。

1）自主进行主题色彩的选择。

2）自主选择元素。

3）文字与图片的添加。

4）海报管理和设计。

学生使用自己拍摄的端午照片，按照要求制作海报，学生作品展示与赏析，以系统投票软件信息化手段，评出最喜欢的作品。

5）作业布置。进一步完善自己的端午节海报设计。

4. 教学成效

因为课程是端午节后立即展开活动，结合学生生活出发，因此，学生兴趣较高，证明端午节的主题的选择是成功的。学生愿意围绕端午节展开很多话题，课程效果较好，绝大多数的学生能了解端午节背后的意义，同时能进行原创的海报设计。

在学习传统文化精神方面，学生在对龙舟、艾草、香囊、舞龙等关键词的探索与配色活动中，沉浸式感受到民俗，感受到端午节文化内涵。90%的学生对端午节内涵的了解获得提升。

在培养爱国精神方面：学生通过了解屈原的故事，选择爱国诗人的诗词，学会文字设计及排版技能的同时，感受爱国主义精神。100%的学生选择的屈原的诗句都围绕爱国精神，80%的学生可以设计较为和谐的字样。

在强调原创与创新方面：学生在学会配色、字体设计的基础上，进行原创海报设计，并勇于创新，力图在原创的基础上完成精美海报设计。在老师的要求下，100%的学生可以完成原创作品，但仅有 70%的学生的设计较为和谐美观。

5. 反思诊改

在教学实施过程中发现，在此之前，学生对端午节背后的故事了解少之又少。因此设计教学案例的时候，为了让学生了解更多的传统文化，提升学生的观察力，课前要求学生通过老照片和自己购买商品记录的方式，回忆如何度过端午节及分析海报应具有的特点；课中利用信息化手段让学生自主探索端午节背景，并通过头脑风暴拓展学生的思维。但是两个课时太短，无法详尽地介绍端午节。为了让学生了解更多的传统文化，需要布置更多相关素材要求学生深化学习。

因为学生是初次设计海报，海报的编排能力参差不齐，应该在后续课程中，继续设置创造性课程，提高学生的审美和观察能力。

四、经验总结

选用学生刚刚经历的传统节日可以提高学生的学习兴趣，在实践开始前就介绍评价体系，可以让学生更加有针对性地去完成相关作品。

学生完成学习任务后建立直观的评价体系，让学生自评及互评，让学生团队合作听取他人意见，了解自己的学习成果。全班同学都可以通过 60 分的评价体系。

案例 8

完成营销策划，提升职业操守

上海信息技术学校 崔建亮

一、基本信息

专业：物流服务与管理

课程：网络营销

课题：分类信息营销策划

教学对象：中职二年级学生

教学内容：主要讲解分类信息营销的定义，分类信息营销平台的注册流程以及营销策划。

二、思政目标和思政价值

思政目标❶：树立学法、遵法、守法、用法的法治意识。

本课的教学主题为分类信息营销策划，通过岗位情景下的学习，了解并遵守广告法、消费者权益保护法、电子商务法等相关法规，确保网络营销活动的合法性和合规性，能够在法律框架下进行网络销售，树立正确的营销观念。

思政目标❷：提高学生的职业操守、敬业精神。

通过学习分类信息营销平台的注册流程以及营销策略，要时刻牢记职业道德，遵守法律法规，不做虚假宣传、误导消费者。干一行爱一行，行行出状元，提高对网络营销职业的敬重和热爱之心。

三、教学设计

1. 设计理念与意图

本课根据行业对复合型人才的需求和中职学生的特点，提炼“学习策略思维导图”作为该单元知识建构的通用方法，引导学生从理解、模仿到举一反三，触类旁通，最终学会灵活运用分类信息营销方式进行营销策划。通过课上学习实践后，了解分类信息营销的定义，熟知分类信息营销平台的注册流程。学生通过教师创设的岗位情景，掌握撰写和发布分类信息的方法、掌握分类信息效果追踪的方法。培养学生具有主动参与、积极进取的学习态度、养成理论联系实际、科学严谨、认真细致、实事求是的职业道德，在信息撰写与发布实践中培养学生的动手能力，提高对“一带一路”概念的认知，形成精准扶贫、大力开发新农村建设的思潮，从而实现共同富裕。

2. 教学分析

本课所授内容为职业教育国家规划教材《网络营销》项目四社会化营销单元中的分类信息营销，其中包括主动广告、被动广告，分类信息的平台选择与注册、撰写、效果追踪等。学生为物流服务与管理专业二年级的学生，性格活泼开朗，对于新鲜事物有一定的兴趣，但是学生习惯比较差，持续学习的能力也比较差。教学重点是撰写和发布分类信息的方法；教学难点是如何确定内容的呈现。

3. 教学过程

（1）课前准备

教师使用教学 APP 发布新疆特产网络广告，学生观看新疆特产网络广告。学生在教学 APP 完成老师提出的问题，并做好笔记，带着问题来上课。学生提前观看关于分类信息的撰写的微课视频，并根据教师要求自行准备所需的素材（指定农产品为新疆核桃）。教师通过平台查看并分析学生练习情况，公布哪些广告是消费者自己愿意接受的，哪些是被动接受的，调整课堂教学策略。

教学设计意图：①分类信息营销定义比较简单且在生活中经常会接触到，通过预习，培养学生自学能力；②掌握全班每个学生的学习情况和学习能力，为课堂教学做准备。

思政内涵：通过新疆特产为切入点，培养学生的同理心，建立扶贫和开发新农村是全社会的共同责任的认知。

（2）课中教学

1）分类信息平台的选择和注册。教师讲解农产品信息网账号建立的具体操作流程如下：步骤①：搜索农产品信息网，进入注册登录页面，完成账户注册。步骤②：根据提示，完善注册信息。学生学习完成后，理解并完成“农产品信息网”的注册。

教学设计意图：①培养学生分析问题的能力，由易入手，增强学生信心；②培养学生自主学习能力。

思政内涵：以营销目的为切入点，培养学生践行诚信经营的职业道德，进一步学习提升精准扶贫的方法。

2）分类信息撰写。教师播放微课视频，同时布置任务，让学生边学边看，并分组完成：“新疆核桃 9～10 月份是收获季节。为响应国家助农扶贫项目，更好地提高核桃的销量，假如您是一位电商工作人员，请利用本节所学内容给予相应的营销方案。”教师教室巡视，随时答疑解惑。学生按照课前准备材料完成小组展示，积极参与，为本组争光。教师根据小组展示情况分析重难点，并对个别学生单独辅导。

教学设计意图：强调本课重难点，放慢速度通过实践让学生充分理解运用而后知掌握不足情况。

思政内涵：①养成良好的自我学习和信息获取能力；②提升爱岗敬业和良好的团队合作精神；③培养学生的同理心，达到扶贫开发是全社会的共同责任的认知。

3）分类信息效果追踪。教师评价各组商品情况，利用“红蜘蛛”平台向大家展示小组评价商品的浏览人数。

教学设计意图：通过商品浏览人数从而可以客观地知晓各组分类信息营销的效果。

思政内涵：培养学生不怕吃苦、勇于直面挫折及精益求精的工匠精神。

（3）课堂总结

学生填写任务评价表中对应的情况，教师根据学生所做与老师所做进行对比，找出学生薄弱环节并强调本节课重难点，根据评价表给予点评。

教学设计意图：巩固提高。

思政内涵：学会自我批评，不断提高。

（4）作业拓展

教师布置作业，选择云南特产普洱茶进行营销并撰写发布广告信息。学生课下根据课上所学认真完成。

教学设计意图：巩固提高，活学活用。

思政内涵：共同富裕，全面建设小康社会。

4. 教学成效

1）借助信息化的手段，一改枯燥乏味的课堂，学生积极活跃，课程目标具象化，学生掌握效果可视化，提高了学习兴趣，提高了课堂效率。

2）学生主动参与情境的设定，既有自主学习能力的培养，又有符合自身实际情况的场景学习，便于学生提高学习的自信心。

3）通过播放关于新疆特产的视频以及农产品的营销策划视频，既培养了学生的爱国情怀，也在一定程度上培养了学生不怕苦、知难而上的精神，同时也培养学生的同理心，达到扶贫和开发新农村是全社会的共同责任的认知目的。

5. 反思诊改

1）网络营销作为一门基础性的专业课是思政建设的载体，单纯的一堂课毕竟篇幅有限，需要持之以恒，把探索、实践思政教育贯穿于专业课程的学习中，在加强专业知识学习的同时，引领学生树立正确的价值观，不断提升学生的思想觉悟、道德水平和文化素养，激发学生的责任意识和担当精神。

2）共同富裕，全面建设小康社会的思政目标，不仅需要学生学好专业知识加以内化，更需要利用实习期间或者假期甚至学业有成之后，带有满腔热血走进贫困地区，利用所学带领当地百姓发家致富，真正地实现共同富裕。

四、经验总结

本案例以国家方针政策为纲领，把思政元素与网络营销专业课程结合起来，全面推进课程思政建设，把价值观引导于知识传授和能力培养之中，帮助学生塑造正确的世界观、人生观、价值观。本次课程通过“分类信息营销策划”学习内容进一步深化思政内涵，通过“课前准备→分类信息平台的选择和注册→分类信息撰写→分类信息效果追踪→课外作业”等一系列教学流程，把诚信经营、培养动手能力，提高精准扶贫、大力开发新农村建设的思潮等思政元素融入课堂，专业课程网络营销与思政课程同向同行，实现了显性教育和隐性教育相统一，形成协同效应，有利于培养全面发展的社会主义新型人才。

案例 9

开展“青春打卡 红色记忆”活动，增进政治认同，激扬爱国情怀

上海信息技术学校 邱小天

一、基本信息

专业：商务助理
课程：活动策划与实施
课题：创建工作分解结构
教学对象：中澳合作商务助理专业二年级学生
教学内容：创建“青春打卡 红色记忆”主题活动的工作任务。

二、思政目标和思政价值

思政目标❶：了解党的奋斗历史，增强青年学生对党的政治认同和文化自信。

正值建党百年之际，本课次以上海特有的红色文化与红色场馆为切入点，设计融合社会热点、符合时代背景的“青春打卡 红色记忆”主题活动。为完成任务，学生需要线上调研“上海红色文化地图”、线下打卡中共一大会址，了解中国共产党的丰功伟绩，激发学生的爱国情怀和对党的政治认同。

思政目标❷：养成对客户负责的职业态度，树立“以客户为导向”的职业理念。

设计活动时，引入了企业真实案例，并邀请企业专家参与课程设计与评价。学生需要充分分析与挖掘客户需求，才能最终完成本次活动的工作分解。在这个过程中，不断强化学生对“以客户为导向”理念的认识，真正做到对客户负责。

三、教学设计

1. 设计理念与意图

正值建党百年之际，为提升中澳合作商务助理专业学生的政治认同和文化自信，课程设计通过线下对上海红色场馆中共一大会址的实地走访，带领学生感受上海作为

党的诞生地而展现的一座城与一个国的命运交响，引导学生在了解党的奋斗历史中，感悟中国共产党的丰功伟绩，坚定爱党、爱国的理想信念，增强青年学生对党的政治认同和文化自信。

满足客户需求的“客户导向意识”是服务行业从业者应具备的职业精神，但缺乏实际工作经验的中职学生在实践中较难与行业要求对接。因此，将职业精神与专业教学相结合，加入“客户导向”的思政元素，引导学生在分解工作任务时，认真分析、深入挖掘客户提出的需求，注重团队内部协作，遵守工作分解一般流程，提升客户感受，培养客户服务意识，养成对客户负责的职业态度，增进对商务助理职业的认同和热爱。

2. 教学分析

（1）教材分析

本课选用职业教育国家规划教材《商务活动策划与实施》，参照国家职业资格“项目管理员”和“助理项目管理师”的岗位核心技能标准，配合某校企合作企业的实际任务，设计教学内容。以“‘青春打卡 红色记忆’——庆祝建党百年寻访活动”为任务载体，让学生能够将所学知识和掌握的技能应用到该案例中。

（2）学情分析

授课对象为中澳合作商务助理专业的中职二年级学生。他们思维活跃、好奇心强，乐于表现，策划和实施活动，但缺乏活动管理知识体系和实践经验。

知识储备方面，学生已完成前导课程“推广服务与产品”的学习。在本课程前期的学习中，已掌握活动策划的基本概念，但缺乏企业实践经验，对不同岗位在具体活动中的工作任务缺乏了解，难以将实践性较强的内容与行业要求对接。

能力基础方面，学生已具备分析客户需求的基本技能，习惯使用教学平台开展学习，但自主探究、归纳总结、团队协作的能力有待提高。

（3）教学重难点

教学重点：活动策划的工作分解流程。

教学难点：工作分解方案关联度、完整度、满意度的优化策略。

3. 教学过程

落实“以学生为中心、以学习为中心、以学生发展为中心”的教改理念，设计了“四阶七步”教学流程。“四阶”指构思方案（P）、分析论证（D）、分享复盘（C）和优化提升（A）四个阶段。“七步”指课前导学、课中构思、讨论、复盘、优化、巩固及课后提升七个步骤。在“四阶七步”中，教师引导学生在工作情境中获得丰富的职业体验，在任务实施的过程中提升团队协作的职业素养和遵循流程的职业规范，在潜移默化中达成“调研上海红色文化地图等信息，了解党的奋斗历史，增强青年学生对党的政治认同和文化自信”和“分析与挖掘客户需求，养成对客户负责的职业态度，树立‘以客户为导向’的职业理念”的思政目标。

（1）课前创设育人情境

本课次的学习内容按照课标要求，精选了契合时代特征的活动项目，通过线上线下相结合的执行方式，解决了课程思政的形式与路径。课前创设案例情境，让学生为客户定制“线下打卡寻访”的建党百年活动，通过设置“了解我党历史”和“倾听客户需求”两个子任务，提前帮助学生代入职业人的身份，显性教育和隐性教育结合实现育人润物无声效果。

课前，在教学平台发布“上海红色文化地图”学习资料，并组织学生进行中共一大会址纪念馆的线上或线下走访，考察策划打卡活动所需的工作任务。同时，小组还需上网查询和补充场馆背后蕴藏的建党故事，将资料整理后上传平台，待后续使用。

设计意图和思政要点：

利用本土区域育人优势打造沉浸式的学习环境，学生通过了解党的奋斗历史、寻访红色足迹等活动，坚定了政治信仰和文化认同，挖掘了专业课程隐形的政治育人功能。

根据“岗课赛证”课程模块中，“证”（助理项目管理师国家职业资格证书）的德育核心要求，学生课前阅读学习平台上的“‘青春打卡 红色记忆’——庆祝建党百年寻访活动”的案例情境，与客户沟通获取初步活动需求。为了响应客户需求、提高客户满意度，在小组协作中，还要继续深挖客户潜在需求，并列出活动可能涉及的工作任务，将完成的任务单上传平台。

设计意图和思政要点：

学生按小组与客户进行沟通交流，认真倾听客户的需求，展现出良好的职业风采，养成对客户负责的职业态度。德技融合，使专业课程在增进学生知识技能的同时，无形中提升核心素养的培养。

（2）课中思政落入实处

本课程教学内容根据学生认知能力和现有生活阅历，从学生熟悉的活动出发，涵盖商务活动的基本内容与要求，厘清教学内容蕴含的思政价值，实现课程思政与课堂育人的目标。划分“组内操作区、组间讨论区、分享复盘区”三个活动区域，提供生生之间更多沟通与合作的机会。

课中P阶段，学生首先以完成此类活动常设的五个岗位作为分组，在“组内操作区”科学严谨地按照任务单的要求，讨论“青春打卡 红色记忆”活动中同一岗位的工作任务，分析客户需求，初步构思分解方案。D阶段，学生回到自己所在的活动小组，在“组间讨论区”遵照企业流程和规范，论证岗位分组讨论得出的分解方案，开展头脑风暴，进一步深挖客户需求，提高客户满意度，以此确定本组需要的工作任务，绘制工作分解结构图上传系统。C阶段和A阶段，全班学生进入“分享复盘区”，一起体验探索生成优化后的方案，树立“以客户为导向”的素养目标。课中的每一阶段需要学生相互配合、充分沟通，学会倾听、学会表达，思政元素贯彻始终。

设计意图和思政要点：

课堂上以学生为中心，将知识、技能、素养结合载体进行一体化设计，采用PDCA四阶段实施方案，解决了从对知识的准备、转化、内化到创新的学习体验过程。任务始终围绕党史学习、打卡活动展开，贯穿思政教育，增进学生爱国主义情怀，激发时代赋予的责任感和使命感。每个环节的优化始终坚持“以客户为导向”，促进了职业能力的形成和职业素养的提升，延展思政内容。

（3）课后突显育德效果

课后，学生独立思考并继续分解“青春打卡 红色记忆”各任务下的工作活动，绘制出完整的工作分解结构后邀请客户（即企业专家）参与评价。作业布置突出思政效果，课内外的衔接提升德育价值。

设计意图和思政要点：

课后作业是对课内学习的延伸和深化，纳入校企合作，对接行业标准，感悟企业对“以客户为导向”的实际做法。鼓励学生主动参与、主动探索、主动思考和主动实践，发挥德育的导向作用，使活动策划的育人价值得到体现。

4. 教学成效

本课程借助信息技术手段开展线上线下混合学习，学生在课中利用线上课程反复学、评价快的优势，克服以往缺点，达成思政目标。教学平台的学习画像功能，帮助学生和教师及时掌握学习进度。其中，对应核心素养的质量控制点，能直观地反映通过学习学生职业素养的提升情况；学生掌握用于活动计划制定的信息化工具以绘制各类表单，通过关键词模糊匹配，系统可以直接反馈学生由于客户需求把握不足而导致的工作任务缺漏，提升思政目标的达成效率。

课中，通过四个阶段的学习，学生能根据客户需求，优化实施方案，并内化为自身策划企业党建活动的模板，从知识内化到技能熟练，再到职业能力形成，最终养成职业思维方式，达成“调研上海红色文化地图等信息，了解党的奋斗历史，增强青年学生对党的政治认同和文化自信”和“分析与挖掘客户需求，养成对客户负责的职业态度，树立‘以客户为导向’的职业理念”的思政目标。

5. 反思诊改

课程的活动载体需跟随时代特征，选取学生喜欢的、符合时代潮流的、弘扬正能量的活动项目，体现立德树人的教育目标，与社会发展同向同行。对教师来说，也需要不断学习时事新闻，学习党的方针政策，才能更好地选取活动项目的载体。

未来还应加强与企业深度合作，开展产教融合，定期安排教师进企业参与真实项目的运作与管理，定期让企业参与学校课程建设，参与课程评价质量控制点的设计，将课程评价更加精准地植入课堂质控点，匹配不断发展中的企业对该岗位人才规格的要求。

四、经验总结

在全面推进课程思政建设中，专业课在设计中要注意知识传授与价值引领相统一，显性教育与隐性教育相统一，结合行业所处社会背景和专业人才培养方案，挖掘课程内在的思想政治教育导向。通过智慧校园平台生成的评价画像，使思政表现的评价可观察、可测评，确保评价覆盖到人，保证人人达成思政目标。

案例10

编辑制作推文，提高法治意识

上海信息技术学校　熊璐娜

一、基本信息

专业：数字媒体技术应用

课程：平面图像处理技术

课题：取之有道——班级微信公众号推文中的图片选择与编辑

教学对象：213502 班学生

教学内容：学习微信推文图片作用和特点，掌握裁剪工具及调整图像尺寸大小等方法来进行微信推文图片的选择和处理。

二、思政目标和思政价值

思政目标❶：提高学生对新媒体图片的“法治意识”。

网络图片的使用需要做到附加版权声明等方式实现。引导学生意识到新媒体领域的图片版权问题，让学生深刻了解《民法典》司法解释和《中华人民共和国侵权责任法》相关法律法规。掌握微信推文图像版权问题的处理方法，使自己的行为合法合规。让学生了解专业领域中哪些行为会触犯法律，增强遵纪守法意识和自觉性，履行守法义务。

思政目标❷：规范良好职业行为，提高职业素养。

在课堂上以坚持知识系统性与完整性为主旨，思考设计的知识目标如何既能涵盖以上技能目标，又能体现具备专业特色的思政元素。案例中选择编辑微信推文图片作为载体，结合了当下新媒体发展的趋势。内容贴近学生生活，激发学生学习热情，让学生有全媒体意识以及行业规范意识。结合推送微信推文的项目任务来让学生了解其行业中不同的信息媒介都需要遵守其行业规范以及要求，迎合市场发展的需求。

三、教学设计

1. 设计理念与意图

中职学校教育对学科教育推行课程思政理念较晚，中职学校思政教育落后于高职院校思政教育，亟待进一步加强。中职学校在数字媒体应用技术专业的平面图像处理技术课程融入思政元素的实践研究更是缺乏课程资源、教学模式等。因此，本次平面图像处理技术课程融入思政元素的案例研究具有一定的研究价值。

在移动互联网高速发展的时代，老百姓身边发生的新型网络违法案件层出不穷，《民法典》更是立法对新媒体进行规范和约束。数字媒体技术应用专业的学生在日后的就业中，或多或少会接触到不同形式的新媒体，具备一定的法律知识和职业道德操守非常必要。在传授职业技术技能的同时，对学生进行价值引领，同步提升学生思想品德水平、文化素养和职业操守，从而实现价值塑造、能力培养、知识传授三位一体，达到全方位育人的目的。

2. 教学分析

本教材使用的教材是《Photoshop 一册通》。目前，平面图像处理技术的相关教材资源缺乏思政元素的开发与融入。因此，本节课教学内容是平面图像处理技术课程第二课“裁剪工具及调整图像尺寸大小”的拓展教学内容，1 课时。

学情：课程授课对象是一年级学生，本学期刚刚接触 Photoshop 图像处理软件，专业基础较薄弱。学生涉世尚浅，法律意识淡薄，但对移动端的作品实操及展示有很大的兴趣。

教学重点：能依据相关法律法规，以“取真实、贴主题、求生动”的基本要求完成微信推文的图片选择与编辑。设定依据：随着信息化技术的迅速发展，自媒体传播已成为传播的重要渠道，这不可避免地涉及图像选择运用的法律问题，因此，本课将此定为教学重点。

教学难点：能根据“求生动”的要求来完成推文的图片选择与编辑。设定依据：“取真实”关系推文的真实性，是图片选取的基础；“贴主题”关系推文表达的准确性，是图片选取的关键；“求生动”关系推文艺术性，是图片选择的着力点。三者难度层层递进，“求生动”最难。

3. 教学过程

本次课程采用任务驱动法。教学中教师通过激发学生学习兴趣，发布学习任务，根据预设教学梯度，让学生了解本课重难点，并在教师的引导下，以自主学习、同伴研讨的方法达成学习任务。

教学过程具体设计如下。

1）课前：求取真实、初次筛选，了解法律无处不在。

课前，教师通过教学平台发布任务，揭示课题。引导学生自主搜集第十三届全国人大四次会议视频截图并拍摄全班同学主题班会学习会议相关图片。学生在平台上自学如何选“取真实”的微信推文图片，进行图片的初次筛选。教师登录平台检查图片，发现学生上传的图片中有视频截图来源有误、盗取他人学习照片等情况。教师向学生强调图像版权的相关法律法规知识，并告知应如何使用非原创照片符合法律要求。学生感悟：使用一张小小的图片，竟然需要学习这么多法律知识，得出“发表的每一篇微信公众号推文的过程中，万万不能忽视法律”的重要结论。

2）课中：编辑整合图片、探索图片选择、编辑“取之有道”的方法与含义。

课中任务一：贴合主题、二次筛选。回顾课前“取真实”的基本要求，演示截图、裁剪等操作方法，总结选取推文图片“贴主题”的要求；二次筛选图片，并强调人物肖像权相关法律法规知识。

课中任务二：苛求生动、三次筛选。将二次筛选照片整合到“问卷星”，供学生以“求生动”的要求进行投票，选出 2 张照片，学生分组讨论，通过“比较法”总结出“求生动”要求。

课中任务三：调整细节、整合展示。教师讲解调整图片尺寸与分辨率的标准，登录“微官网”学习平台模拟微信公众号整合发表推文，让学生获得学习成就感。

3）课后：综合评价，拓展学习“新闻传播法”，传播正能量。

教师要求学生课后编辑本班学习会议的班级推文文字内容，引导学生了解我国与新闻传播相关的法律法规，学习如何在新闻稿中传达对新闻的客观认识并秉持正能量的传播。每位学生根据课堂所学知识及流程制作一篇班级学习会议的推文，班级投票选取最优，成品通过班级微信公众号进行发布，激发学生创编微信推文的热情和时代赋予的责任感，增强职业道德教育。

4. 教学成效

在课前，教师通过在教学平台上对自学结果初次筛选，发现有 23 位学生上传的图片符合“取真实”的图片要求，但其中有 11 位学生上传的图片中有视频截图来源有误、盗取他人学习照片等情况。教师对学生强调图像版权的相关法律法规知识，并告知应如何使用非原创照片。通过第二次图片上传，全班 34 位同学所交的图片符合“取真实”的基本要求。

课中，①贴合主题、二次筛选。根据“肖像权”相关话题，组织小组讨论，谋求共识。以小组为单位进行课堂测试，6 个小组对“贴主题”的相关测试题由 66.7%正确率（4 个小组正确、2 个小组错误）达到了 100%正确率；②苛求生动、三次筛选。教师将二次筛选照片整合到“问卷星”供学生以“求生动”的要求进行投票，选出照片 2 张，学生分组进行热烈讨论，通过“比较法”进行比对分析，通过抓拍、构图、色彩、取景、情感共鸣等多个方面来提炼出“求生动”要求；③调整细节、整合展示。教师讲解调整图片尺寸与分辨率的标准，登录微官网学习平台讲解如何插入图片、文字，将提前准备好的文字素材与课堂中所筛选的图片整合成推文，随后生成推送二维码发至每个小组，学生在观看推文的过程中取得成就感。

课后，要求学生编辑本班学习会议的班级推文文字内容，引导学生了解与新闻传播相关的法律法规，学习如何在新闻稿中传达对新闻的客观认识并秉持正能量的传播。每位学生根据课堂所学知识及流程制作一篇班级学习会议的推文，班级投票选取最优成品并通过班级微信公众号进行发布，激发学生创编微信推文的热情和时代赋予的责任感，增强职业道德教育。

5. 反思诊改

在课程实施过程中，如何找到平面图像处理技术课程与思政教育的自然融入点，切莫造成思政元素和学科知识“两张皮”？如何提升专业课教师思政素质，在教学设计中严谨贴合思政理论，避免出现教师对思政理论一知半解、以讹传讹等情况？如何充分挖掘课程思政资源，适度妙用思政元素，起到课堂画龙点睛的效果？以上问题亟待探讨与反思。

思政融入课程主要注重方式方法和技巧，在平面图像处理技术课程融入思政元素实践研究中将采用文献分析法、调查研究法等教学方法，潜移默化地将思政内容融入，达到春风化雨的效果。具体方法如下。

1）文献研究法。准备技能知识点与思政元素的融入点、资源库等，都需要教师设计组不仅具备足够的专业能力，还要有高尚的思想政治素质。不能出现思政元素生搬硬套的情况，更不能出现教师对思政理论一知半解、以讹传讹等问题。教师需搜集、鉴别、整理文献资料，进一步了解思政理论，树立信念，强化课程思政顶层设计。

2）调查研究法。研究平面图像处理技术课程的思政元素融入点需要有目的、有计划、有系统地搜集有关思政理论及历史事实的材料，借以发现问题、探索规律，找到能起到“画龙点睛”效果的融入点，例如，本课搜集的素材包含了近期新媒体中典型的违法案例，再结合班级（或学校）新媒体运营进行比较、归纳和学习，力求让学生能结合自身经验来学习、理解相关法律法规和职业道德。

四、经验总结

本案例以任务教学法来激发学生学习兴趣，发布学习任务，根据预设教学梯度，让学生了解本课重难点，并在教师的引导下，以自主学习、同伴研讨的方法完成学习任务。

在案例实施过程中，需要找到平面图像处理技术课程与思想政治教育的自然融入点，不能生搬硬套。教师理论知识不能一知半解，需要树立信念，强化顶层设计。尽量寻找学生耳熟能详或身边的案例来进行讲解，让学生能结合生活经验来学习思政相关知识。本堂课中所提出的教学难点“求生动”，需要带领学生一起总结“生动”图片的特点，并且需要积累审美能力，无法一蹴而就。

在本案例中，以 Blackboard 平台的测试来反馈学生自学情况，掌握知识点。在课堂中，通过小组分组讨论、谋求共识，在课堂上通过青鹿系统进行课堂测试，并通过“问卷星”对图片“求生动”的特点进行归纳总结，最后的微信推文成品通过班级公众号进行发布，加强了学生的信息化素养，激发学生创编微信推文的热情和时代赋予的责任感，强化职业道德教育。

案例11

机械匠心独铸，技能强国有我

上海信息技术学校　曹国梁

一、基本信息

专业：数控技术应用

课程：机械基础

课题：机械认知

教学对象：数控技术应用专业224K01班学生

教学内容：学生明确机器、机械及其组成，会判别机器与机构、构件与零件的区别。

二、思政目标和思政价值

思政目标❶：提升学生专业认同感与自豪感，树立正确的职业理想。

本课的教学内容为机器及其基本组成。欲知大道，必先知史。在讲授专业知识的同时，通过中国从古至今在各领域有特点的装置、仪器、设备的讲解，使学生明确我国制造业的战略目标，对所学专业的认识更为深刻。

思政目标❷：激发学生的爱国情怀和对技能强国的责任感。

学生在学习过程中，通过了解专业本身，衍生到专业制造对国家发展的重要作用，了解自身专业学习与国家命运息息相关的内在联系。将制造兴国、强国有我的意识深植与心。

三、教学设计

1. 设计理念与意图

本课程为机械类专业的必修课，本课内容为该课程第一节课，对于学生后续学习兴趣与积极性具有关键的作用。同时，在教学生学什么、怎么学之前，需要在思想上指明方向，教会学生为什么而学。在课程中，将传统机械装置的案例调整为中国制造业发展史上具有代表性成就的产品。在学习机械知识的同时，也学习中国制造的过去、现在和未来。当下正时值制造强国“三步走”战略的第一阶段，通过加强学生德育和思想政治教育工作，为培养德技并修的高素质技术技能人才打下基础。

2. 教学分析

本次授课的班级是224K01班，为本校智能制造系数控技术应用专业的学生，理科成绩较好，对专业知识已有所了解，但仍处于较为浅显的阶段。对专业未来的发展，在国家发展中起的作用都缺乏认识。理科学生对大段文字的理论学习较为困难，但对机械类产品有相对较高的敏感度。故在教学过程中，应多以实物、实例再结合精炼的描述为主。多使用图表、案例，符合理科学生的认知规律，才能取得较好的教学效果。

3. 教学过程

（1）课前

请学生观察家中的洗衣机，并在网上查询资料，洗衣机是由哪些部分组成的？是如何进行运作的？

（2）课中

1）引入主题。

放映课件，展示生活中常见的机械，向学生说明实际生产活动中机械应用无处不在，自行车、电梯、旗杆（滑轮）。除了直接运用机械原理的物品以外，生活中到处都是由机械加工而获得的产品，经由此导入机械基础课程的重要性。说明本课程的任务要求及学习方法。

2）任务一：认识机械。

给出中国从古至今各个时期运用机械原理制造的设备图片，组织学生开展讨论，这些机械设备分别属于中国的哪个历史时期，并找出它们的共性特点。从而引出机器和机构的概念。

设计意图和思政要点：通过学习任务，让学生了解到中国是世界上机械发展最早的国家之一，不仅对中国的物质文明和社会经济的发展起到了重要的促进作用，而且对世界技术文明的进步作出了重大贡献。许多机械产品既有用又有趣。借此让学生对机械原理和机械制造产生兴趣，激发学生专业认同感。

3）任务二：辨识零件、部件和构件。

通过一支水笔，给出知名品牌文具的案例。围绕“为什么小小的文具浓缩着‘中国制造’的实力？”这个主题，组织学生开展案例讨论和分析。通过水笔笔尖上的小钢珠制造工序，引出零件、部件和构件的概念。同时，向学生展示实物和图片，让学生寻找和发现零件、部件和构件的差别。

设计意图和思政要点：在此环节，通过案例的主题讨论，让学生深刻感受到即使是小小的文具，背后也是高精度智能化生产线、全自动视觉检测系统等先进的制造技术和工艺。使学生对“中国制造”产生强烈的自豪感。

4）任务三：认识机器。

洗衣机基本是每家每户的必备家电。请学生展示课前观察和查询的结果，师生共同讨论和总结洗衣机的组成部分。展示中国洗衣机销售市场的变化，引导学生发现中国家庭和消费者对于洗衣机品牌选择的变化。

设计意图和思政要点：机器制造水平是一个国家综合国力的集中体现。中国制造正在逐步摆脱依赖进口采购的方式。中国家庭和消费者在选择洗衣机品牌时从相信进口品牌，到转向国内品牌的过程，体现了“中国制造”逐渐雄厚的实力。使学生了解到自主制造技术的发展水平，与国家强盛之间的联系。将“制造兴国，强国有我”的意识深植于心。

（3）课后

布置作业，用思维导图整理课上专业内容，厘清机械、机器、机构、零件、部件、构件的概念；查询相关资料，写出中国制造未来的总体计划；查看课本目录，制定本课程学习计划。

设计意图和思政要点：学生在复习课上专业知识的同时，拓展了解我国制造业的未来发展规划。查询资料的过程，使学生逐渐领悟自己学习技能的目的，以及作为一名制造专业的学生，自己肩负的历史使命。

4. 教学成效

1）通过学习，使学生对专业认识有所改观，提升了学习兴趣。学生学习之前并没有意识到制造业与生活的连接是如此紧密。学生对制造业的概念停留在“巨大的机器，昏暗的车间、扬尘噪声的厂房，那是个离自己很遥远的地方”，实际上，制造业的产品一直在我们身边，并让我们的生活更加美好。

2）学生经过学习能把自己的制造专业与国家发展联系起来，认识到自己专业的重要性。学生曾简单认为制造业就是造产品，但没有意识到造出的产品除了直接使用以外，还会作用于各行各业；除了生活日用外，军事、航天、科技，这些高精尖的产业都离不开制造业的发展。而这些行业的发展，能提高国家的综合实力，更好地为人民生活水平的提高提供保障。

5. 反思诊改

本课中对思政目标评价的方法和成效还有待进一步优化。本课程的设计对于思政教育的结果主要反映在学生的讲述，对于落笔可衡量的内容则安排在了课后作业。这使得观察学习效果有一定的延迟，不利于及时地发现问题，改善问题。在今后的课程中需要积累经验，总结分析，改良评价的方式。

四、经验总结

一门好的课程，除了教会学生知识和技术以外，很重要的是让学生明白为什么要学习技术。学习技术是服务于党服务于国家建设，服务于人民生活的。思政教育应像“溶盐于水”那样，落实立德树人根本任务，将价值塑造、知识传授和能力培养融为一体，既达到教学要求，又达成教育目标。

我们的学生是“中国制造 2025”的亲历者，也是“中国制造 2035”的接班人，他们是充满活力与热情的一代人，作为职业学校教师，点燃他们的激情，为中国制造业蓬勃发展提供源源不断的新生力量，是我们义不容辞的责任，也是课程思政的意义所在。

案例12

责任在手中，安全在心间

上海信息技术学校　娄明珠

一、基本信息

专业：电气设备运行与控制

课程：电气设备装接与维修

课题：三相异步电动机正反转控制线路装调

教学对象：电气设备运行与控制专业194401班学生

教学内容：三相异步电动机接触器联锁正反转控制线路是实现可逆控制线路的必备基本电路，培养学生会识读该电路原理图、理解其工作原理，会接线、检测、通电调试，为后续电路的学习作铺垫。

二、思政目标和思政价值

思政目标❶：认识严谨设计的重要性，牢固树立安全意识。

明白在设计电路时，不仅要把功能实现，还要注意保护环节的设计，避免误操作或者电路不正常工作引起重大事故。在通电调试时要有责任感，除了自身做到安全生产，还要有意识监督他人做到安全和规范通电，将安全意识、严谨的工作态度深植学生心中。

思政目标❷：培养学生的工匠精神，帮助学生树立劳动光荣、技能宝贵的正确成才观。

以企业真实的工作任务为教学载体设计教学项目，将企业质量意识、操作规范等职业素养的培养贯穿在实践训练过程中。通过实训评价，对接企业质量标准，反复改进设计成果，养成认真细致、精益求精的工作态度。

思政目标❸：了解智能制造行业的发展规划，感悟中国特色社会主义道路的正确。

三、教学设计

1. 设计理念与意图

我国正处于由制造大国向智造大国转型升级的时期，随着制造业水平和创新能力的不断提高，对于技能人才的需求越来越大，技术要求也越来越高。技能人才的技艺水平、严谨性和产品精度等直接影响着我国的智造业发展的水平和行业、工业水平。在中职课堂教学中融入中国传统文化所深蕴的工匠精神，无论是对学生的思想教育还是对学生的动手能力培养都具有重要意义。

2. 教学分析

（1）课程分析

电气控制设备装调是培养机电维修电工岗位能力的一门专业核心课程。后续对接维修电工中级考证项目及可编程控制技术等相关课程。本课程的教学目标是培养学生具备从事电气控制、线路安装、调试、故障检测与维修等基本职业能力，培养学生具有熟练又过硬的动手能力，并为后续 PLC、变频器等相关课程的学习打下坚实的基础。由于课程的承上启下特点比较突出，如何让学生愿意学、学得好，在技能操作的教学过程中融入思政元素显得格外重要。

（2）教学现状分析

中职学生技术基础薄弱，部分学生自身的学习能力不强，学习热情不高，欠缺自主学习和认真钻研的精神。技能需要反复练习慢慢提高、经过数次训练才能熟练掌握。

3. 教学过程

（1）课前导学

课前，教师在学习平台发布学习任务，要求学生观看企业生产中正反转的视频，了解正反转的概念和三相异步电动机改变方向的实现方法。结合日常生活，让学生列出关于电动机正反转的运用场景。

设计意图和思政内涵：通过观看视频，加深对电动机正反转概念的理解，让学生观察发现生活中的实际例子，激发学习兴趣。

（2）课堂教学

课中通过“导任务、解难题、练操作、验成果”四步完成教学任务。

1）导任务。创设真实工作情境，导出学习任务。教师提取“CA6140 车床主轴电动机加工工作”视频，给学生呈现电动机正反转真实的应用场景，引出本次课的任务：设计车床主轴电动机正反转控制线路。

2）解难题。学生用两组长动线路实现了电动机的正反转控制。启发学生在分析电路工作原理时，发现这个电路存在安全隐患，容易造成两相电源短路。要克服这个难题，即正反转两个接触器是不允许同时通电的！所以控制线路的设计必须保证当一个交流接触器接通时，另一个接触器不接通，将对方锁住。通过这种循序渐进的方式启发学生理解“联锁触点”的实现方法和作用，突破本节课教学难点。

设计意图和思政内涵：在教师的循循善诱下，学生能发现问题，思考问题，解决问题。提升学生的学习能力。

3）练操作。实训课中因带强电通电操作，在涉及安全问题上不可存在侥幸心理，要求学生穿戴好工作服和绝缘鞋，防止操作不当带来的安全隐患。

操作前，教师集中讲授接线的基本原则和工艺要求，重点讲解线路连接时，每个电气连接端点只能接两根导线，端点间的连接导线必须从线槽中行走。接着呈现两张校园版和企业版的电气控制装接图给学生观看。学生观察发现我们的实训内容实际上很接近企业生产控制要求，不仅具备工艺标准，而且产品要有质量保证。这就需要通过反复训练，养成规范操作，使接线工艺达到企业生产的质量标准。

接下来，学生在各自的工位上按照工作页的要求进行实际操作。列写工具及元器件清单，选取工具及元器件，完成元器件检测，进行控制线路安装。在学生实际操作过程中，教师巡回指导。对于学生不规范、不安全的操作及时指出并加以纠正。

设计意图和思政内涵：教师用不规范的安装图片作为反面案例，让学生总结出规范操作的要点。对照企业质量标准，让学生寻找差距，写出自己需改进的细节点。以工艺标准来检验产品的规范度，培养学生的规范意识、质量意识，从而形成习惯。

4）验成果。接下来进入电动机运转调试阶段。学生按操作步骤先进行上电前的自检。用万用表的电阻挡测量阻值是否正常。如测量所得阻值不正常，则仔细检查接线线路是否存在漏接线、接错线的情况，如测量阻值正常，可以通电检验。学生应先举手告诉教师请求通电，经教师复查允许后方可上电运行。在通电操作过程中，学生牢记接通电源的顺序，明确安全规范操作的重要性。

通电过程中，学生观察各按钮动作后继电器和电动机的动作情况，将测试记录填入表 1 中。电动机正反转控制线路安装调试完成后，每位学生按照工作页中的评分标准填写自评，如表 2 所示，教师对学生的产品进行点评。

表 1　三相异步电动机接触器联锁正反转控制电路的通电测试记录

操作步骤	合上 QS	按下 SB2	按下 SB1	按下 SB3	再次按下 SB1	按下 SB2
电动机动作情况（运行或停止）						
接触器吸合情况（吸合或断开）						

表 2　三相异步电动机接触器联锁正反转控制线路装接与调试职业行为能力评分标准

评价指标	内涵说明	评价观察点	权重	自评	师评
布线工艺	按图接线，接线质量达到工艺规定的要求	• 按电路图进行控制线路的安装与接线。 • 导线与元器件连接紧固，接线正确、规范，导线放入线槽	25		
调试运行	通电调试步骤正确，观察动作情况，直到完全满足控制要求	• 接通电源顺序步骤正确，调试过程中操作熟练。 • 填写好通电测试记录表，正确记录继电器动作情况	20		
专业知识	专业知识与技能扎实，能运用到实际工作中，碰到简单问题能自己处理	• 能理解原理图和实物的关联，图形符号能看得懂。 • 能用所学知识分析电路中遇到的问题。 • 操作认真仔细，反复练习，践行精益求精的工匠精神	15		
安全生产	在实训中重视操作规范，反复督促落实每项安全要求，逐步培养学生养成良好的安全意识与行为习惯	• 操作过程中，严格遵守实训场地的规章制度和操作规程。 • 进入实训室前，正确穿工作服和电工鞋，注意自我保护和保护他人。 • 通电测试须征得老师同意，不允许擅自通电	20		
文明卫生习惯	正确合理使用和维护器材，保持实训秩序和场地整洁，养成良好的卫生习惯	• 仔细拆卸实训器材，整理工具箱，并打扫工作场所。 • 养成课堂纪律观念，自觉遵守实训室规章制度。 • 实训室不打闹，不吃零食饮料，不做与实训无关的事	20		

设计意图和思政内涵：电气控制操作中通电顺序非常重要，先操作哪个电源开关，后操作哪个设备，顺序一般不可颠倒错乱。强调在学习中和以后工作中应牢固树立安全意识，严格执行安全规程。学生装接调试过程中，通过反复练习、检验、修正，再实践才能完成。培养学生的耐心、细心及精益求精的职业精神。

4. 课后拓展

课后，学生按照 6S 管理要求整理工具和工位。教师布置课后作业，针对控制电路的不足（电动机不能正反转直接切换）如何解决？改善电路设计，为下次课程的学习任务做铺垫。

最后，观看视频《大国工匠》。总结出工匠精神不仅是一项技能，也是一种精神品质。我们要学习这种精神品质，做本分人，用慢功夫，用精益求精的态度，把自己要做的事做好。

查阅《上海市先进制造业“十四五”规划》，写一篇200字左右的体会。

设计意图和思政内涵：工匠精神是青年人学习的榜样。通过观看视频，引起学生情感共鸣，有效激发学生产生学习动力，成为一名有理想守信念，懂技术讲创新、敢担当讲奉献的一线技术人员。

5. 教学成效

明确思政考核评价，育人效果明显。将质量意识、操作规范、安全意识、卫生整理、学生的文明行为等常规思政点纳入考核评价点，达到了预定的思政教学目标。学生尤其对安全生产有了更深层的认识，保护自己，保护他人。

通过在电气设备安装课程中结合工匠精神进行教学，学生的学习主动性和积极性有了很大的提升，职业素养有所提高。各小组都按要求完成了线路的安装与调试，功能实现率达100%。

6. 反思诊改

针对学生在操作训练中出现的错误，要反复提醒，细节上还需更加规范标准。在今后的课程中可以针对规范与安全意识进一步加强教育。

加强调动基础薄弱学生的学习积极性，了解学习中遇到的主要困难，讨论解决措施。

课程思政部分的融入不够自然，与“盐溶于水，润物无声”的要求还有很大的距离。需加深课程思政、信息化教学、教学评价方面的认知和研究。

四、经验总结

要注重培养学生的思政素养。在课堂教学中，尽量将思政教育融入电气专业知识的讲解中，引导学生学会思辨、分析问题，并注重培养他们的责任感和社会意识。

要注重与学生的互动与交流。鼓励学生积极参与讨论，提出自己的观点和见解。通过开展小组活动、案例分析等方式，促进学生的思想碰撞和思维方式的转变。

要注重将课程思政与实际问题相结合。通过引入一些电气专业领域的实际案例，让学生在理论学习的同时了解到电气工程对社会的作用和影响，培养他们解决现实问题的能力。

要借助信息化教育技术手段。在课堂教学中运用多媒体、互动教学等手段，提高教学效果，激发学生的学习兴趣和积极性。

案例13

操控工业机器人，体会创新是发展的第一动力

上海信息技术学校　郑直

一、基本信息

专业：工业机器人技术应用

课程："1+X"工业机器人操作与运维考证实训

课题：离线编程三维环境的搭建

教学对象：工业机器人技术应用专业204Y01班学生

教学内容：参照考证设备的实际布局情况，在离线编程软件中，掌握三维球和工件校准的使用技巧，实现离线编程三维环境搭建。

二、思政目标和思政价值

思政目标❶：增强学生民族自信，体会创新是发展的第一动力。

课程的离线编程仿真操作基于国产软件PQArt，通过对软件的学习和使用，让学生领会国产软件的便捷实用，增强学生对国产软件的认可喜爱，增强民族自信。

思政目标❷：培养精益求精的工作态度。

将三维模型导入仿真环境中进行模型布局的过程中，需要与模块实际安装位置一一对应。通过不断测量与调整模型位置，达到规定要求，培养学生精益求精工作态度。

思政目标❸：了解工业机器人生产使用情况，提升道路自信的认同。

通过对比国内外工业机器人生产、使用的情况，认真发展自主品牌的重要性，提升走中国特色社会主义道路的认同感。

三、教学设计

1. 设计理念与意图

PQArt是我国拥有自主知识产权的工业机器人离线编程软件。它根据几何数模的拓

扑信息生成机器人运动轨迹，之后轨迹仿真、路径优化、后置代码一气呵成，同时集碰撞检测、场景渲染、动画输出于一体，可快速生成效果逼真的模拟动画，广泛应用于打磨、去毛刺、焊接、激光切割、数控加工等领域。本节课的重点内容是让学生能够熟练使用 PQArt 软件，完成工作站中离线编程所需的三维环境搭建。

将理论与实践相结合，以学生为中心，以实际应用为导向，培养职业素养和团队合作精神，适应未来职业岗位需求。通过项目式教学设计和实施，可以帮助学生掌握相关的理论知识和实践技能，提高其职业竞争力和适应能力。

2. 教学分析

授课对象为四年制工业机器人技术应用专业的三年级同学，学生实践操作能力较强，但知识技能总结能力较弱，愿意对新的知识技能进行学习和探索。

根据中等职业学校机电技术应用（工业机器人应用与维护）专业“1+X”工业机器人操作与运维考证实训课程标准，采用任务引领教学法，使学生了解国产仿真软件的强大功能，掌握三维球和工件校准的使用技巧，能实现离线编程三维环境搭建。

3. 教学过程

（1）模型布局

针对机器人、工具和其他零件等：利用三维球，将目标对象拖动到工作台上，其位置大致与现实环境中相同。教师演示三维球的使用方法，提示学生布局工作站时的主要步骤。学生先用尺子在实际环境中测得每个对象的具体位置，并进行记录，然后再对应到软件环境中。

首先是调整机器人位置，其次调整剩余模型位置，除了码垛平台 A、码垛平台 B 和涂胶单元之外，其他的零件和工具都使用三维球定位到工作台上。

设计意图：让学生在反复测量和记录中养成规范意识和质量意识，在实际的软件操作中，感受仿真软件的便捷易用。

（2）工件校准

针对剩余模型，为了能确定它们更精确的位置，我们需要采用工件校准的方法，使工件与机器人的相对位置与实际环境中工件与机器人的相对位置保持一致。工件校准需要学生分别在软件环境中和真实环境中分别拾取对应点位，在真实环境中的取点，需要手动操纵工业机器人。

在操作前，教师要提醒学生佩戴安全帽，正确操作关键按钮，与机器人保持足够的安全距离，熟知紧急停止按钮的使用，进一步强化学生安全操作规范。项目实操中，学生对示教器摇杆操作熟练度不够，发生因少许偏差而导致机器人第六轴法兰盘工具与码垛平台发生碰撞的故障，导致学生出现畏难或失落情绪。教师及时做示范性操作指导，提出“先粗调接近，再微调贴合”的操作技巧。学生按照教师设计的工作任务书，进行过程式思考和记录，依次完成码垛平台 A、码垛平台 B 和涂胶单元的工件校准操作。

设计意图：工件校准要求精度很高，通过不断地调整与校准，让学生养成不断完善、追求进步的岗位追求，懂得精益求精的工匠精神。采用工作任务书进行过程性辅助和引导，使学生在学习过程中更加规范，有助于良好职业习惯的培养。

4. 教学成效

通过观察学生的课堂参与情况，了解学生对三维模型搭建的兴趣和热情。学生积极参与课堂讨论、认真听取教师讲解、主动进行操作练习，他们对三维环境搭建的学习积极性较高。

通过课堂实操、小组讨论、成果展示等方式，学生对三维模型搭建的操作技巧基本掌握。能够熟练运用各种建模软件进行模型搭建，并能够根据实际需求进行模型的调整和修改。

5. 反思诊改

反思学生的学习情况和需求，关注学生的学习进度和个性化需求，通过多样化的教学活动和辅导方式，帮助学生解决学习中遇到的问题和困难，激发学生的学习兴趣和积极性，提高学生的学习效果。

当学生在操作过程中遇到困难时，教师通过以身示范使学生明白，学习机器人调试技能没有捷径可走，只有“静下心，细观察，练手感”，打牢扎实的示教器使用基本功，才能让眼睛变得锐利，做到得心应手地调试机器人。

四、经验总结

该项目既锻炼了学生的操作技能和解决问题能力，又在项目中潜移默化地让学生认同国产软件，完成对精益求精、吃苦耐劳的工匠精神的内化，同时将安全文明、绿色环保的生产意识等思政元素融入课程教学。与此同时，教学相长，提高了教师的教学技能，深刻地体会到思政课与技能课紧密融合的良好效果。

在后期的工业机器人课程中，还可以进一步介绍国内外机器人领域的最新发展和技术趋势。通过对比国内外机器人产业的发展和特点，培养学生的国际视野和跨文化交流能力。同时，还可以组织学生讨论国内外机器人行业的相关政策和法规，引导学生了解不同文化背景下的机器人应用和发展方向。

案例14

在物理实验中探求科学真理和提升社会担当

上海信息技术学校　时伉丽

一、基本信息

专业：智能化生产线安装与运维专业

课程：物理

课题：自由落体运动

教学对象：213L01 班学生

教学内容：本课学习任务“自由落体运动”是主题一的第三个任务，通过牛顿管实验，观察不同质量、形状的物体在空气和真空中下落时的现象，增加空气阻力对落体运动有影响的感性认识，发展实验观察、科学论证的物理学科核心素养。通过打点计时器测重力加速度实验，了解自由落体运动规律，并能运用其解决生活中的实际问题，发展实验观察、操作技能物理学科核心素养。

二、思政目标和思政价值

思政目标❶：培养学生批评质疑、勇于探究的科学精神和坚持真理、严谨探究的创新精神。

通过伽利略质疑亚里士多德观点，并假设论证，落实课标中假设推理、实验观察、科学论证的科学思维与创新的核心素养，培养学生用辩证、逻辑的思维看待问题的科学观，发展学生不迷信权威，勇于创新、不断探索的科学精神。

通过牛顿管对照实验、硬币纸张实验理解重力加速度，掌握自由落体运动的性质，落实课标中物理观念及应用的核心素养，并培养学生善于思考，勇于验证的科学态度。

通过动手操作打点计时器测重力加速度实验，落实科学实践与技能、科学态度与责任的核心素养，培养学生小组团结一致的科学感情，尊重事实、认真严谨、精益求精、追求极致的实验态度。

思政目标❷：提高安全意识，加强法治教育。

通过引入生活中高空抛物事件，引发学生对法律法规的思考，落实课标中科学实践与技能要求，培养学生遵纪守法的基本道德修养。

思政目标❸：激发学生的民族自豪感和自信心，增强学生爱国意识。

通过我国自主研发的重力仪的应用，落实课标中科学态度与责任，激发学生的民族自豪感和自信心，增强学生爱国意识以及担负社会责任的科学感情。

根据上述的思政设计设想，最终融入本课的知识技能目标和思政点如表 1 所示。

表 1　自由落体运动课程知识技能目标和思政点

知识点	思政元素	思政点	核心素养
物体下落快慢	伽利略质疑及实验验证	思辨的科学观、不迷信权威的科学态度	科学思维与创新
影响物体下落快慢的因素	牛顿对照组实验	勤于思考、假设推理、科学论证的科学求真态度	物理观念及应用
自由落体运动的性质	打点计时器测重力加速度实验	小组团结一致的科学情感，尊重事实，认真严谨、精益求精的实验态度	科学实践与技能、科学态度与责任
自由落体运动的规律及应用	高空抛物情境习题	遵纪守法，社会合格人	科学实践与技能
重力加速度	“珠峰号”重力仪	民族自豪感，自信心，爱国意识担负社会责任的科学情感	科学态度与责任

三、教学设计

1. 设计理念与意图

紧紧围绕“培养什么人、怎样培养人、为谁培养人”的教育根本问题，通过伽利略提出质疑这段物理学史，以及牛顿管、打点计时器测量重力加速度等学生分组实验，以高空坠物等情景习题为教学内容载体，以舞台剧、展示和分组实验、3D 实验、动画、视频、图片的呈现方式，将善于思辨、敢于质疑、勇于创新、遵纪守法、爱国自信的价值塑造和重力加速度、自由落体运动规律的知识传授以及科学思维、科学实践与技能的能力培养融为一体。课程设计思路如图 1 所示。

自由落体运动是一种特殊的匀变速直线运动，在物理学史中比较著名的一段历史为，伽利略对延续了两千多年的著名哲学家、科学家、教育家亚里士多德提出的“两个物体一同下落，重的物体先落地”观点的质疑，并进行了比萨斜塔落体实验，验证了亚里士多德的说法是错误的。伽利略是理论联系实际的重要代表人物之一，其善于思辨、敢于质疑、勇于创新的科学精神值得深思和推广。

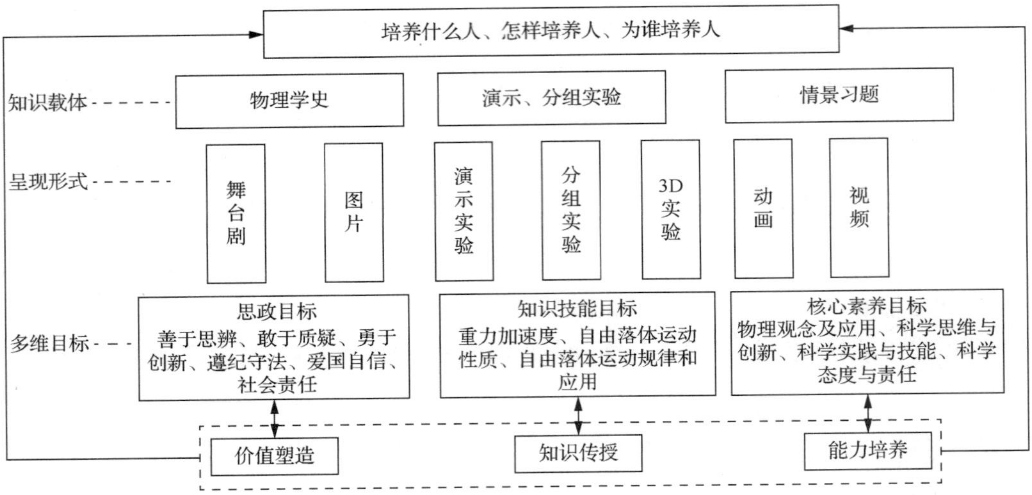

图 1　自由落体运动课程设计思路

本课可展开的实验较多，可进行演示实验和分组实验，引导学生思考物体下落快慢的影响因素，学习自由落体运动的性质与自由落体运动的规律。教师设计动手操作打点计时器测重力加速度实验，培养学生严谨操作的实验态度，进而培养其遵守规则的工作态度。

在设计本课的例题和练习题时，可以引入高空坠物等情境，对学生进行安全教育，让学生提高自我防范意识以及做到遵纪守法，做合格社会人。

2020 年 5 月，我国自主研发的“珠峰号”重力仪测量了珠穆朗玛峰最高程，其测量精度高，能准确测量重力加速度，对开展地震预报、重力探矿、空间科学都具有重要意义，使学生了解我国技术发展，增强民族自豪感。

2. 教学分析

物理课程是中职理工类各专业的公共基础课，共计 108 课时，授课对象为一年级学生。本课程选用《物理（通用类）》职业教育“十四五”国家规划教材，辅以物理 3D 实验室和学生实验室。

课前学情分析显示，经过匀变速直线运动的学习，大部分学生知道加速度的概念，理解加速度的物理含义，并能够进行加速度简单计算，能用公式、图像描述匀变速直线运动，理解匀变速直线运动的规律，能运用其解决简单的问题，并能够通过实验，测量匀变速直线运动物体的加速度。学生实验操作完成得较好，但学生主动思考能力较差，迁移学习能力欠佳，解决问题的思维和方法单一。

理解影响物体下落快慢的主要因素，掌握自由落体运动的性质，运用自由落体运动规律进行计算是本次课的重点。在教学过程中如何理解自由落体运动性质是教学难点，通过操作打点计时器实验并进行数据计算，反复观察相邻时间间隔的位移差的平均值，强化学生按步骤操作和数据处理注意要点，验证并分析与标准值偏差的原因，在反复实验和数据处理中得到重力加速度为初速度为零，加速度为 g 的匀加速直线运动，落实教学难点。

3. 教学过程

围绕思政目标、核心素养、课程目标，通过“以学生为中心”以“学—教—行”为主线的层次化、进阶式教学理念，课前以课题形式学习伽利略质疑亚里士多德的物理学史，排练情景剧理解“伟人”当时心理活动，感悟科学家敢于质疑的精神。教学过程总览如图 2 所示。

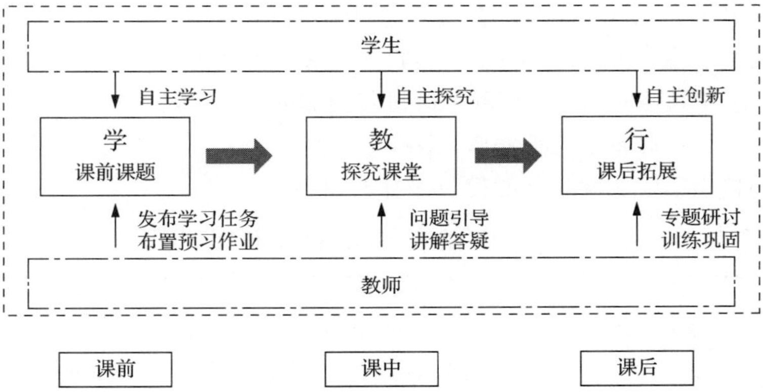

图 2 自由落体运动课程教学过程总览

课中通过生活中落叶、雨滴现象引发对自由落体运动规律的思考，观察学生思考与回答的积极性，让学生通过情景剧的表演理解伽利略的逻辑，培养学生善于思考、辩证看待问题的科学观。体会爱因斯坦名言“提出问题往往比解决问题更重要”，发展学生不迷信权威，勇于质疑，不断创新、不断探索的科学精神。

课中通过硬币纸片实验，让学生真实感受物体的质量、大小、形状对物体的下落快慢的影响，引出空气阻力影响物体下落快慢的原理，在此过程中评价学生回答问题的积极性。通过牛顿管对照实验，让学生思考牛顿管中铁片和羽毛谁下落快，引导学生总结自由落体运动的定义，对学生结论进行评价，从而培养学生善于思辨的科学观念和实事求是的科学态度。

课中通过打点计时器探究自由落体运动的性质，引导学生根据实验器材，进行打点计时器测重力加速度的操作。在操作过程中培养学生小组团结一致的情感，积极主动、认真严谨的实验态度。根据实验得到数据，推断自由落体运动初速度为零的匀加速直线运动规律。进一步通过实验结果计算重力加速度，并在反复计算过程中分析得出实验结果与教师给定标准值存在偏差原因，培养学生尊重事实、善于思考、精益求精、追求极致的科学态度。在此过程中评价学生实验操作的规范性。

课中通过对自由落体运动是一种特殊的匀变速直线运动的总结，回顾匀变速直线运动的规律。通过学习迁移的方式，让学生自行总结自由落体运动的速度公式、位移公式，培养学生举一反三的迁移学习能力。通过例题和练习题的形式巩固自由落体运动规律的运用。在题目中设置高空抛物情境，让学生在计算数据中了解普通物体高空下落时，虽然时间极短，速度却很快，明白高空抛物的危险性，提高自我防范意识以及做到遵纪守法。在此过程中，评价学生的题目正确率。

课中通过视频方式让学生了解 2020 年 5 月，我国自主研发的“珠峰号”重力仪在测量珠峰高度的工作场景，让学生了解中国技术的发展，激发学生的民族自豪感和自信心，增强学生爱国意识以及担负社会责任的科学情感。

课后，要求学生自行通过物理 3D 实验室了解频闪照相机测量重力加速度实验，并查阅资料，了解伽利略对科学发展和社会进步所作的贡献，培养学生科学态度与责任的物理学科核心素养，激发学生的偶像认同感。

本课程为自由落体实验设计的教学评价表如表 2 所示。

表 2　自由落体实验操作评价表

<table>
<tr><th colspan="5">评定要点</th><th>成绩</th></tr>
<tr><td rowspan="7">实验操作</td><td>器材组装</td><td>1</td><td>能正确连接纸带和重物，组装打点计时器</td><td>5</td><td></td></tr>
<tr><td>器材的调节</td><td>2</td><td>能调节纸带-重物的方向为垂直向下，并正确安装入打点计时器中</td><td>5</td><td></td></tr>
<tr><td>打点计时器的操作</td><td>3</td><td>能做到先开电源再放纸带</td><td>5</td><td></td></tr>
<tr><td>纸带的测量</td><td>4</td><td>会标注计时点和计数点，会正确使用刻度尺测量两点间的距离，会正确读数、记录数据</td><td>15</td><td></td></tr>
<tr><td rowspan="3">数据处理</td><td>5</td><td>会用判别式判断运动是否为匀加速直线运动</td><td>15</td><td></td></tr>
<tr><td>6</td><td>会用逐差法公式计算加速度</td><td>15</td><td></td></tr>
<tr><td>7</td><td>能够选取多段合理的计数点进行计算加速度</td><td>10</td><td></td></tr>
<tr><td rowspan="2">实验原理</td><td rowspan="2">反应现象和原理</td><td>8</td><td>误差原因分析</td><td>10</td><td></td></tr>
<tr><td>9</td><td>实验报告书写正确</td><td>10</td><td></td></tr>
<tr><td>实验习惯</td><td>实验全过程</td><td>10</td><td>实验操作规范，习惯好</td><td>10</td><td></td></tr>
<tr><td colspan="4">总分</td><td>100</td><td></td></tr>
</table>

4. 教学成效

通过情景剧导入，能够调动学生学习兴趣，感悟科学家勇于质疑的精神，带动学生思考影响物体下落快慢的因素是否跟质量有关，培养学生主动思考的能力。

运用“以学生为中心”以“学—教—行”为主线的层次化、进阶式教学理念，在落实物理观念及应用、科学思维与创新、科学实践与技能、科学态度与责任四个学科核心素养的同时，培养学生质疑、创新、坚持真理的探索精神，提高安全意识、遵纪守法的意识，激发学生的民族自豪感和自信心，增强学生爱国意识。

通过视频、动画、物理 3D 实验室、真实实验等多种手段，让学生深入理解自由落体运动的性质和运动规律，并激发学生的学习热情。

5. 反思诊改

质疑态度、辩证思维、安全意识无法在课堂给出评价结果，可以根据学生在一段时间内行为习惯的观察，评价思政教育是否有效果。

打点计时器测量重力加速度实验由于是在小组中同时开展实验，对于实验过程教师无法全面掌握，需要增加学生互评和小组互评环节。

四、经验总结

首先，明确课程思政元素，结合国家思政相关政策文件挖掘较为粗放的思想政治元素，然后利用《物理课程方案》寻找适合中职生身心发展规律的思想政治元素，最后以《物理课程标准》进一步深入梳理归纳形成具有物理思想政治元素的结构图谱。剥离物理课程思政元素主要体现在政治认同教育、哲学观教育、道德品质教育方面。比如政治认同教育包括认同意识形态、认同理想信念；继续拆分出具体思政元素为科技报国、大国工匠、奉献精神，将此三种精神教育依次细化形成物理思想政治元素结构图谱。

其次，明确可以融入思政的教学内容。教学内容可分为物理实验、物理概念与规律、物理问题解决三种形式，每节课都是由其中一种或者多种教学形式共同组成的。需要明确思政在三种教学形式中的显现方式。比如实验教学，物理实验是探究物理过程变化规律的一种科学活动，可以分为演示实验，边教边实验和分组实验等。在教学过程中制定实验计划，设计实验方案，挑选实验器材，动手操作，观察测量实验结果，收集处理实验结果，总结归纳结论，在此过程中可以落实规范操作、实事求是、科学严谨、团结合作的思政目标。

再次，落实物理教学中可以实施课程思政的路径，根据确定的思政元素融入教学内容，可以口述、图片、文字、动画、实验等方式呈现想要落实的思政目标，比如质疑精神的落实可以通过物理学史、分组实验来实现；比如文化自信，可以通过介绍我国自主研发的重力仪来实现。

最后，进行课堂实践，在实践的过程中，再重新反思融入元素的契合度、融入的方式、融入的效果，进行调整优化。

案例15

闪闪红星机器绘，精益求精工匠成

上海信息技术学校　戴娟

一、基本信息

专业：工业机器人技术应用

课程：工业机器人操作与编程（1）

课题：绘制五角星

教学对象：194R01 班二年级学生

教学内容：以工业机器人自动绘制五角星图形为教学任务，学习 MoveL 指令的工作原理及典型应用，根据五角星图形的特点，规划工业机器人的运行轨迹，调用 MoveL 指令完成程序的编写，修改 MoveL 指令参数仿真验证正确后，在实际的工业机器人上手动运行调试，重复示教目标点的位置，设置运行参数，完成五角星图形的自动绘制。

二、思政目标和思政价值

思政目标❶：增强学生的民族自豪感和职业认同感。

在任务引入部分，通过对国旗上五角星图形的制作方式的变化讨论，帮助学生感受我国制造业的高速发展。播放中国制造的发展现状视频，展现工业机器人在工业发展中的重要性，呈现中国大国风范，增强学生的民族自豪感和职业认同感。

思政目标❷：培养学生严谨认真、精益求精的工匠精神。

在运行调试过程中，严格遵守安全操作规范，小组成员团队合作，设置正确的参数自动运行机器人程序，使工业机器人完成五角星图形的自动绘制，再根据运行结果，对所有五角星图形上的目标点位置进行精准示教，通过不断运行调试，改进完善目标点的位置，提高五角星图形的绘制精度，培养学生严谨认真、精益求精的工匠精神。

三、教学设计

1. 设计理念与意图

工业机器人技术作为装备制造业中重要的技术手段，在智能制造、工业生产中发挥着越来越重要的作用。2021 年，国家“十四五”规划明确提出深入实施制造强国战略，加快制造业智能化转型，推动机器人等产业创新发展。技术技能人才是支撑制造业发展的主体力量，工业机器人专业将增强职业能力作为人才培养的出发点，以满足“中国制造 2025”的需求。但随着互联网+以及新媒体的迅速发展，出现了一些不良网络现象，对中职学生价值观的形成有很大的冲击。

因此，仅重视对学生技术的培养是远远不够的，还需融入思想道德教育，加大学生的职业素养培养，使学生成为不仅具有工业机器人安装、编程、调试等专业核心知识与技能，而且具有坚定热爱祖国的情怀，攻坚克难、团结奋进的协作精神，精益求精、追求卓越的工匠精神的高技能高素质的复合型人才，助力中国智能制造，为学生的终身发展打下基础。

2. 教学分析

工业机器人操作与编程课程是中职工业机器人技术应用（四年制）专业的一门专业核心课程，主要培养学生对工业机器人的基本认知、手动操纵、基本指令应用、程序编写、运行调试等能力。课程的授课对象为二年级学生，开设时间是二年级的第二个学期，共计 72 课时。本课程选用职业教育“十三五”国家规划教材《工业机器人操作与基础编程》。

本课程采用项目引导、任务驱动的教学模式，教学内容为“项目六 工业机器人编程技术应用”之“任务二 绘制五角星”，教学时长为 2 学时。立足工业机器人操作与运维岗位要求，根据课程标准，结合“1+X”工业机器人操作与运维初级职业资格证书，制定如下教学目标。

思政目标：通过观看制造业发展视频，提升民族自豪感；通过修改参数运行调试，不断示教目标点，提高精度，培育严谨认真、精益求精的工匠精神。

知识目标：熟悉五角星图形特点，熟悉 MoveL 指令的特点及应用。

技能目标：能正确规划五角星图形轨迹，能正确应用 MoveL 指令编写程序，能正确示教五角星图形目标点并完成运行调试。

素养目标：在工业机器人操作过程中，严格遵守操作规范，培养安全意识、规范意识；在轨迹规划、程序编写和调试过程中，小组讨论合作，培养团队意识。

在本次任务之前，学生已经学习了工业机器人的工具数据和工件坐标系的创建、手动操纵、运动指令 MoveJ 的特点及应用，能够进行基本程序的创建、编写和运行调试。通过教学平台数据分析，学生对工业机器人的学习兴趣高、动手能力强，但轨迹规划能力不足，缺乏实际操作练习，操作规范意识和程序运行调试能力有待增强。

因此，根据教学目标，结合学情，确定了本课次的教学重点：五角星图形轨迹规划和 MoveL 指令的应用；教学难点：精准示教五角星图形上的目标点。

3. 教学过程

（1）创设情境 引入任务

教师展示新中国的第一面五星红旗，提出问题：新中国的第一面五星红旗上的五角星是如何制作出来的？今天的国旗又是如何生产的？工业机器人能否绘制五角星？引导学生讨论，创设情境，引入任务。教师播放有关中国制造业发展的视频以及中国制造2025 相关视频，激发学生的民族自豪感，同时使学生了解到中国制造中工业机器人的重要作用，意识到所学的专业技术能够助力中国制造的发展，建立职业使命感，达成思政素养的基本认知。

（2）小组讨论 分析任务

教师通过播放工业机器人绘制五角星图形的实际工作过程视频，帮助学生明确任务目标，引导学生结合课前预习内容，根据五角星图形的特点，小组讨论本次任务应选用的运动指令，培养学生分析问题的能力。

（3）规划轨迹 展示互评

教师引导学生分析五角星图形的结构特点，小组合作共同规划工业机器人的运行轨迹。规划完成后进行展示讲解，各小组进行小组自评和小组互评，最后老师再进行点评。学生根据评价结果进行轨迹修改完善，使机器人能够绘制五角星图形的每一条边，到达五角星图形上的每一个目标点。在小组合作规划轨迹、根据评价反馈再改进完善的过程中培养学生的团队合作能力和反思能力。

（4）实际操作 编写程序

遵守工业机器人安全操作规范是完成五角星图形绘制的前提，在实践操作前，教师强调操作安全注意事项，要求每个小组做好规范着装准备，对机器人进行安全检查并完成开机。每个小组的安全员相互进行操作准备和操作过程中的安全检查并记录评价，将无撞机等安全事故作为评价指标，增强学生的安全生产意识、规范意识；教师引导学生，在示教器上规范创建例行程序、正确调用运行指令 MoveL 编写程序、根据已经规划好的轨迹初步示教目标点，将编程步骤正确性与程序创建命名规范性作为评价指标，培养学生的规范意识。

（5）手动调试 优化参数

学生小组合作对已经编写好的程序进行手动单步运行调试。教师巡视学生调试情况，记录点评每个小组初次绘制的五角星图形，针对五角星图形漏边、有圆弧、没有顶点等问题，教师引导学生共同分析，鼓励学生探究机器人转角半径、速度等参数设定值的最优解，加强学生探究能力的培养，学生根据点评反馈优化程序结构、修改转弯半径等参数，不断调试直到五角星图形绘制正确，培养学生严谨细致认真的工作态度。

（6）不断示教 提高精度

通过手动调试，每个小组都能够绘制正确的五角星图形，但是五角星图形中的每个顶点的位置还不够精准。教师引导学生对比实际国旗上五角星的精准度，不断示教目标点，提高运行精度，将目标点的精度作为评价指标，培养学生精益求精的工匠精神。

4. 教学成效

在任务引入部分，学生通过观看视频与比较国旗上五角星图形的制作方式，感受中国制造的发展，提升了民族自豪感；学生通过讨论工业机器人能否绘制五角星，了解工业机器人在中国制造中的重要作用，提升了职业认同感。在程序调试运行过程中，学生若设置错误一个指令参数，就会导致图形绘制错误，培养了严谨认真的工作态度；学生通过不断示教五角星图形上的每个目标点，提高图形绘制精度，培育了精益求精的工匠精神。

5. 反思诊改

本课次主要通过任务引入、实际操作等过程融入民族自豪感、工匠精神等思政元素，但课堂时间有限，在课后思政目标的延续方面存在一定的局限性，因此后续将开拓课堂外思政新领域，引导学生阅读“新四大发明”“大国工匠纪录片”等具有思政元素的案例，聆听优秀学长、世界技能大赛冠军、大国工匠、五一劳模故事，参与技能类比赛，在课堂上分享评价课堂外的学习等，将课堂内教学与课堂外教学相结合，形成课程内外积极互动，真正落实思政目标。

四、经验总结

本课程是培养学生工业机器人操作、编程与调试等核心职业技能的重要课程，也是培养学生团队协作意识、规范意识、工匠精神等职业素养的重要环节。

该课程知识点多、专业性和实践性强，在进行教学设计时，以学生为中心，教师引导，学生动手参与，结合课程内容从多角度全方面挖掘德育元素，如将机器人助力中国智能制造作为任务引入，激发学生民族自豪感和职业使命感；在实际调试过程中，通过提高产品的质量精度要求，培养学生精益求精的工匠精神。

在实施过程中，通过设置可评价的指标如无安全事故等来评价学生的安全意识；以操作步骤正确、程序创建命名规范性等评价学生的规范意识；以目标点的精度评价工匠精神，来落实德育评价，最终实现专业教育与思想政治教育的有机融合，拓宽了学生对专业的认知，提升了学生的学科综合素养。

案例16

技术变革催生效率，技能润心激发情怀

上海信息技术学校　陆可人

一、基本信息

专业： 工业机器人技术应用

课程： 工业机器人操作与编程

课题： 工业机器人物块搬运实训

教学对象： 工业机器人技术应用专业 193R11 班学生

教学内容： 根据物块的位置和姿态信息，规划一套高效的搬运路径，利用工业机器人编写精确、稳定的抓取程序，使机器人能够快速而安全地将物块从起始位置搬运到目标位置。

二、思政目标和思政价值

思政目标❶：对伟大祖国发展的政治认同，增强发展信心。

在职业教育“1+X”证书变革中，要求学生能够切实掌握工业机器人搬运应用，虽然搬运是日常生活中常见的场景，但常见的不代表生来就是这样。因此通过观看视频片段体会从码头到自动化工厂中人力搬运到全自动化机械操作的科技变化，能够切实从变化中体验祖国发展，由衷地增强民族自信和价值认同。

思政目标❷：培养学生的辩证思维方法，提高耐挫能力。

创设国旗模型玩具装配的任务背景，学生通过自身努力发现问题、解决问题，完成拼装任务，从而直观感受科技与情感的碰撞，体验专业魅力的同时增强了自身的自信心，提升了学生对于新兴专业技术的兴趣。

三、教学设计

1. 设计理念与意图

本课程为理实一体化课程，主题是“工业机器人物块搬运实训”，依据工业机器人编程与维护专项操作技能鉴定要求和本校《工业机器人操作与编程课程标准》而设定。

教学对象为云南班二年级学生，学段正为接触专业课的中间阶段。如何让学生对专业有更进一步的理解，如何巩固学生的职业素养是面临的关键问题。因此在设计本次课程时，考虑到学生的特殊情况，选取建党 100 周年优秀电视剧与现今先进自动化工厂中的片段对比，在体现专业应用的同时也能够增强其民族自信与价值认同，向学生传递积极奋斗的正能量。

2. 教学分析

云南班学生，实践操作能力较强，但知识技能总结能力较弱，愿意对新的知识技能进行学习和探索。根据中等职业学校工业机器人技术应用专业《工业机器人操作与编程课程标准》，采用任务引领教学法，使学生在学习 SET、RESET、WAITTIME 指令运用的同时学会如何规划机器人运动轨迹。

3. 教学过程

（1）主题引入

生产生活中是如何实现重物搬运的呢？通过以搬运大米为例，以小组为单位请学生说一说曾见到的搬运方式。

在总结学生的回答后，通过观看电视剧《觉醒年代》中陈家兄弟在码头当搬运工的片段，再观看当下生产车间中工业机器人搬运工件进行组装生产的视频，将两个视频内容进行对比，从而体会人力解放与技术变革。

随着科技进步，我们早已可以实现自动化生产，那么今天就一起来学习如何利用智能制造中的点校智能化工业机器人来搬运工件。

设计意图和思政要点：

1）通过观察日常生活，体会社会发展中科技进步带来的美好生活。

2）从变化中体会祖国发展，由衷地增强民族自信和价值认同。

3）从科技感中体验专业价值，提升学生对专业的归属感与兴趣。

（2）任务介绍

在一款手机模型玩具的装配车间，需要用机器人将按键模型从托盘上拾取后，安装到手机模型的正确位置。现在作为现场技术人员，需要你在装配线到达之前，利用现有设备进行按键搬运流程的初步设计，确定第一版搬运程序。

（3）任务分析

任务一：分解在搬运过程中涉及的步骤，形成一份完整的搬运流程。

利用现场环境的俯视简图，学生开展小组讨论，进行流程规划，并分别在班上进行展示，每组有 2 分钟时间展示机器人运动轨迹并说明设计思路，最后评选最优方案组。教师观察学生的讨论与展示，及时提出各组作品的亮点，并启发学生发现需要完善的地方，通过对学生作品的点评，最后一起完善轨迹，确定基于现场环境的推荐轨迹方案。

任务二：在该流程的基础上规划机器人轨迹程序。

在熟悉机器人搬运的流程后，能够根据现场生产环境绘制搬运轨迹图，规划合理的机器人搬运轨迹；并在轨迹图的基础上明确各点位需要运用的运动指令，通过复习MoveJ、MoveL运动指令特点及运动指令五个要素，明确各点位需要运用的指令，并且能意识到需要运用新的WAITTIME指令才可以让程序更安全。

设计意图和思政要点：通过小组讨论的方式，集思广益，让学生意识到在实际生产过程中会遇到的各类问题，需要严谨细心的专业态度，才能完成一次任务规划。

任务三：根据规划，现场编写搬运程序。

各小组通过机器人基础应用实训设备进行程序编写，并在编写过程中体会WAITTIME指令的意义。

（4）任务三实操练习

要求：

1）注意程序编写的操作规范。

2）能够进行小组合作，实现人员合理分工。

3）通过实际轨迹编写发现问题。

问题引申：要实现机器人手抓的实际动作，就需要运用到手抓控制信号PN_DO11，利用先前课程设置好的PN_DO11信号，引出下节课程需要学习的在程序中如何发送信号，即SET和RESET指令的使用。

设计意图和思政要点：

1）通过实体机器人操作，让学生直观感受操作机器人搬运工件的效果。

2）通过操作发现前期规划中的问题，培养学生在操作中解决问题的能力。

3）通过完成任务培养学生的耐挫能力和自信心。

（5）作业布置

1）利用思维导图，请学生自己绘制一份搬运流程图。

2）课后观看《超级工程》视频，通过工程的庞大、技术复杂度、建设中取得的成就，体会工程建设中的智慧、情感和梦想，学生提交一篇300字左右的观后感。

4. 教学成效

（1）通过观察身边的变化，从社会发展经济变迁中体会科技的魅力

教师通过提问："生产生活中是如何实现重物搬运的呢？"学生以小组为单位说一说所见到的搬运方式。第一位学生想到的是当地搬运木材使用到的滚木形式，还有学生想到的是在学校发放教材时用到的推车，这些都是在发展过程中典型的人力与机械的结合，而搬运历史的变化是从单纯人力到高度智能化机械化的发展。

（2）分析问题与解决问题，严谨细心的专业态度才是根本

在认识到工业机器人的便利后，如何使用该工具协助生产就是一个将思想落地的过程。因此围绕实验室设备，创建项目背景，让学生分组进行搬运轨迹规划。只有严谨细心才能完成一次可行的方案设计。

（3）5S 职业素养贯穿实操过程

在操作过程中分别设立：①安全员：在安全设施周围一旦出现问题及时采取措施，确保小组成员在操作中的安全；②操作员：手持示教器进行机器人操作，规范安全穿着，是整个小组的关键人物；③记录员：统管全程，及时记录操作过程中发生的问题和需要注意的关键点，方便后续复盘总结。这样的角色分配既能让学生进入一个全真模拟的环境，增强职业体验，又可以将任务落实到人，避免出现小组练习时有部分学生无事可做的现象。在学生操作中以及完成后，教师实时指导，注意现场安全问题。课中体现“在做中学，在学中做”，在培养职业技能的同时也增强了学生的自信心。最后要求学生按照 5S 规范恢复现场，教师进行最后的点评与总结。

5. 反思诊改

在课程内容与组织形式上，因为该班学生电脑操作能力较弱，在任务一分析时采用的是在纸上绘制的形式进行方案规划，今后可以在前置课程中提升学生电脑操作能力后，引入仿真软件，让学生在任务二小组讨论时用电脑绘制轨迹方案，培养学生通过仿真验证猜想、再进行实机操作的方法论，强调工业生产中的安全性。

在课程实施过程中，有的学生可以按照 5S 规范恢复设备，有的会遗忘，因此还需要再提醒，今后可在工作页中或采用其他形式醒目地提醒学生 5S 必要操作环节，让学生养成良好的职业习惯。

四、经验总结

首先在课程德育评价的方法上可以结合任务单进行定性评价，例如，小组组员之间互相点评其成员在安全、规范以及协作方面的表现，而教师可以根据学生提交的观后感进行综合评价。

其次思政案例可从生活日常出发，如本课程借用搬运这一主题为载体，引导学生观察生活，在培养职业技能的同时体会工程建设中的智慧、情感和梦想，激励学生参与到充满活力和创造力的国家建设中。

案例 17

匠心打造应用人才，技术服务美好生活

上海信息技术学校　赵媛劼

一、基本信息

专业：服务机器人装配与维护

课程：人形机器人项目编程实训

课题：人形机器人行走控制指令应用

教学对象：服务机器人装配与维护专业 204P01 班二年级学生

教学内容：基于服务机器人装配岗位任务，融入“1+X”服务机器人实施与运维证书中的任务要求，对标世界技能大赛移动机器人赛项对编程能力的要求，综合设计“人形机器人行走控制指令应用”的实训教学任务。

二、思政目标和思政价值

思政目标❶：增强技能强国的责任感，提高职业技能的自觉性，坚定职业理想。

课前导学视频加深学生对我国机器人行业发展现状与前景的了解，在教学过程中，将我国机器人发展历史和现状、机遇与挑战设计到教学情境中，深化学生对行业的了解，增加学生对专业的认同感，从而热爱本专业，强化使命感，坚定职业理想。

思政目标❷：学习精益求精的工匠精神。

通过让学生观察每步误差累积对结果的影响，在反复修订参数的过程中，让学生体会到精益求精的工匠精神。

思政目标❸：养成良好的工作习惯和职业素养。

融入企业对精度的控制和生产安全行为要求的评价体系，让学生养成良好的操作习惯和精益求精的职业素养。

三、教学设计

1. 设计理念与意图

服务机器人装配与维护专业是随着行业发展、市场需求诞生的“新工科”专业，在多种生产制造领域都面临相关人才紧缺的现状，但由于学生对本专业的了解不够，加之在以往教学中，没有注意解答学生为什么学，学什么，怎么学的问题，导致学生缺乏专业课学习的“内生驱动力”。因此本课探索在教学中实施任务驱动教学方法，融入行业背景知识、精细化评价指标，加强学生对专业的认同感和自豪感，养成精益求精、严谨细致的工匠精神，树立技术服务社会的工匠理想。

本课落实分三个过程：①课前预习环节，学生查找人形机器人的应用实例，初步认知本课学习背景，了解为什么学，强化职业认同感；②课中实践环节，教师采用项目引领式教学法开展教学，学生通过如下活动：路径规划—仿真模拟—操作本体，调整参数，精确控制，掌握机器人行走控制指令的正确用法，实现对机器人行走的精确控制；③课后提升环节，学生要思考应如何控制机器人走六边形，可以怎样设计程序，做到举一反三。

2. 教学分析

本案例的教学内容出自服务机器人装配与维护专业人形机器人编程控制实训课程。人形机器人编程控制实训具有实用性强、技能训练多的特点。教学对象为二年级第三学期的学生，编程基础薄弱，因此需要从简单的图形化编程入手，锻炼学生的逻辑思维和编程能力。根据课标和课前学情分析预判，设置了本课的重难点：重点是机器人行走控制指令的认知、图形化编程调试技能以及参数设置；难点是误差的精准控制与校准。教学目标如表 1 所示。

表 1　人形机器人行走控制指令应用课程教学目标

知识与技能目标	过程与方法目标	情感与态度目标
• 了解机器人方位辨识原理； • 掌握仿真软件中行走控制指令的使用方法； • 认识机器人行走误差产生的原因； • 能通过误差测量与调试完成机器人精确行走任务的校准	• 通过任务单中的闯关模式，带领学生由易到难，完成指令使用方法的探索； • 通过小组合作完成程序迁移机器人本体的工作，让学生合作能力得以提高	• 引导学生了解我国机器人的发展现状和未来行业发展趋势，强化其使命感和担当意识，坚定职业理想； • 引导学生观察每步误差积累对结果的影响，学生体会到精益求精，严谨细致的工匠精神在生产实践中的重要性

3. 教学过程

（1）课前导学

教师将宣传视频《达闼机器人发展史——科技改变生活》发布在教学平台，学生观看视频，填写达闼人形机器人发展时间轴中的大事记。

设计意图和思政内涵：通过观看服务机器人企业的发展史，让学生对我国的人形机器人的发展历史、发展现状有一个感性而宏观的认知，将行业发展与个人职业发展联系起来，提升学生的学习兴趣。

（2）课堂教学

课中通过“任务发布、仿真模拟、操作本体、误差调试、成果评价、环境整理”六步任务驱动法来完成教学任务。

1）任务发布。创设机器人接待的总任务，将总任务分解成行走控制、抓取物件、语音对话、舞蹈展示等分环节。教师提取本次的行走控制任务，展示机器人行走的视频，说明任务书的使用方法，并向学生明确本次课程的主要任务：人形机器人行走控制指令的应用。

2）仿真模拟。学生三人一组进行讨论，完成目标路径的规划设计；任务书的闯关模式将机器人走三角形的总行走任务分解为走直线、走斜线、转方向、变速等子任务。学生阅读任务书的说明，在任务指导的提示下，自主探究行走控制指令的使用方法，最终根据规划路径选取合适的指令，完成仿真任务。学生自主探究学习新知必然有困难，所以在任务书的设计上遵循循序渐进的原则，降低学生的学习难度，提高学生探索欲望。同时教师在讲课时，向学生说明仿真的必要性：先仿真，后实操，能够减少因为考虑不周造成的生产实际中不必要的损失。

设计意图和思政内涵：让学生通过任务书完成行走控制指令的自主探索学习，希望能培养学生阅读文档的能力，提升学生的学习能力。先仿真后实操的模式，让学生形成规范操作意识，养成“谋而后动”的习惯。

3）操作本体。仿真完成后，学生要将程序移植到机器人本体。人形机器人因为具有多种传感器，且内部有许多精密零件，如果不重视操作的规范性，很容易摔坏机器人。所以教师在授课前应讲解注意事项，要求在进行程序移植时，机器人应以坐姿或跪姿放置，降低机器人重心，防止操作细节不到位造成机器人损坏。

学生通过数据线将机器人连接到电脑，根据任务书的操作步骤，确认程序无误后，将电脑程序下载至机器人，让机器人进行实际行走。学生在进行程序下载时，会遇到各种各样的程序报错提示，要求学生有足够的耐心去进行错误排查。在此过程中，教师巡回指导，对学生难以排查的错误进行指导，并告诉学生：程序的调试和排查确实比较难，但只要我们有足够的耐心和信心，一定可以排查出故障点，同时对于学生不规范、不安全的操作动作及时指出并纠正。

设计意图和思政内涵：学生在进行程序移植的时候，经常会遇到程序报错，需要排故，需要学生思考问题，完成问题排除。在这个过程中，学生体会耐心细致的重要性，一旦急躁，故障就难以顺利排除。

4）误差调试。接下来进入调试阶段。学生通过测量机器人实际行走的距离发现：机器人实际行走的距离与设定的参数之间存在误差，小组讨论，思考误差存在的原因。教师解释误差存在是由于传感器的精度不够所导致的，需要通过改变参数来补偿误差，每一处微小误差的累积都会造成较大的误差，如果不能“精益求精”，就会失之毫厘谬以千里，达不到我们的任务目标。学生通过测距—调试—测距的方法，不断调试，修改参数，经过反复多次修改和调试，最终使机器人精准走到目标位置。教师来回巡视，观察学生调试的情况，解答同学在操作中出现的个性问题。

设计意图和思政内涵：学生在参数调试过程中，通过反复练习、检验、修正、再实践才能完成，能够在这个过程中培养学生的耐心、细心及精益求精的职业精神，懂得每一处微小的误差都应避免，否则失之毫厘谬以千里。

5）成果评价。学生登录微课堂完成测试题，并对照人形机器人行走控制指令应用职业行为能力评价标准表完成成果评价，如表 2 所示。对自己的课堂表现进行自评；教师对每位学生的课堂表现、知识技能掌握情况和职业素养进行综合评价。

表 2　人形机器人行走控制指令应用职业行为能力评价表

评价维度	评价要点	优	良	中
表达能力	是否积极回答课堂问题			
沟通能力	和小组同学讨论情况			
合作能力	是否主动帮助小组成员解决问题			
安全意识	是否出现机器人摔倒、带电源线行走等不安全行为			
习惯素养	是否整理好实训室器材			
	实验完成后是否管理好实训室卫生			
实践能力	是否正确完成机器人编程仿真			
	是否精确控制机器人行走到规定位置			

设计意图和思政内涵：融入企业对精度的控制和生产安全行为要求的评价体系，让学生养成良好的操作习惯和精益求精的职业素养。

6）环境整理。完成实验后，学生收拾教具，复位机器人，整理实训器材，教师对照实训室要求表进行验收，并将验收成绩写入评价单中。

设计意图和思政内涵：通过严格要求，学生养成良好的职业操作规范和职业习惯。

7）课后作业：完善任务书中课堂内容部分的填写，进行学习巩固；在仿真软件中完成机器人走六边形的编程；预习下一节服务机器人舞蹈动作设计的教学内容。

4. 教学成效

1）学生对专业的了解呈上升趋势，对本课程的学习兴趣持续上升。

从课前的问卷调查分析来看，86%的学生表示不清楚我国有哪些头部的机器人生产制造厂商；74%左右的学生不清楚自己今后是否愿意从事服务机器人调试相关工作，仅有 11%的同学表示愿意从事相关工作；81%的学生则表示自己并不知道机器人调试工作需要具备哪些技能知识和职业素养。完成课程学习后，重新开展课后调研发现，68%的学生明确表示自己愿意从事机器人调试的相关工作，72%的学生用“有趣、精准、有发展，未来可期”等积极性词汇来描述对专业的直观感受与认知。随着学生对课程的认知不断加强，对专业的了解不断深入，其学习活跃度和专业认可度呈现上升趋势。

2）学生的生产规范意识进步明显，误差敏感度和工艺细致度明显提升。

通过引导学生观察并测量机器人行走时的实际误差，思考误差存在的原因和解决方案，通过观察学生反复精调误差后的学习记录表，可以看出，学生经过多次反复修正，耐心细致地控制机器人精确行走，最终将误差控制在 0.5mm 以内，符合企业生产精度。在这个反复修改调试过程中，学生的生产规范意识进步明显，对误差的敏感度和工艺细致度有明显提升。

5. 反思诊改

本次课程中学生较好地完成了工作任务，基本实现教学目标和育人要求。但是情景设计相对简单，在今后的教学过程中可以将企业真实案例带入课堂，比如养老服务机器人的定制场景等，从情境入手，在精益求精的基础上，加强学生人文关怀意识。另外，把岗位规范以任务书的形式融入教学环节，将考核标准“细化”，考核过程“柔化”，让学生在真实而温暖的环境下学习知识，增长技能。

四、经验总结

在具体的教学实施过程中，需要注意学生的个体差异性，任务书的制定应有难度梯度和分级，以满足不同基础学生学习的要求。另外，在后续教学中，需要为每位学生建立成长档案，合理设置学习前后增长值的权值，探索增值性评价，使学习评价更加有温度，呵护学生的学习积极性。

案例18

在小小红星中根植价值与责任

上海信息技术学校　戴芳芳

一、基本信息

专业：首饰设计与制作

课程：首饰 3D 建模

课题：闪闪红星——五角星建模

教学对象：首饰设计与制作二年级学生

教学内容：帮助学生建立建模思维，掌握“由点连线、成面、创体”建模方法。

二、思政目标和思政价值

思政目标❶：汲取榜样力量，坚定技能成才、技能强国信念。

课程中以案例讲解法讲述第 45 届世界技能大赛珠宝加工项目亚军陈奇亮，用技能为国争光，用技能改变命运的故事，鼓励学生从榜样身上汲取力量，将榜样作为自己的标杆，提升专业水平，追求进步卓越。

思政目标❷：养成认真细致、敬业尽责的工作态度。

首饰加工制作的产品体量小、精度高。在首饰 3D 建模过程中每一个小零件的衔接都需要认真仔细检查。这就要求学生在日常操作过程中养成认真细致的工作态度，注重细节，精益求精。

思政目标❸：坚定文化自信，担当文化传播使命。

教学中价值观念与专业知识传授并重，在专业过程中打造有效载体，通过具体教学实践，增强文化自觉与文化自信，做好时代掌舵手。

三、教学设计

1. 设计理念与意图

2019 年 11 月，教育部办公厅下发《关于加强和改进新时代中等职业学校德育工作的意见》，指出“中职学生正处在人生成长的‘拔节孕穗期’，最需要精心引导和栽培。他们的理想信念、价值观、思想道德状况，直接关系到我国产业生力军的素质，关系到国家和民族的未来。”[24] 党的十九大报告提出了“建设知识型、技能型、创新型劳动者大军，弘扬劳模精神和工匠精神，营造劳动光荣的社会风尚和精益求精的敬业风气”[25]。党的二十大报告提出：“在全社会弘扬劳动精神、奋斗精神、奉献精神、创造精神、勤俭节约精神，培育时代新风新貌。”当前，我国正处于从制造大国向制造强国迈进的关键时期，产业转型升级对人才的迫切需求与有效供给不足的矛盾突出，面对这一现实困境，推动经济高质量发展，促进新旧动能接续转换，需要大量接受过优质职业教育的技能型人才。因此，在专业课程中打造有效平台，激发爱国情感，让家国情怀根植于学生内心显得尤为重要。此外，培育和弘扬严谨认真、精益求精、追求完美的工匠精神，对于建设制造强国具有重要意义。

2. 教学分析

本课程的总体设计思路是遵循任务引领、理实一体的原则，根据首饰设计与制作专业的工作任务与职业能力分析，以首饰行业制版岗位（电脑首饰设计起版师、电脑首饰设计助理、首饰设计改版师、产品设计师助理）相关工作任务与职业能力为依据设置本课程。这两课时的学习重点为“由点连线成面创体”建模方法，但是我们的学生学习基础薄弱，空间观念的形成过程较为缓慢，且缺乏一定的内在逻辑，建模基本思路不够清晰，从平面转向三维空间的能力稍显薄弱。首饰加工制作过程中，成品的体量很小但是要求的精确度非常高。五角星是一个非常标准对称的图形，因此教学难点在于学生画线过程中要五个角相等，十条边误差保持在正负 0.1mm 以内，一旦误差过大，就会导致成品视觉上比例失衡。

课程所用教材为《Rhino 首饰建模案例训练》，教师参考教材为《Rhino 首饰建模技法》。

3. 教学过程

五角星建模课程思政目标落实表如表 1 所示。

表 1　五角星建模课程思政目标落实表

五角星建模课程思政目标落实			
环节	教学设计	思政目标融入方法、手段	评价方法
主题导入	结合校内的模拟公司"树信珠宝行"让学生带着角色进课堂	任务引领法：让学生在这个过程中树立集体意识，培养学生社会责任感、价值认同感	教师引导学生进入模拟公司岗位角色
任务实施	讲述红岩精神中"狱中绣红旗"的故事，通过"五角星"引出本堂课的主要任务，在Rhino上创建五角星	案例教学法：通过历史故事提醒学生现在的幸福生活来之不易，让家国情怀根植于学生心中； 互动交流式教学法：思考提问环节，加强学生课程参与度	教师引导学生思考并回答五星红旗对我们的意义
任务练习	给出具体建模数值，教师示范，学生操作	任务引领法：在任务中培养学生诚实守信、尊重师长、自强不息的职业道德意识	检查学生课堂作业，完成第一次课堂评分
导入主题 2	讲述特级技师韩利萍的"以'毫厘精神'托起航天梦的巾帼蓝领"事迹	以典型案例、互动交流等方式，激发学生的学习热情，提升职业素养，培养一丝不苟、精益求精的工匠精神	在后续课程中观察学生的上课状态及日常作业完成质量
课堂总结	总结课程知识点和技能点，再次结合本节课两大思政目标，做主题升华	启发式教学法：引导学生多学习、勤思考，技术的学习离不开知识的积累与心境的修炼；使学生明白，爱岗敬业、追求卓越的工匠精神应是他们未来职业生涯永远的追求	检查学生第二次课堂作业，完成第二次课堂评分；在后续课程中观察学生对待作业和课程的态度

4. 期望成效

课程思政教育的引导，能帮助学生全面、发展地认识世界，树立正确的人生目标和价值观；深耕爱国主义教育，提升学生品德修养；在技能和职业观的输出过程中，培养学生的坚定信念、奋斗精神、工匠精神，为今后发展打下良好基础。

5. 反思诊改

1）德育教学中过于注重共性，忽略学生个性。

2）学生对于思政学习还是比较被动，加之课程思政素材比较匮乏，需要提升学生自主学习的驱动力。

3）课程思政考核评价体系尚未建立完成，需要在未来学习实践中，开发一套更适合首饰设计与制作专业学生课程思政考核评价体系。

四、经验总结

课程思政在中等职业学校的教育中扮演着十分重要的角色，课堂不仅是传授知识的地方，更是价值引领的主阵地。教师需要提高思想政治教育意识，在教学中发挥育人功能，将思政教育与人才培养全面对接。在专业内容中提取思政元素，并不是指直接把事例硬搬过来，而是在课程设计中适当地、自然地引入思政教育素材，顺其自然地将学生带入到场景中，让思政价值融入设计学科人才培养的全过程，让学生学习认同思想政治教育，积极提升自身素养和技能，最终引领青年学生健康成长，达到思想与技能并重的育人目标。

课程思政资源的缺乏是当今中等职业学校思政课面临的主要矛盾。面对这一矛盾，教师扮演的角色显得尤为重要，因为其不仅要做知识的传播者，更要成为课程思政的开发者。中等职业学校实施课程思政的教师，必须在真正认识学生、尊重学生的基础上拓展出适合中职学生的思政教育途径，使课程思政在中等职业教育中发挥应有作用。

华东师范大学叶澜教授说："没有学生的主动性，教育就可能变为'驯兽式'的活动。"中职教师应当成为学生成长的同行者，学习活动的合作者和课程思政资源的开发者，引导学生养成认真钻研、深入思考的学习态度，增强学生对产品品质的卓越追求，塑造学生兢兢业业、恪守职责的职业道德。通过对学生态度、情感和价值观的教育，最终达到理论与实践的有机结合，真正使中等职业学校的学生发自内心地成为社会主义事业的建设者，做有用的职业人、社会人，进而实现自我人生价值。

此外，需要建立更加完善的学生课程思政评价系统，以专业课程中的思政学习效果和日常生活中的外在行为表现为主要考量因素进行客观评价。建立多元主体全程参与式的新考评体系，由各门课程的教师进行主评、班主任进行测评、学生开展自评；对学生德育及智育情况进行综合考评绝不能是单一化的，应当在全面考量的基础上进行综合评价，将理论学习、课外实践和校企实践表现相结合，突出"知行合一"原则在考评中的地位。

案例19

重视生命教育，培养严谨专业思维

上海信息技术学校　黄虹

一、基本信息

专业：分析检验技术

课程：试样的采集与制备

课题：识读化学品安全技术说明书（MSDS）

教学对象：材料与检测系分析检验技术专业194201班学生

教学内容：

1）基于分析检验岗位任务，如何快速正确地获得在检测中遇到的各种化学品的基础信息，以便安全完成后续采样方案、检测方案、检测操作步骤的制定。

2）熟知“化学分析”职业等级证书中的个人防护措施和要求。

3）对标“化学实验技术”国赛、世界技能大赛赛项中对健康、安全、环保的详细要求。

二、思政目标和思政价值

思政目标❶：培养学生尊重生命意识，树立安全使用化学品、爱护环境、保护地球的发展理念。

分析检验技术专业属于化工大类，化工专业首先要考虑的就是本职安全的需要。生命教育是根本的、重要的思政元素。本次课通过学习化学品安全技术说明书（MSDS）的定义、作用、16项结构内容，学生能根据具体化学品安全技术说明书中的项目内容，做出安全使用、运输防护等对应措施，认识到安全使用化学品对保护环境、保护人类赖以生存的地球的重要性，从而进一步提高防护意识和采取防护措施的能力。

思政目标❷：培育学生建立职业健康安全防护意识，具有科学精神及严谨的专业思维品质。

在健康毒理实验和生态环境评价实验的教学互动中，让学生感受到科学精神、实验中严谨的专业思维，树立职业健康安全防护的意识并掌握具体的方法，为学生走上化工检测机构岗位做好准备。

三、教学设计

1. 设计理念与意图

（1）生命教育是最根本、最重要的思政元素

基于“生命教育是最根本、最重要的思政元素”这一课程思政实施要点，在本次课程教学中多次融入“尊重生命、安全防护”的相关内容。

首先，在新课的引入阶段，笔者引入三段视频：第一段视频（纪念天津滨海新区大爆炸事件六周年中消防员的牺牲）警示我们敬畏生命，生命对每个人只有一次；第二段视频（潮惠高速两辆危化品运输车追尾泄漏事件）要求我们树立专业的职业精神；第三段视频（进入实验室之前，了解化学品的基础信息）强调个人安全防护意识和防护方法的建立。

其次，告知学生根据国家规定，化学品、化妆品商家必须拿到权威检测机构出具的健康毒理数据合格证明后才可以销售产品。通过讲解用白兔做化学品氯化铝供应商委托的急性皮肤刺激性/腐蚀性实验、化妆品诺薇雅采韵蜜粉商家委托的急性眼刺激性/腐蚀性实验的具体实验操作，提示学生是这些动物为人类安全使用化学品、化妆品做出了牺牲。

教师在讲授环境安全评价实验室（environment safety assessment lab）、健康毒理实验室（healthy toxicology lab）的实训操作理论知识时，处处渗透技术与人文的融合。在课程总结评价阶段，教师展示了实验动物使用许可证、向为人类安全使用和运输化学品作出贡献的实验动物致敬的相关照片，以此引导学生树立尊重生命、爱护环境、保护地球的观念。

（2）“科学精神”“严谨专业思维”的培育是更高层级的思政元素

本次课讲授了《化学品安全技术说明书（MSDS）》的概念、MSDS 内容结构以及在国际贸易中的地位，尤其 MSDS 的难点是健康毒理数据和生态环境评价数据的测试，教师通过播放由自己详细操作的健康毒理实验和生态环境评价实验的视频，使学生建立科学精神和严谨的专业思维。

2. 教学分析

教材：本课次以国标中能查到的常用化学品安全技术说明书为学习资料。

学情：分析检验技术专业属于化工专业大类，化工专业的特殊性在于强调本职安全，学生在进入专业学习阶段首先应该掌握化学品安全技术说明书的相关理论知识和操作技能。

教学重难点分析：本课次的教学重点是识读化学品安全技术说明书；教学难点是对化学品安全技术说明书中毒理学、生态学的数据理解。这些实验数据的取得在学校实验

室没有办法实现，教师通过亲自去上海化工研究院检测中心企业实践，带回了自己在企业实验室做的各种实验的翔实操作视频等教学素材，突破了教学难点，教学内容与企业实际工作项目匹配度高，提升了化学品安全技术说明书教学内容的专业性，使学生看到了很多在学校实验室无法完成的实验，进一步加深了对学习内容的理解程度。

3. 教学过程

（1）教学片段一：课前准备

教师把常用化学品的化学品安全技术说明书，如苯、甲苯、甲醇、氢氧化钠、盐酸、乙酸乙酯、重铬酸钾，放在教学平台上，请学生阅读预习。

学生阅读教师在平台上发放的学习资料。完成任务：①思考走进化学实验室前必须做好哪些个人防护措施？②做实验时有哪些方法和途径可以去判断化学品的危害性?

设计意图和思政内涵：培养学生独立思考的能力，引导其建立个人防护和化学品使用安全的初步意识。

（2）教学片段二：活动一 新课导入（1 学时）

引出化学品安全技术说明书的必要性。

1）教师播放并讲解视频：天津滨海新区大爆炸事件六周年（救援人员的牺牲）。这起爆炸事件中牺牲救援人员达 110 人：24 名现役消防员、75 名专职消防员、11 名公安民警。

学生观看视频，小组讨论并回答教师提出的问题。师生共同引发思考：这么多年轻的生命就在一次救援中当场无辜地牺牲了。事故当时人们把爆炸事件当作常规火灾救援，谁知这起爆炸是由多种有毒化学品引起的。在没有搞清爆炸原因前就贸然进入爆炸现场救援，是非常危险的。

设计意图和思政内涵：生命对每个人只有一次，警示我们敬畏生命。

2）教师播放并讲解视频：潮惠高速两辆危化品运输车追尾泄漏事件。

师生共同讨论，引发思考：在没有明确具体是哪些危化品泄漏的情况下，立刻封锁整条高速和撤离附近人员，是专业的做法。

设计意图和思政内涵：树立专业的职业精神。

3）教师播放并讲解视频：进入实验室之前，了解化学品的基础信息。

学生观看视频，小组讨论思考如何以正确的方法来获取化学品的基础信息资料，对应做好个人防护措施。

设计意图和思政内涵：个人安全防护意识的建立。

（3）教学片段三：活动二 新知探索（1 学时）

教师讲解新课内容：①化学品安全技术说明书（MSDS）的概念、定义；②MSDS 在国际贸易中的地位和作用；③MSDS 内容结构。

学生拿着学习资料——“苯”的化学品安全技术说明书，结合 PPT、教师讲解进行学习。

设计意图和思政内涵：培养学生认真阅读大段专业知识的习惯；通过将专业英语有机渗透在教学中，培育学生的学习力；帮助学生构建出 MSDS 16 项结构内容的专业知识图谱。

（4）教学片段四：活动三 实战演练（1 学时）

教师将苯、盐酸、氢氧化钠、甲醇、乙酸乙酯的常见的相关化学品安全技术说明书的国标学习资料发给学生，引导学生以小组为单位，初步识读化学品安全说明书。教师总结引导的详细内容：①识读化学品安全技术说明书；②难点剖析：MSDS 编制难点。

学生分组自己练习，以具体的化学品为载体，初步识读化学品安全说明书。每位同学都仔细阅读国标中化学品安全技术说明书的学习资料，并把自己认为重要的核心关键词圈出来。每个小组派代表发言阐述每个小组讨论结果，包括学习到的、理解的，还有难懂的知识点，向教师提问。

设计意图和思政内涵：培养学生沟通、交流、互助学习的能力。鼓励每个学生自信地表达自己的观点和问题。

（5）教学片段五：活动四 技能进阶（2 学时）

教师借助自己在上海化工研究院检测中心企业实践期间在实验室亲自实操的真实素材，详细讲解健康毒理实验的操作方法：①化学品急性经口毒性实验方法（GB/T 21603—2008）；②化学品急性皮肤刺激性/腐蚀性实验（GB/T 21604—2008）；③化学品急性眼刺激性/腐蚀性实验（GB/T 21609—2008）。

学生通过观看操作视频：小鼠化学品急性经口毒性实验、白兔化学品三氯化铝皮肤刺激性腐蚀性实验、化妆品白兔急性眼刺激性腐蚀性实验，来学习图片化学品急性经口毒性实验（大鼠、小鼠）、化妆品急性皮肤刺激性/腐蚀性实验（白兔）、化妆品急性眼刺激性/腐蚀性实验（白兔），并理解教师讲解的毒理学、生态学的相关内容，进一步理解前面所学化学品安全技术说明书中的难点内容。

在学校的实验室里做理化实验是有条件实现的，而健康毒理实验和生态环境评价实验在学校里没有条件做，这些内容对于学生来说是陌生和新鲜的。这些实验如何具体操作及实验数据的获得均对学生有较大吸引力，甚至可带来震撼感。

第一个实验结束后，教师总结化学品苯急性经口毒性实验数据结果，并展开实验讨论：用小动物做化学品的实验是合法的吗？引发课程思政的讨论，让学生自己独立思考。教师展示并讲解了实验动物使用许可证。

第二、第三个实验结束后，教师让学生谈谈关于对用动物做毒理实验的职业伦理问题的感受和看法，在讲明动物实验可为化学品、化妆品上市提供可靠的测试数据依据的实验目的后，教师再一次讲到“尊重生命”的课程思政内容，强调是实验动物为人类安全使用化学品作出了贡献。

设计意图和思政内涵：在实验的体验中，培养学生的科学精神、严谨周密的专业思维、创新实践。在与同伴的交流中使“尊重生命”与教学活动成为一个有机整体，让学生在接受知识的同时，在活动中获得态度、动机、价值观，受到思想的启迪，思政教育做到情景交融，文道一体，潜移默化。

（6）教学片段六：总结评价（2 学时）

教师和学生一起总结本节课的核心知识点：化学品安全技术说明书的定义、作用，16 项结构内容；强调化学试剂的化学品安全技术说明书中的项目内容对安全使用、运输、防护等对应措施；化学品健康毒理实验的意义。

教师通过 PPT 同时展示实验动物使用许可证、向为人类安全使用和运输化学品作出贡献的实验动物致敬的纪念碑相关照片。

设计意图和思政内涵：通过了解环境安全评价实验室、健康毒理实验室，培养学生树立尊重生命、爱护环境、保护地球的观念，向为人类安全使用和运输化学品作出贡献的实验动物致敬。

4. 教学成效

在教学设计中采用了课前准备、新课导入、新知探索、实战演练、技能进阶、总结评价六个环节。教学目标清晰明确，教学过程将化学品安全技术知识和毒理实验室测试、操作相结合，而难以在校内实现的健康毒理实验、环境评价实验则通过教师企业实践实操视频突破了教学重点、难点，教学过程中涉及的国家检测标准、实验操作视频、图片都是来自教师本人在企业实验室操作的真实素材，与企业真实工作任务项目关联度高，上课效果更好，学生对学习内容理解度更深。

通过健康毒理实验及案例分析等教学活动，使学生意识到化学品安全使用对环境与职业健康的重要性，从而进一步提高防护意识和防护能力。培养学生树立尊重生命、爱护环境、保护地球的观念。

5. 反思诊改

对于专业课教学中的课程思政不仅仅是大家常熟悉的上述内容，还要考虑对接新产业、新业态、新模式、新职业带来的更多维度的思政要求和元素。结合教学实际融入科学精神、工程思维和创新意识、工匠精神、劳模精神，培养学生成为德技兼修、手脑并用的新型技能型人才。

四、经验总结

立德树人是职业教育的根本任务。基于学生终身发展的需要，契合用人单位对学生素养的要求，笔者深入具体地挖掘分析检验技术专业对学生独特的育人价值点，在任教课程中，除了知识点、技能点外，还增加了课程思政的点（包括安全教育、生命教育、严谨、规范、诚实、环保、耐心和稳定的职业心态等多方面），把宽泛的、抽象的、不可量化或不能观测到的素养，按“有限目标”来培育，渗透点小、内容更聚焦，落实到每个具体的课程教学任务中，全程贯通，在潜移默化中培育职业人。

案例20

从流体阻力中领悟曲折中前行的辩证性

上海信息技术学校　乔伟艳

一、基本信息

专业：化学工程与工艺

课程：化工单元操作

课题：从流体阻力中悟曲折中前行的辩证性——中等职业学校化工单元操作“流体阻力的计算”德育教学案例

教学对象：二年级学生

教学内容：本课程为教材《化工单元操作 1》中第一章流体流动中第 4 节内容，包括流体阻力的表现形式、流体阻力的原因、流体阻力的分类、流体阻力的计算，要求学生分析自家送水管路的布置情况，找出减少流体阻力的措施，解决实际问题。

二、思政目标和思政价值

思政目标❶：激发学生作为中国人的自豪感和爱国主义情怀。

本节课中涉及的“顾毓珍公式”为本门课程中唯一的以中国人命名的公式。教师介绍顾毓珍是油脂科技事业的先驱，前后在华东理工大学、同济大学任教，和上海非常有缘，让学生倍感亲切，因此也大大提升了学生的学习热情；又通过顾毓珍家族五博士的故事，特别是被誉为“中国达・芬奇”的顾毓琇等一代科学巨匠的传奇故事，让学生深切感受到作为中国人的骄傲，进一步激发学生的爱国主义情怀。

思政目标❷：懂得事物发展是前进性和曲折性的统一，学会辩证看待挫折和失败。

本节课学习流体阻力的分类、计算、影响流体阻力的原因。学生通过学习懂得成长过程中遇到挫折和失败都是正常现象，只要在遇到困难时不逃避、不放弃，积极分析和总结，积极应对并努力克服困难才能让人生之路越来越顺，阻力越来越少。

三、教学设计

1. 设计理念与意图

化工单元操作内容涉及的工程实际问题很多，以计算为主，对于初学该课程的学生而言，各单元的原理各有不同，内容多、概念多、公式多、计算复杂，且化工厂的生产工艺及单元操作这些概念比较抽象，难学易忘，学习难度较大。因势利导，教师在教学过程中将公式背后的人物故事编成故事系列融入本门课的学习中，学生在了解每个公式背后的人物故事后，公式就变得鲜活起来，这大大提升了学生的学习兴趣，学生从人物故事中感受化工前辈们不畏艰苦、勤奋钻研的精神，从中受到启发感染，激励自己从学好专业课开始，开拓属于自己的化工之路。

2. 教学分析

教材分析：化工单元操作这门课为专业必修课，是化学工艺专业的核心课程。该课程以“三传一反”为主线，主要学习化工生产的基本单元操作的基本原理、工艺计算和相关设备的结构原理，与实际生产结合较为紧密。该课程以计算为主，各单元的原理各有不同，内容多、概念多、公式多、计算复杂，且化工厂的生产工艺及单元操作这些概念比较抽象，难学易忘。

学情分析：中职学生基础薄弱，一般缺乏预习和复习习惯，不能有效利用教材。随着讲授知识量的增加，学生的“学习债”积累越来越多，学习积极性越来越低，教学活动的参与度就会随之下降，严重的还会产生畏惧、排斥、抵触心理，最终影响到学习效果。有部分学生在初始阶段对于基础知识的掌握都会感觉困难，一部分学生在经过课堂学习和复习后，对基本概念熟悉但并不能完全独立地完成相应习题，特别是对于计算题，存在“一听就会、一做就错、一考就糟”的问题，较难灵活运用所学理论知识去解决问题。

教学重难点分析：本节课是以计算为主的一节课，重点为直管阻力的计算和摩擦系数 λ 的计算，难点为摩擦系数 λ 的计算，其计算过程逻辑推理比较复杂，要根据流体的流型进行分类计算。学生首先要判断流型，当流体为湍流时摩擦系数还需要查图求得。而莫狄图比较复杂，有两个纵坐标，横坐标为不规则的坐标，学生容易读错。

3. 教学过程

（1）课前准备

教师让学生观察家中进水管路的走向并绘制成简单的示意图，查看进水管路都经过哪些阀门和管件，观察距离进水管最近的水龙头和最远的水龙头的流量情况。同时让学生思考如下两个问题：①流体流动过程中管道哪些结构会产生流动阻力？②离进水口距离近的水龙头的流量为什么比距离远的水龙头流量大？

设计意图与思政内涵：探究自己家中的进水管路能够引发学生兴趣，同时复习了对流程图的画法。

（2）课堂教学

1）引入课题：流体阻力。

教师播放视频，学生观看学校洗手台上的几个水龙头流量情况。思考为什么离着进水管远的水龙头流量小。

设计意图与思政内涵：学生感受比较深的往往是生活中的常见现象，这些现象更容易引发学生思考，以问题的形式引出本课主题，更容易启发学生得出结论。

2）流体阻力产生的原因：

- 分别倾倒一杯清水和一杯糖水，让学生讲述观察到的现象。
- 教师提问，在糖水中游泳和在清水中游泳，哪个游起来比较轻松。

设计意图与思政内涵：通过实验的直观感受得出，流体产生流体阻力的根源是流体具有黏性。

3）流体阻力的分类：

- 观察化工中常见的管路，让学生说一说这段管路的组成，并思考该管路哪些地方会产生流体阻力以及产生的原因。
- 学生观看视频《当管路中遇到管件阀门时产生的现象》。
- 教师总结分析直管阻力和局部阻力的产生原因。

设计意图与思政内涵：让学生通过观察化工中常见的管路去找到产生流体阻力的部位，自己分析得出流体阻力的分类，并能简单讲述直管阻力和局部阻力产生的原因。教师启发学生：和流体输送一样，流体在什么样的管路中流动都存在阻力，阻止流体向前流动。在成长过程中也会遇到各种各样的挫折和阻力，阻碍我们的进步，可以辩证地在曲折中前行。

4）流体阻力的计算。

- 直管阻力的实验测量：流体在水平等径直管中流动，选取两个截面，根据已知条件让学生思考如何测量两个截面之间的流体阻力。
- 直管阻力的计算：各个符号的单位、意义和范宁公式的适用范围。重点讲解 λ 的物理意义；公式的讨论。

设计意图与思政内涵：锻炼学生主动思考、解决问题的能力，并联系前面所学的知识点形成知识脉络。

5）λ 的计算。

- 层流时的摩擦系数

$$\lambda = \frac{64}{Re}$$

其中，Re 为雷诺数。

• 湍流时的摩擦系数：相对粗糙度 ε/d 的概念；根据 Re 和相对粗糙度查图读出 λ。

• 拓展学习顾毓珍公式和顾毓珍的事迹：

$$f = 0.01227 + 0.754 / Re^{0.38}$$

• 学生分享故事心得。

设计意图与思政内涵：培养学生推导和归纳总结的能力、识图的能力。在学生查阅顾毓珍及其家族事迹的过程中，让学生一次次感受老一辈科学巨匠的丰功伟绩，适时告诉学生，没有前辈们的刻苦钻研就没有我们现在的幸福生活。随后，通过学生分享感悟和心得，让学生心中的爱国主义情怀再次飞跃，顺势将学生对化工巨匠的崇拜转化为对专业知识的学习热情。在这一过程中，学生也感受到作为化工人的自豪感，增进对化工专业的热爱。

6）实践训练。

给学生展示一个实训室的一段管路并给出相应参数让学生计算管道阻力，并分析产生管道阻力的主要因素，从而在化工生产中采用相应的措施来减少管道的阻力。让流体流通更顺畅，输送得更远。教师引导学生在遇到挫折和阻力时要善于分析和总结，找到失败的原因，积极做出改变从而克服困难和挫折，让成长之路更顺畅。

设计意图与思政内涵：通过一系列故事的感染，引导学生将对科学家的崇拜转化为对专业的热爱，提高学生学习的积极性。

4. 教学成效

在化工单元操作的教学过程中始终贯彻任务引领式教学方式，学生在完成“任务”过程中学习相关理论知识，在实践操作过程中提高动手能力，实现了在操作中学习、在实践中提升、理论与实践相结合的学习目标。课堂中既进行了知识、能力、素质培养，又融入了责任意识、岗位意识、质量意识、规范操作意识、安全操作意识、团队合作意识教育，增强了学生的综合职业素质，适应了企业的用人需求。在课程中融入思政元素，不仅大大提高了学生的学习兴趣，通过云平台和两届学生成绩对比分析发现，思政进课堂后学生的学习效果大幅度提高。

5. 反思诊改

通过思政元素与化工单元操作专业课的融合，工科课程也可以充满价值诉求，提升学生学习主动性、专业自信心、合作和交流能力。对于教师来说，能丰富完善其思想政治教育方法，优化教学能力结构。此外，在推动思政进课堂的过程中需要妥善处理好教学内容的“减法”和教学效果的“加法”，以及对学生“负向”刺激和“正向”激励之间的关系。

下一步，教师将尽快开发紧密融入课程思政的《化工单元操作 1》教材和配套的微课资源，创新性地采取校内校外、线上线下融合的教学方式。在“三全育人”新格局下，让化工类核心课程的思政“引领力”在学生的意识里生根发芽，帮助学生在离开学校进入社会后，更快更好地融入企业并适应新岗位，提高专业技能的同时全面提升职业素养，真正做到用心为学生服务，为他们铺平未来职业之路。

四、经验总结

1）通过本节课的学习，学生认识到流体流动的过程中会产生流动阻力，有直管阻力和局部阻力。从而启发学生，在成长过程中也会遇到挫折，也有影响我们进步的各种各样的阻力，这都是正常现象。我们可以悟出曲折中前行的辩证性。

2）随着对流体阻力的逐步学习，通过计算，分析出影响流体阻力的主要因素，从而在化工生产中采用相应措施来减少管道的阻力，让流体流通更顺畅，输送得更远。教师引导学生在遇到挫折和阻力时要善于分析和总结，找到失败的原因，积极做出改变从而克服困难和挫折，让自己的成长之路更顺畅。

3）通过科学巨匠顾毓珍奋斗的故事，学生学习到前辈们在遇到困难时迎难而上、艰苦奋斗的精神品质，内容层层递进，情感态度目标逐渐升华。让学生明白在遇到困难时不能逃避、放弃，只有积极应对克服困难，才能让人生之路越来越顺，阻力越来越少。

案例21

循环利用资源，珍爱地球生命

上海信息技术学校　张海燕

一、基本信息

专业：应用化工技术

课程：HSEQ与清洁生产

课题：工业固体废物的处理与处置

教学对象：195N01班学生

教学内容：本节课主要教学内容为工业固体废物的处理与处置的知识，包括工业固体废物的分类、处理方法、循环使用途径。

二、思政目标和思政价值

思政目标❶：培养资源可持续利用的绿色发展理念。

通过认识固体废物的无害化处理能够减少土地占用、水体污染，保护环境；固体废物以二次资源循环使用，可以减少石油、煤等化石资源的消耗，形成资源的可持续使用理念。

思政目标❷：培养工业环保理念、绿水青山就是金山银山的环保意识。

通过工业固体废物的环保处理与资源化处置的学习，学生了解可持续发展与废物循环使用的关系、培养工业环保理念、绿水青山就是金山银山的环保意识。

三、教学设计

1. 设计理念与意图

本节课程的主题为“工业固体废物的处理与处置”，是HSEQ与清洁生产课程中化工三废治理的内容之一。我国化工行业曾因废弃排放、废水污染、固体废物处理等问题饱受诟病，而化工行业又是我国工业发展的基础行业。随着科学技术的发展，化工行业不再是环境污染的“推手”，而已经成为我国航空航天、军工、电子等行业发展的基石。

HSEQ 与清洁生产课程从安全与职业健康、环境、质量、清洁生产等方面，着重介绍化工产业生产安全、环境保护、质量管理等常规理论及对化工企业开展清洁生产的认识。

工业固体废物的处理与处置课程教学中，以“化工生产三废之一”的固体废物为切入点，探究固体废物的处理、资源化利用技术。课程内容符合我国环境保护理念、可持续发展理念，同时印证了“绿水青山就是金山银山”的论断。在课程教学中，融入环境保护、可持续发展理念，使课程不再是空洞地讲解技术、原理，而是有了思想高度，有了灵魂，这样的课程教学丰满有内涵、专业有内容。

专业课程教学中融入思政元素，学生可以在学习相关原理、技术的同时，明确这些技术是服务于哪些对象，了解可持续发展战略、环境保护理念，深刻理解工业生产与环境保护之间的关系，国家发展与化工生产之间的联系，增强国家责任感，助力成长为时代新人。

2. 教学分析

（1）课程分析

HSEQ 与清洁生产课程是应用化工技术专业的限定选修课，是学生认识化工清洁生产与绿色化工、化工安全与职业健康、质量管理与体系等知识的一门重要课程，其中所涉及的职业技能是化学工艺专业学生必须掌握的知识与技能。

（2）教材分析

本课程内容选自化学工业出版社出版的教材《HSEQ 与清洁生产》中第一篇“模块二 工业固体废物的处理与处置”。工业化生产过程会产生很多固体废物，如果处置不当，会对环境造成很大危害。教材中对固体废物的危害、处理方法、资源化利用等均有介绍，可以帮助学生理解并掌握固体废物的处理与处置。

（3）学情分析

本课程教学对象是三年级学生，他们极其关注环境污染与环境保护方面的信息，喜欢动手实践和探究形式多样的信息化手段，却不喜欢枯燥的理论学习。学生在本节课之前已经学习了危险化学品、化工安全技术等基础知识，具有较好的专业知识储备。

（4）教学重难点分析

固体废物循环使用途径众多，固体废物的绿色无害化处理是学生首次接触的知识，存在理解容易操作难的问题。所以本节课的重点为固体废物的处理方法，难点是固体废物的循环使用方法。

3. 教学过程

（1）课前

教师通过微课堂推送预习任务：查阅资料，体验崇明花博园网红长椅，并说说自己关注哪些废物的处理信息；阅读固体废物处理与资源化的国家标准及案例。布置课前思考题：生活中有哪些固体废物的回收利用是有困难的？

学生通过微课堂获取课前预习任务并自主学习；学习后完成课前思考题。

设计意图与思政内涵：通过花博会网红长椅的创意，激发学生对自然资源循环使用的兴趣。

（2）课中

1）课题导入。

教师引入课题后，总结课前思考题答题情况，并提出问题：崇明花博会网红长椅的制作过程有哪些环节？教师总结学生回答情况并点评，引出本节课学习任务：完成某工厂固体废物处置，使其达到基本循环使用要求。

学生在回忆课前预习情况的同时，了解其他同学对问题的思考；课堂中获取本节课学习任务，使学习具有具体目标。

设计意图与思政内涵：抛出问题，激发学生求知欲，引发学生思考和理解资源循环使用策略、认识可持续发展理念。

2）初识固体废物。

教师将国标规定的固体废物定义、固体废物的一般分类等知识点展示在大屏幕上，并提问：本节课所涉及的固体废物属于哪一类固体废物？教师点评学生的回答。

教师展示粉煤灰固体废物循环使用案例。首先介绍粉煤灰的由来、组分、环境危害、生物危害；其次讲解粉煤灰的回收循环使用，即将粉煤灰固体废弃物作为一种二次资源，提高其经济价值的同时，减少环境污染，对促进可持续发展具有重要的现实意义。

设计意图与思政内涵：认识固体废物，了解固体废物对环境的危害，培养学生环境保护意识。

3）新手上路。

在该环节中，学生在初步认识固体废物及其分类的理论基础、固体废物循环使用的技术原理的基础上，了解到废旧轮胎以垃圾形式堆放，既占用了土地又有土壤污染、水污染等风险。为解决该问题，学生分小组完成废旧轮胎循环使用方案并进行展示，阐述方案并简述依据。

教师点评，并对方案中存在的问题、循环使用的理念和途径进一步讲解；教师展示一种废旧轮胎循环使用方案，阐述废旧轮胎循环使用能够减少对土壤、水体的危害，同时废旧轮胎以二次资源循环使用，节约了石油、煤炭等化石资源的消耗，是可持续发展理念的具体化。

设计意图与思政内涵：通过固体废物循环使用方案的认识、制定，启发学生理解资源循环使用并确立可持续发展理念。

4）技术完善。

教师播放并讲解环保3D打印水泥案例、固体废弃物循环使用方法。

学生在完成废旧轮胎循环使用方案后，对固体废物的循环利用已经有了一定认识，再学习环保3D打印水泥案例，能认识不同类别的固体废物循环利用途径，拓展知识广度。

设计意图与思政内涵：进一步巩固本节课所学知识，强化环境保护意识、可持续发展理念，认识“绿水青山就是金山银山”的论断。

5）小试牛刀。

在掌握了本节课的理论与技能后，教师提出本节课学习任务：学生分组完成某工厂废旧木托板、原料塑料包装桶等废物的循环使用方案设计并展示讲解；教师点评方案，展示一种废旧塑料循环使用方案、废旧木托盘循环使用方案，提出固体废物循环使用的途径、相关标准要求等。

设计意图与思政内涵：通过常见固体废物循环使用方案的设计，进一步巩固教学重难点，树立绿色发展理念。

6）总结评价。

本节课最后的学习成果评价方案：由学生投票选出最合理的设计，并请设计者分享设计理念。

7）课后作业。

通过调查，学生完成一种化工生产中产生的固体废物循环使用的案例。

（3）课后

学生通过微课堂完成本节课学习成果测评。

4. 教学成效

通过固体废物识别及分类测试，考查学生对专业理论知识的掌握情况；通过固体废物循环使用方案的设计，考查学生对环境保护、可持续发展理念的认识。课后测评显示，95%以上的学生掌握了本节课所学知识，课后教学成效测评图如图 1 所示。

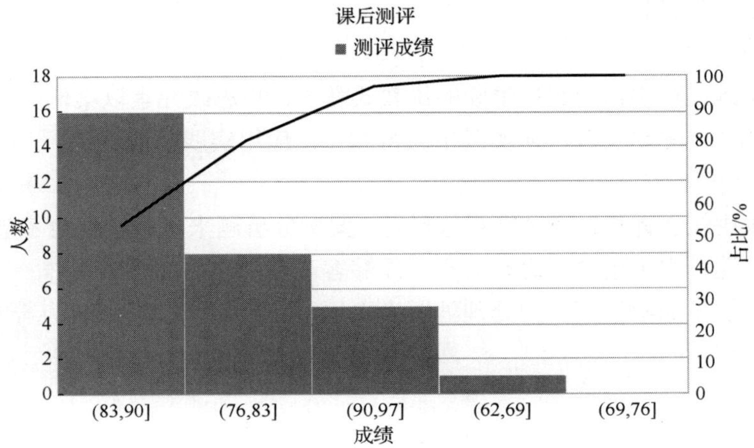

图 1　课后教学成效测评图

5. 反思诊改

（1）教学现状

从学生主体来看，学生学习基础不同，课堂形式主要以教师一对多讲授形式为主，由于受到课堂时间的限制，不利于教师实行个性化教学指导。

从课堂教学效果来看，当堂评价不够完善，课后评价比较模糊，课堂量化检测相对延时，不能形成较为有效的学习激励机制。

（2）改进措施

改进教法与学法，聚焦课程内容与形式，以专业课程教学为载体，融入科学精神、环境保护、忠诚爱国等思政元素，推进情境教育、实践教学、小班研讨等方式，以理论深化为主、兴趣引导为辅，充分调动学生的参与度与积极性，加强师生互动，活跃课堂氛围，从而丰富课堂内涵，有利于学生树立社会主义核心价值观。

通过信息化课堂教学平台对课堂教学效果进行实时数据挖掘、监测、分析、反馈。通过信息化技术手段，达成资料检索、线上测验、成绩反馈、知识清单等内容，拓展线上教学宽度、教学反馈速度。

四、经验总结

（1）教学设计

教学设计过程中，充分考虑了化工生产与环境保护、资源可持续利用等科学观，凝练出“固体废物—环境污染—环境保护—废物回收利用—可持续发展观”的知识链条，通过课堂活动设计，以保护环境为目的，以资源可持续利用为手段，以固体废弃物为切入点，完成了教学设计。

（2）实施过程

在教学实施过程中，为避免生硬的说教式教学，将思政元素以案例的形式呈现，引导学生主动思考、主动实践，从实践中获得知识，应用实践验证理论。

（3）课程评价

本案例采用线上评价，通过客观选择题、案例分析题来考查学生对本节课所学知识的掌握情况，题目中也蕴含了思政元素，能够客观识别学生的思政素养。

本次课程以工业固体废物的处理处置为主题，融合课程思政要求，从学生反馈来看，达到了教学目标。

案例22

妙手生花助美丽人生

上海信息技术学校　陈福玲

一、基本信息

专业：首饰设计与制作

课程：首饰金工制作基础（1）

课题：侧身银链——小环的焊接

教学对象：213901 班

教学内容：首饰制作课程中链子的制作是非常重要的教学内容，其中的难点是焊接，课程融入“1+X”贵金属首饰制作与检验职业技能等级证书中对焊接的要求。对标珠宝加工世界技能大赛中对焊接技术的要求，达到自流平，综合设计了金属小环的焊接教学任务。

二、思政目标和思政价值

思政目标❶：培养学生干一行、爱一行、专一行的职业意识，坚定职业理想。

结合世界技能大赛，与行业发展需求与现状，向学生提出制作要求，并将工匠精神引入课堂，从中引出课堂任务及技能要求，让学生在完成任务的过程中获得价值认同感，植入工匠精神的内涵，提升对职业理想的追求。

思政目标❷：激发学生追求精益求精的工匠精神。

首饰手工制作课程对于动手能力的要求非常高。在学习过程中，不仅要求学生注意力集中，并且需要有比较强的分析和应变能力。课程要求是将首饰侧身连小环的焊接达到自流平的状态。由于小环小，焊接流程比较复杂，就要求同学们掌握焊接的流程，及焊接面的处理要求。这就要求学生在执行任务过程中养成严格按照标准制作，再次强调工匠精神体现在每一个细小的制作过程中。

三、教学设计

1. 设计理念与意图

珠宝首饰的制作离不开对传统首饰文化的借鉴与学习，本课内容从欣赏传统首饰的美开始，让学生感受传统首饰的魅力的同时，体会传统手艺工匠的精湛技术，从而引发学生对首饰工匠人的敬重之情。

本节课中的“焊接”在首饰制作课程中是非常重要的技能，贯穿整个珠宝首饰制作全过程，对职业生涯起着举足轻重的作用。

2. 教学分析

本门课程选用的教材为中国轻工业出版社出版的《首饰制作技法》。从初学起步，依据各项技能的学习顺序，由易及难，循序渐进。

本课程的授课对象为中职珠宝专业一年级学生。学生前期了解了贵金属材料的物理化学性质，掌握了熔点、氧化等基本概念，并能熟练使用焊枪调节火焰，为本课的学习奠定了基础。但是学生对珠宝首饰的传统文化没有清晰的认识，对工匠精神尤其是珠宝手艺人工匠精神的体现，没有切身体会，本课程就以传统首饰文化为切入点，在课程中慢慢渗透传统首饰文化与传统珠宝手艺人的工匠精神，使其入脑入心，体现在学生每一件首饰的制作中。

本课的重点为掌握焊接流程，完成任务清单，使焊接的小环牢固。本课的难点为达到商品级银链的焊接要求，焊接达到自流平的状态。这对学生来说，既是最高要求也是最低要求，只有始终在首饰制作中达到这种要求，制作的首饰才称得上是一件合格的商品。

3. 教学过程

（1）主题导入

教师引入任务主题：顾客在学校的“树信珠宝行”定制了一条侧身链。

学生互相讨论，并积极参与课前预习，初步了解制作侧身链与小环焊接的流程，积极参与课前互动讨论。

设计意图和思政内涵：设置课前讨论，激发学生自主学习的兴趣，并制定方案，了解焊接的过程，让学生带着任务去预习，带着角色进入课堂。

（2）任务实施

教师在正式开始任务之前，向学生展示了传统花丝工艺的焊接，提出了工艺要求。要想达到这样的工艺要求，除了技术上会做，还必须有一种精神追求督促你达到更高的要求、更高的水准，那就是工匠精神。

学生听教师讲述“工匠精神”的界定和内涵。教师引导学生思考“工匠精神对我们的意义是什么”。

设计意图和思政内涵：将工匠精神的内涵（即专注、标准、精准、创新、完美、人本）与外延引入课堂，引导学生思考日常生活中还有哪些方面体现了工匠精神，让学生了解更多工匠精神的故事，了解工匠精神代表的意义。

教师通过播放焊接示范视频等，让学生了解焊接小环的过程和注意事项。学生通过观看示范，明确焊接的步骤。

设计意图和思政内涵：通过示范制作过程和步骤，让学生了解焊接相关注意事项，在关键步骤点特别强调操作要求。

（3）任务练习（一）

学生在自己工位上按照教师示范的步骤进行第一次焊接练习。教师巡视课堂和学生交流焊接过程中遇到的问题，观察学生出现问题的原因，收集学生在练习过程中遇到的典型问题，再引导学生进行思考，并提出解决问题的方案。

设计意图和思政内涵：通过第一轮尝试焊接任务，使学生基本了解了焊接的方法与过程；通过讨论，引导学生树立问题意识。

（4）任务练习（二）

学生再次按照示范的步骤进行第二次焊接练习。教师巡视课堂和学生交流焊接过程中遇到的问题，观察学生如何解决问题，收集学生在第二次练习过程中解决问题的方法，再引导其进行总结。

设计意图和思政内涵：通过第二轮尝试焊接任务，使学生更加深刻地掌握了焊接的方法；通过解决问题并总结经验，提高了学生分析和解决问题的能力。

（5）评价与总结

教师肯定学生发现问题、分析问题、解决问题的能力。在焊接过程中出现的问题不是焊不上，而是无法达到自流平的效果，无法达到首饰制作的最高标准。这就要求学生将工匠精神的内涵融入焊接小环中，更深刻地思考什么是工匠精神以及如何在焊接过程中追求工匠精神。

经过前一环节的模拟焊接，学生会根据焊缝的大小选择适量的焊药、硼砂，温度控制稳定，实际操作更加有信心，焊接速度与质量明显提高，对工匠精神的外延也有了一定的认识。

设计意图和思政内涵：教师为遇到问题的学生提出解决方案，并提供再次尝试解决问题的机会，为学生自主分析和解决问题创造了更大空间。同时将工匠精神的六个维度引入小环焊接的每个步骤，让学生明白工匠精神是未来职业发展不变的追求和准则。

4. 教学成效

经过本次课堂教学，学生对传统首饰文化的工艺美有了一定认识，对传统首饰的制作及佩戴产生了浓厚兴趣，对传统首饰文化产生了热爱之情。学生通过了解工匠精神的内涵与外延，进一步确定了工艺制作的追求目标，对自己的职业生涯有了初步认知。

5. 反思诊改

课前的预习工作还需要加强学生对传统首饰文化的学习，并能够分析传统首饰的工艺流程，从而更加清晰地了解工艺技术，对传统首饰文化产生更加浓厚的兴趣，奠定学生对职业生涯的追求基础。

工匠精神要更加紧密地与课程内容相结合，通过引入传统匠人和现代大师的故事，使学生感受到工匠就在身边，就在眼前，不是遥不可及的。

四、经验总结

本节课主要学习了焊接小环，任务虽然不多，但有着非常重要的作用。在珠宝首饰制作中焊接的使用贯穿始终，对焊接达到自流平状态既是最高要求，也是最低要求，本节课是学生第一次学习焊接，这项技能在后续的学习中还将出现在不同首饰部位，实际上需要学习和练习的时间还很长，很难在一节课里掌握所有技术点。后续还将出现不同类型的焊接技巧，难度也会越来越大。这就要求学生认真对待每一个步骤，认识到每一步都很关键，将工匠精神所蕴含的专注、标准、精准、创新、完美、人本等职业素养贯穿整个首饰制作过程，始终精益求精，一丝不苟，追求卓越。

案例23

传承传统文化，共创美好未来

上海信息技术学校　夏旭秀

一、工作背景

2015 年 1 月 17 日，在全国加强和改进大学生思想政治教育工作会议上，首次明确提出了“全员育人、全方位育人、全过程育人”概念。[26] 2017 年 2 月，中共中央、国务院印发了《关于加强和改进新形势下高校思想政治工作的意见》，提出要“坚持全员全过程全方位育人”，简称“三全育人”。“把思想价值引领贯穿教育教学全过程和各环节，形成教书育人、科研育人、实践育人、管理育人、服务育人、文化育人、组织育人长效机制。”[27] 新时期需要“加强党对教育事业的全面领导”，推进职业教育领域“三全育人”综合改革试点工作。[28]

为全面贯彻党的教育方针，落实立德树人根本任务，夯实现代职业教育高质量发展基础，上海信息技术学校首饰设计与制作专业教师根据专业特色，教师在教书育人、实践育人、文化育人等方面进行了有效实践。本案例将介绍该专业文化育人的案例。

二、具体举措和成效

中国珠宝首饰传统文化源远流长。在距今近万年的北京周口店的山顶洞人就佩戴由兽骨、贝壳等穿孔的珠子串成的首饰，这是我国目前考古发现最早的首饰[29]，体现了当时人们对美的追求。在时代的发展中，制作首饰所使用的材质、造型、图案等逐渐蕴含了美好的文化寓意，“图必有意，意必吉祥。”[30] 形成了各具特色的中国珠宝首饰传统文化。为增强学生的文化自信、民族自信，上海信息技术学校首饰设计与制作专业教师整理了行业传统文化，梳理了行业发展史，开发了数字化教学资源，进行了文化育人实践。

1. 萃取传统玉文化

自古以来，中国人对玉都有一种美好的感情。在中国古代文献典籍中，处处可见“玉”字的身影。在中国传统文化中，玉有特殊的文化寓意。东汉许慎在《说文解字》中提到，“玉，石之美者”。玉，在中国是美丽的象征。人们常常用玉来形容美好的事物。古人将玉美丽的外观、坚韧的质地、温润的质感等，赋予中国“君子”的美好品德。在《说文解字》中对玉德进行了概括，提出玉具备“仁、义、智、勇、洁”这五德。

在 2013 年中共中央办公厅印发的《关于培育和践行社会主义核心价值观的意见》中指出，要“加强对优秀传统文化思想价值的挖掘”“梳理和萃取中华文化中的思想精华”“作出通俗易懂的当代表达”。[31]

因此，珠宝教研组教师对传统玉的“五德”进行了梳理，赋予玉的五德“友善”“诚信”“智慧”“勇敢”“廉洁”的新内涵。教师们结合社会主义核心价值观，将“仁”解释为“仁爱”，引申为“友善”；将“义”从“义气”引申到“君子一言，驷马难追”，从而让学生感受到要“诚信”，不能失信；从“智”，引导学生在学习中要多动脑子，多思考问题，运用“智慧”去解决问题，引导学生在学习中要主动运用智慧去创新创意；对“勇”，引导学生在大是大非面前要“勇敢”，要有担当，有责任心，遇事不推诿；对“洁”，原指玉洁白无瑕，教师们引导学生今后要“廉洁”，不能受诱惑，不留下人生污点。

教师通过对梳理和萃取中国传统珠宝首饰文化中玉文化的思想精华，对其做出符合中职生认知的通俗易懂的当代表达，赋予传统玉文化新的时代内涵，使之与社会主义核心价值观相契合，让优秀传统珠宝首饰文化在新的时代条件下得到了传承和发扬。

教师通过以制作文化屏风、撰写论文、专业讲座等形式，将行业特色文化“润物无声”地通过潜移默化的影响，让学生感受珠宝首饰和中国传统君子的美德。

教师将中国玉文化以中国书法的形式制作了文化屏风，如图 1 所示，放在实训室门口，既可作隔断使用，又美观又具有文化价值。学生走过路过，不经意间传统玉文化的理念“润物细无声”地渗入了学生的价值观，使学生认可“友善”“诚信”“智慧”“勇敢”“廉洁”的价值观，并在生活中践行。

图 1　位于 11 号楼 606 室的玉文化屏风

教师还通过玉文化讲座的形式，向中外学生介绍中国传统玉文化，传播中华传统美德。如每年的专业课中都有玉文化讲座，根据学校安排为来访外宾开设玉文化讲座等。通过讲座，让中外学生在欣赏美好玉器的同时，认可社会主义核心价值观。

专业教师还和学校德育教师合作，总结相关研究，撰写并发表论文，在一定程度上体现了我校“三全育人”的成果。

2. 梳理上海特色行业发展史

《诗经·卫风·淇奥》中有“如切如磋，如琢如磨”的诗句，形象地描述了中国古代珠宝工匠反复琢磨、精益求精的工匠精神。正是这种工匠精神，使中国历代珠宝工匠创作了无数精美的作品，代代相传。

在珠宝加工行业，钻石加工具有上海地方特色。中国的钻石加工业起源于上海。1930 年，中国首个钻石加工厂“中国磨钻厂”在上海成立，翻开了中国钻石加工业的序章。[32] 自此，上海这座工业革命的先驱城市，为整个行业培养了一大批的从业者，他们团结合作，精研工艺，攻坚克难，攻克了一个又一个技术难关。上海生产的钻石切工，在 20 世纪 50～60 年代因技艺精湛而被国际同行命名为“上海工”。[33]

“上海工”成为中国珠宝行业在世界的一张名片，为中国制造赢得了口碑。但是由于技能人才青黄不接，上海钻石加工人才面临断档。2004 年，上海信息技术学校建立了钻石加工实训室，开始培养新一代钻石加工师资和行业所需人才。学校教师团队和行业专家齐心协力，不仅将钻石加工技术传授给师生，同时也传承老一辈从业者艰苦奋斗与钻研精神。

作为新一代年轻的中国珠宝行业职业教育者，有责任也有义务发挥自身的能力与优势，为中国钻石加工业的发展和培养后备人才贡献自己的一份力量。不忘历史才能开辟未来，善于继承才能善于创新。教师与行业协会合作，于 2021 年梳理了上海钻石加工业发展史，发掘老一辈上海钻石行业从业人员艰苦奋斗、勇于创新的精神，通过撰写文稿、编写教材、开发微课、制作展板等形式，激励师生开拓创新、争做新一代技能大师，努力在国际钻石加工史上赋予“上海工”更高的内涵，续写新的篇章。上海钻石行业协会为这次整理行业史给予了大量的支持，捐赠了部分展品原件用于教师制作展板，供师生参观学习，如图 2 和图 3 所示。

通过师生参观行业史展板，观看微课等，大家被老一辈从业者艰苦奋斗、精益求精的工匠精神和取得的成就深深震撼，这激励了师生努力学习、奋发图强、为国争光，起到了文化育人的作用。

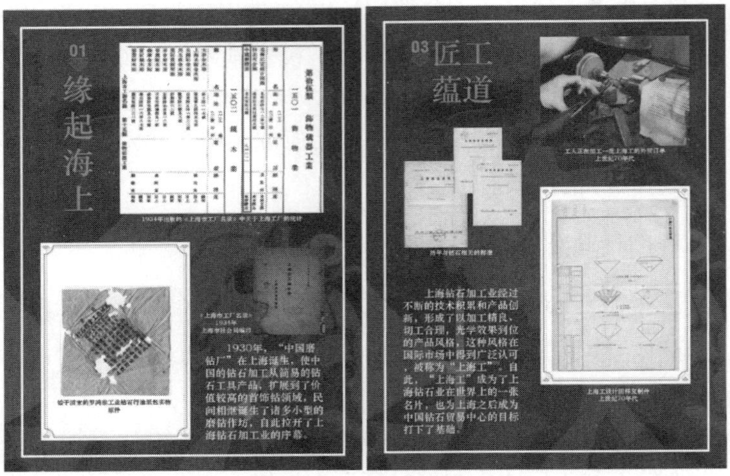

图 2　上海钻石行业史文化展板示例

图 3　位于学校 11 号楼六层的钻石加工史文化展板

3. 开发智慧职教课程资源

根据教育部职成函〔2018〕92 号文件，职业教育宝玉石鉴定与加工专业教学资源库获教育部立项（项目编号为 2017-12）。上海信息技术学校主持子项目《中国珠宝首饰传统文化》建设，在参建院校和企业的支持下，共同组建工作团队，负责课程开发、素材收集和制作。

教师全面梳理了中国珠宝首饰传统文化的知识和技能点，为全国珠宝及相关专业师生提供有关中国珠宝首饰传统文化的优质教学资源，使学习者能在学习资源的同时，领略中国珠宝首饰传统文化的美和魅力，树立民族自信和文化自信，激发学生热爱传统文化、热爱祖国，立志为中国珠宝首饰传统文化的传承和发扬努力作出贡献。

三、经验启示和下一步工作打算

每个行业都有特色的行业文化，通过发掘整理和萃取行业传统文化中的精华，赋予传统文化新的时代内涵，使之与社会主义核心价值观契合，可以让行业优秀传统文化在新的时代条件下得到传承和发扬，使学生更深层次地感受行业内涵，在潜移默化中理解职业精神。

每个行业有自己独特的发展史，发展史中凝聚了前辈们奋斗的足迹和历程、取得的成就或者曾经的教训。通过梳理行业发展史，整理前辈的奋斗事迹，对师生能起到一定的激励和示范作用。行业史能让师生从中看到过去，以史为鉴；看到今天，产生使命感；看到未来，树立远大的理想。

随着信息化时代的到来，教师可以通过开发并在智慧职教等平台展示的优质在线文化育人资源，为文化育人的开展提供资源和素材，在一定程度上使文化育人得到资源保障。

下一步，学校打算将珠宝首饰文化进一步整理，以“传承、借鉴和创新”为主线，在学校专业实训区进行文化育人主题布置。期待能传承传统珠宝首饰文化、借鉴国际先进理念（如世界技能大赛倡导的理念）、在创新区展示师生创新创业成果。

案例24

以“思政+”思维展开“三全育人”探索与实践

上海信息技术学校　黄斌华

一、工作背景

以习近平新时代中国特色社会主义思想为指导，落实立德树人根本任务，积极推进职业教育“三全育人”，解决“为谁培养人、培养什么人、怎样培养人”教育根本问题。

以“思政+”思维展开“三全育人”，将思政工作作为立德树人的核心特征提取出来，与学校多元主体、多方资源、多种要素相结合，并与学校课程、实践、文化、管理等育人体系全面融入。

《中华人民共和国国民经济和社会发展第十四个五年规划和2035年远景目标纲要》中提出：“加强网络安全保护”“推动构建网络空间命运共同体”“加强网络安全宣传教育和人才培养”。2016年4月，习近平总书记在网络安全和信息化工作座谈会上指出，“网络空间的竞争，归根结底是人才竞争”，当前需要营造良好数字生态，培养网络安全人才，要突出考虑网络空间安全专业的特点。

结合网络空间安全专业特点与思政教育相结合，将“课程思政”与“思政课程”协同前行、相得益彰，以“思政+”思维开展专业人才的培养，搭建“三全育人”平台，丰富“三全育人”内容，形成“三全育人”案例。

二、具体举措和成效

1. 搭建“三全育人”平台

利用信息技术系围绕网络空间安全专业特点，积极构建学校、家庭、社会、学生、企业“五位一体”的协同育人机制，充分调动党政负责人、班主任、思政教师及专业教师、企业讲师、优秀校友、优秀学生干部的力量，加强学生对社会主义核心价值观的学、思、践、悟，以“思政+”思维搭建“三个着力点”：一是以课程内容为着力点，挖掘专业课程中思政要素，拓展课程内涵；二是以服务育人为着力点，构建“三位一体”党员导师制，切实增强引领学生思想的针对性和时效性，系部在原有班主任管理基础上，推出了专业导师与党员教师担任导师；三是以文化育人为着力点，建设系部特色文化，充分发挥文化的思想引领作用。

2. 建设“三全育人”内容

围绕“三个着力点”的“三全育人”平台，以课程、服务、文化为抓手，不断建设并丰富“三全育人”的内容。

其一，以课程内容为着力点，课堂是学生教育的主阵地，梳理网络空间安全专业典型课程思政教学目标，该专业课程分为专业基础课、专业核心课、专业拓展课三种类型。将职业教育的工匠精神、精益求精、敬业守信、勇于创新的职业素养和互联网思维融入三类专业课程中，构建专业课程和思政课程协同育人、德技并修的课程体系，弘扬“劳动光荣、技能宝贵、创造伟大”的时代精神。

表1所示为该专业课程思政教学目标内容举例。

表1 网络空间安全专业课程思政教学目标

课程类型	课程名称	课程思政教学目标
专业基础课	信息技术基础	通过信息技术基础教学，指导学生掌握信息技术的同时帮助学生健全人格品质，遵守网络道德规范，增强科技兴国、科技报国的民族自豪感和社会责任感；遵守与信息活动相关的伦理道德与法律法规；正确辨别各种信息，自觉抵制不良信息
	网络技术专业导论	通过学习计算机网络基础知识，理解信息化、网络化对经济、政治、文化、社会等各领域的作用，领悟网络强国战略思想的深刻含义，树立正确的专业学习目标
专业核心课	服务器操作系统	通过学习服务器操作系统的安装、管理和常用网络服务的配置，培养学生的网络安全意识和依法依规运维网络的职业规范，以及耐心、执着、坚持的精神
	Python 程序设计	通过学习 Python 编程的数据采集、分析，对学生进行知识产权保护教育，保护个人和他人隐私，通过人为设置编程故障，让学生认识到学习编程需要细心、耐心，使学生具有持之以恒的刻苦钻研精神
专业拓展课	计算机组装维护	通过学习计算机故障排查、软硬件维修维护，培养学生耐心细致地发现问题、尝试使用各种方法解决问题的能力，培养自学能力和成本控制意识
	渗透测试技术	通过学习渗透测试的标准、目标、方法与实例，介绍中国相关技术现状与发展，让学生进一步提升对网络安全的认识、国家安全与网络的关系与重要性的认知，同时进行爱国主义教育，提升学生的责任感，结合渗透测试方法引入工匠精神、法律意识、信息安全意识等

结合课程的知识目标、技能目标与思政目标，推进典型专业核心课程建设，落实具体的思政要点，并建立课程教学思政资源库。此处以服务器操作系统课程为例，展示课程与思政元素的融合，如表2所示。

表2 服务器操作系统课程思政教学

活动名称	融入素材	思政元素
安装 Windows Server 服务器	首先引导学生进行虚拟机的安装操作，然后在虚拟机中安装 Windows Server 服务器	通过多项安装任务，培养学生专业操作能力与战胜困难的勇气，增强学生自信，端正学习态度，激发学习兴趣
动态磁盘的管理与配置	通过配置动态磁盘的基本卷、跨区卷、带区卷、镜像卷、RAID5 卷，对不同动态卷的存储、冗余等特性进行分析总结	学以致用，根据企业需求方向的不同，灵活配置动态磁盘资源；理解磁盘存储冗余的重要性，培养严谨负责的工作态度

续表

活动名称	融入素材	思政元素
用户与组账户的管理	设置情景模式，创建不同的组账户及用户账户，配置复杂密码及密码更改、备份与还原	通过对不同账户设置复杂密码及更改密码来培养学生信息安全意识；通过配置密码重置盘，培养学生的专业素养及职业素养
NTFS 权限管理	根据不同业务需求，对不同用户相应配置不同等级的 NTFS 权限，并进行权限验证	通过验证，理解配置不同用户 NTFS 文件夹权限的意义，培养信息安全意识及安全使用文件和文件夹的习惯，维护公司文化，遵守工作规章制度
搭建 DHCP 服务器	从人力资源发放录用信角度出发，形象地讲授并讨论 DHCP 服务器自动分配 IP 地址的工作原理	通过对保留 IP 进行配置，引导学生信守承诺；通过对 DHCP 的工作流程进行总结，引导学生完善自我，建立就业自信
SSL 网站证书应用	以搭建安全网站为例，应用证书技术实现	通过学习公钥加密和数字签名技术，理解加密传输网站数据的必要性，培养学生遵纪守法、诚信做人的品质

课程资源开发是以点带面，逐步推进的，由专业导师、党员教师带头研究、开发、实施，边实践边修改，不断完善。

除了常规课程，结合学校的特色教学环节，以“思政+”思维结合专业特点，学校有新生入学教育、职业素养教育、社会实践教育、实习汇报环节，每个环节在注入专业特点的同时，培养学生的规范意识、集体荣誉感、时间管理能力、沟通能力、社会责任感、热爱工作、勇于挑战等综合能力。

其二，以服务育人为着力点，构建“三位一体”党员导师制，切实增强对学生思想引领的针对性和时效性。系部在原有班主任管理基础上，推出了专业导师与党员导师相结合的管理。网络空间安全专业学生从入校开始，班主任与党员专业教师结对，定期开展班主任、专业导师、思政导师及学生代表座谈，了解学生思想动态与专业学习情况，尤其针对学生当下思想、学习、心理等困境进行及时帮助与引导。

在新生入学阶段，结合新生入学教育进行专业认知讲座，找部分学生谈话，为学生提供个性化的学习途径，为学生提供不同专业选修课程及社团建议。进入二年级阶段，学生已具有专业知识储备，系部组织开设专业领域新技术讲座，拓宽学生视野，针对学生当前学习情况和思想动态，有引导性地为学生提出后期发展方向，推荐学生参与相对应的选修课程。同时，面向全体学生开展结合专业特色的职业素养课，课程围绕激发学生的内生动力，职业礼仪、团队意识、表达能力、思考能力、时间管理能力等综合素养展开。学生进入毕业学年，系部组织班主任、导师对学生情况进行沟通、座谈；聘请企业工程师、优秀毕业生以及系部党政负责人等进行系列讲座，涉及职业认知、升学与就业的方向选择、实习规范等。

其三，以文化育人为着力点，建设系部特色文化。信息技术系的文化为“乐新筑梦，技胜未来”，党支部充分发挥文化的思想引领作用。结合学校的三大节日，体育节、艺术节、博学节，调动学生积极参与，除了参与学校组织的系列活动外，网络空间安全专业的学生还会组织与专业特点相结合的活动，比如，系部组织一台丰富的文艺汇演，网络安全专业学生与其他专业同学一起在中华人民共和国成立 70 周年、中国共产党成立

100周年、上海信息技术学校建校60周年等重大时刻，表演以家国情怀、爱校爱班等为主题的朗诵、小品、歌舞等系列节目；利用博学节期间，举办突出思政素养的专业技能、时政热点、青年学习、征文比赛等系列活动。每学期组织如广播操、跳绳、飞盘等各类团队、个人的体育比赛，培养学生积极向上、热爱集体意识，展现学生青春阳光、健康活泼的风采。

3. 形成“三全育人”案例

随着“三全育人”相关内容展开，系部在党政负责人的带领下，一边做，一边积累；相关班主任撰写班级的建班方案，针对班级的管理有计划、有目标、有实践。对于个性学生的教导，及时积累，并创造机会，如以班主任沙龙的方式进行工作交流。对于课程思政，正在针对服务器操作系统课程进行系统地梳理，从点到面，不断挖掘素材与内容，推广到同专业的其他课程，使网络安全专业学生有良好的法律意识、网络安全意识；有更强的使命感与责任感；有良好的职业素养与职业能力。

三、经验启示和下一步工作打算

通过以“思政+”思维对网络空间安全专业学生进行培养，搭建“三全育人”平台、建设育人内容、形成育人案例，培养的学生在校表现突出，参加竞赛成绩优异，在市级或全国职业院校技能大赛中每年都榜上有名，班级整体凝聚力强，毕业生在德技方面均受到就业单位好评，升学学生在高等院校表现综合素质强。

针对网络空间安全专业的课程思政做进一步完善。目前，已完成对专业核心课“服务器操作系统”的课程思政资源库的梳理工作，并进行了教学尝试，后续还需结合专业特色，对其他相关课程有针对性地梳理出课程思政教学目标，并落实为具体的教学活动，从而达成“课程思政”与“思政课程”更广泛、更紧密结合。

进一步提炼“三全育人”案例，梳理优秀学生及班级集体典型成长案例，将以“思政+”思维开展“三全育人”培养的实践与探索成果推广到所有信息类专业，提升该类专业学生的综合素质。

案例25

基于"中职学生核心素养"培育的专业育人实践

上海信息技术学校　黄虹

一、工作背景

2022年5月1日，新的《中华人民共和国职业教育法》开始施行，首次明确，职业教育是与普通教育具有同等重要地位的教育类型，是国民教育体系和人力资源开发的重要组成部分，是培养多样化人才、传承技术技能、促进就业创业的重要途径。

立德树人是职业教育的根本任务。随着时代的发展，中等职业教育是职业教育的起点而不是终点，从原来单纯的"以就业为导向"转变为"就业与升学并重"。由于中职学生在校期间较多时间都在学习专业知识和技能，为了满足学生终身发展的需要，在专业教学的同时培育中职学生核心素养就显得尤为重要，是增加职校生的底气和可持续发展的原动力。

本案例以分析检验技术专业为例，从专业课程教学设计、专业综合实训、专业实践活动中深入、具体地挖掘分析检验技术专业对学生独特的育人价值点，在专业实践中落实"三全育人"的目标。

二、具体举措和成效

笔者在分析检验技术专业的课程教学、综合实训、社会活动、主题教育等过程中对中职学生核心素养的培育进行了全面探索和具体实践。

1. 从专业课程教学实践出发培育核心素养

将核心素养的培育概念贯穿于人才培养模式和课程培养之中，在潜移默化中强化素养概念认同，建立行为导向，因此搭建符合培养规律和要求的课程平台正是符合学生认知规律和有效强化核心素养价值观的途径。在课程设计时，尽力考虑学生全方位发展的需求，注重学生多方面素质的培养。专业课程教学案例如表1所示。

表 1　专业课程教学案例

课程名称：化学分析基本操作

课程类型：理实一体化　　授课教师：黄虹　　班级：分析检验技术专业二年级

授课日期	讲课内容 理论、知识点、技能点	素养渗透点
第一周 星期一 第一～第四节	实训一 实验室安全知识 知识点： • 了解实验室电、水、火、气的安全准则； • 了解实验室化学药品使用的安全准则。 技能点： • 了解实验室的废液处理； • 掌握实验室事故的应急处理	学情分析：二年级学生第一次进入分析实验室开始基本操作训练 素养渗透点：安全教育、生命教育 具体做法： • 工作服穿戴整齐，学习用品摆放整齐，杜绝饮料和食品； • 上课一开始就让全体学生明确实验室的出口门与整栋楼的逃生楼梯； • 明确实验室的总电闸，最近的消防器具位置； • 指导紧急淋喷头、洗眼罩的位置和使用方法。 对素养培育的思考： • 一次课是不够的，以后每次课中都可以用活动形式强化，以致内化到每个人； • 时间不要占用太多
第一周 星期二 第一～第四节	实训二 天平的基本操作 知识点： • 了解电子天平的工作原理及特点； • 掌握电子天平称量的一般程序。 技能点： • 掌握直接称量法、递减称量法、固定质量称量法的操作方法及步骤	素养渗透点：严谨、规范、诚实 具体做法： • 结合天平使用的讲解，称量数据要求保留小数点后四位，强调务必要保持严谨的态度、实施规范的操作； • 结合数据的记录和处理，强调分析数据要诚实，不可随意涂改、编造数据。 对素养培育的思考： • 结合一些大赛比武、职业资格考证过程涂改数据的案例作为反面教材，效果更好； • 准备一批和分析检验技术专业有关的小事件和故事，在学生操作训练疲倦时，适时讲出，提高职业素养培育的有效性
第一周 星期四 第一～第八节	实训三 吸量管的基本操作 实训四 容量瓶的基本操作 知识点： • 掌握吸量管的分类和选择； • 了解容量瓶的外形、标志、精度、用途。 技能点： • 掌握单标线吸量管和分度吸量管的洗涤方法与基本操作； • 掌握容量瓶的试漏、洗涤、转移、稀释定容、摇匀操作方法	素养渗透点：职业规范的美 具体做法： • 结合具体各种玻璃仪器的规范操作训练，以职业资格考工中考评员的评分点为标准，强化职业规范的美。生生之间互看，互相指出规范点和错误的操作。 对素养培育的思考： • 职业规范的美，一是指操作动作规范的职业美；另一是指所有物品放到规定位置，定置管理整齐的规范的职业美； • 管好课堂手机问题，巧用手机，给学生拍一段操作视频，自己欣赏和指正
第二周 星期一 第一～第四节	实训五 滴定终点练习 知识点： • 理解酚酞、甲基橙指示剂滴定终点变色的实验原理。 技能点： • 掌握配制盐酸和氢氧化钠溶液的操作方法	素养渗透点：安全、环保 具体做法： • 开始使用盐酸和氢氧化钠，强调化学品的安全和突发情况的处理。 对素养培育的思考： • 结合一些曾经发生的案例则效果更好，既调节了课堂气氛，又渗透了职业素养的思想

2. 在专业综合实训中落实核心素养

在专业综合实训中践行“技德融合，素能一体”的培育思想，在实训教学中设计“素质＋专业＋实践”的培养方案，在综合实训中贯穿职业能力进阶培养，从基础能力到核心能力，再到综合能力和拓展能力的进阶式训练体系。并且在专业教学活动中引进企业工作流程，使学生在实践活动中学习企业工作方法和重视工作要点，在这个角色扮演的过程中体验职场工作氛围。因此，学生不仅提升了专业实践技能，了解企业工作环境，懂得敬业精神、竞争合作、团队协作的重要作用，而且学生对自己所从事的工作也会有独特感情和职业责任心。

专业综合实训“食品分析技术”案例如表 2 所示。

表 2　在“食品分析技术”综合实训中培育“专业能力—方法能力—社会能力”三维一体实践

工作流程	专业能力	方法能力	社会能力
接收样品→采集样品→样品前处理	专业知识：充分了解食品样品的来源、用途、检验的要求；初步审查样品的包装、性状、外观等相关基本信息	实践能力：采样的基本操作；接样、采样的规范流程；样品前处理的规范操作；样品流转的规范流程	沟通能力：与送检方的充分信息交流；与检测各部门的流转对接。 职业道德：相关样品信息的保密工作
查询相关检测标准、方法、国标	专业技能：理解并读懂各种引用标准、技术条件、实验方法	学习能力：检索检测标准、国标的方法	团队合作能力：小组分工查找分享资料
制定检验方案	专业知识：熟悉食品的感官、营养成分、有毒有害成分、添加剂、微生物的检测方法。根据本次样品制定具体翔实的检测项目、方案、测定步骤	逻辑思维能力：所有试剂的计算、标准溶液配制的计算、标定时基准物的估算、样品含量的计算。 学习能力：配制、标定、测定的步骤	团队合作能力：小组讨论、互助协助学习
准备实验工作	专业技能：标准溶液的配制、标定、试剂的配制、指示剂的配制、仪器的准备	学习能力：所有试剂、仪器的准备工作。 实践能力：独立操作的技能	独立工作能力、合作协同能力
检测样品	专业技能：根据国标要求，落实作业指导书和操作规程，按照实验方案具体检验；实验室检测过程中的个人防护措施	决策能力：每个具体细节的选择判断，如终点的判断等。 实践能力：独立规范操作的技能	独立工作能力、合作协同能力
处理数据	专业知识：分析数据的处理，有效数字、温校、滴校、准确度、精密度计算	学习能力：所有数据的分析、计算；对应仪器、数据软件的使用	独立工作能力、沟通能力
出具报告、给出结论	专业知识：参考国标、根据送检要求，出具报告，给出结论	决策能力：根据国标的指标对检测的数据做出合理判断	责任感、职业道德

3. 在专业实践活动中拓展核心素养

对职业学校学生的学科核心素养的培育也体现在职业素养的培育中。职业素养包含认知、行为、伦理等许多内容。通过建立活动导向的职业素养培养机制，将外在的职业素养价值观、行为规范、企业文化内化为学生内在自行遵守的原则，这样才能真正完成职业素养的教育和培养。实现校园文化和企业文化的融合。我们可以利用各种社会资源和教育资源，综合影响学生的职业素养。

分析检验技术专业实践活动案例如图1所示。

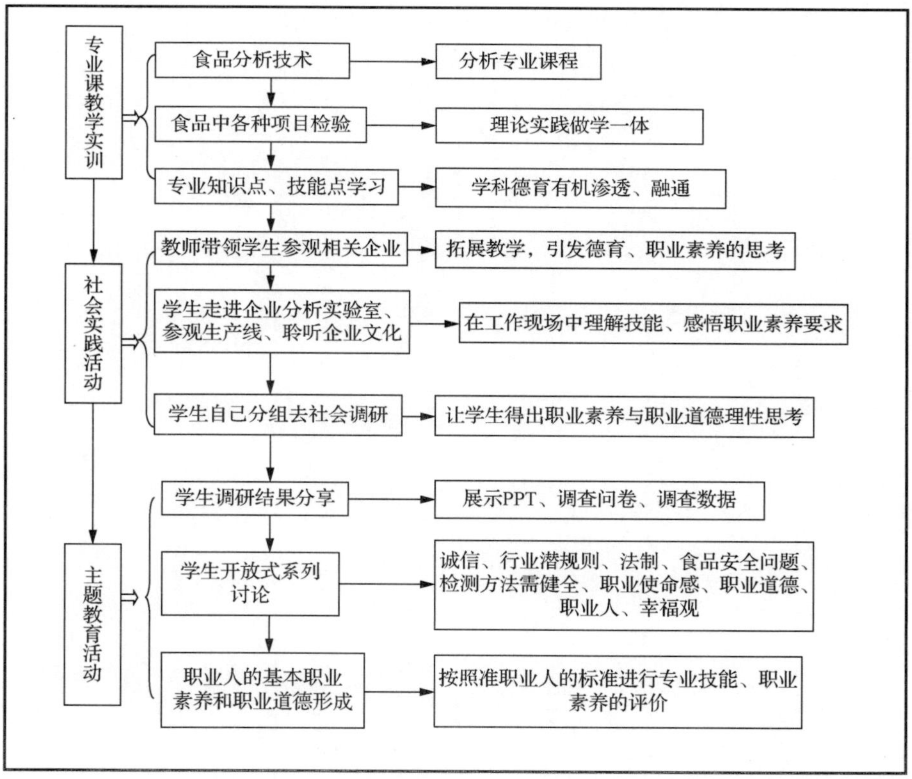

图1 “专业教学—实践活动—主题教育融通”的核心素养培育实践

三、经验启示和下一步工作打算

笔者以分析检验技术专业为例，在专业实践中，除了知识点、技能点的教学外，增加了素养观测点（包括安全教育、生命教育、严谨、规范、诚实、环保、耐心和稳定的职业心态等各个方面）。把宽泛的、抽象的、不可量化或不能观测到的素养，按“有限目标”来培育，渗透点小、内容更聚焦，落实到专业教学、综合实训、实践活动、主题教育的每个具体教学实践中，全程贯通地在潜移默化中培育职业人。学生在一定的情景感染下，使“无痕德育”与教学活动成为一个有机整体，让学生在接受知识的同时，在活动中获得态度、动机、价值观。实现“德育为首、教学为主、素质为本”的“三全育人”总目标。

今后会更关注育人成效，检验教学质量，促进学生全面成长。结合教学实际，融入科学精神、工程思维和创新意识，注重劳动精神、工匠精神、劳模精神培育，注重教学实施与育人成效有机统一。

案例26

红心向党，匠心育人

上海信息技术学校　高成坤

一、工作背景

为讲好党的故事、革命的故事、英雄的故事，厚植爱党、爱国、爱社会主义的情感，培养更多高素质技能人才、能工巧匠、大国工匠，在学校党委领导下，智能制造系党支部指导学生社团精致模型社，将思政与教学融合、专业与创新融合，“以模讲史”“以模展史”，让红色基因、革命薪火代代传承。

上海信息技术学校注重大思政课程体系的建设，在校党委的领导下，认真贯彻落实习近平新时代中国特色社会主义思想，为党育人，为国育才，贯彻“三全育人”工作指南，五育并举，培养全面发展的人。学校成立德育工作委员会，在组织上保证学校思想政治工作的大方向。鼓励和指导学生开展丰富多彩的学生社团活动，有专业辅导教师和专项资金保证学生社团的创新发展，“让每个孩子都有人生出彩的机会”。学校一直重视学生创新能力的培养，近年来，学生在上海市和全国的各项赛事中屡获佳绩。

智能制造系的系部文化是“精”字文化，其内核为“精益求精 以精致远”，倡导和培育求真务实、具有创新创业能力的时代新人，通过活动引导学生领会“精”字文化内涵，已成为智能制造系师生共同的价值取向。2016 年 12 月，由教育部关心下一代工作委员会、全国总工会宣传教育部、上海市教育系统关心下一代工作委员会共同主办的“大国工匠进校园”上海首场活动在我校举行，活动的举办极大地提振了我校师生员工弘扬传承劳模、工匠精神的热情。系部根据学校党政“让大国工匠进校园落地生根”的总体要求，结合智能制造系实际，先行迈出了扎实步子，初步实现了工匠精神“三融入”，即融入系部文化建设中，融入学生培养过程中，融入教师的素质提升中，这些都为“红心向党 匠心育人”系列活动的开展奠定了扎实的理论和实践基础。

二、具体举措和成效

1. 以模学史，红心向党

在智能制造系党支部的提议和支持下，精致模型社将思想政治教育与专业技能培训相结合，开展了“以模学史”带教课程。带教老师依托红色模型，将生动的党史故事融入红色模型的制作中，让学生了解每一个红色模型的原型都凝聚着党和人民改变历史命运的决心和行动。

在制作红船模型的过程中，学生了解了100年前，正是这条小船，摆渡了整个暮霭沉沉的中国，感受到在坚持初心的道路上那些坚持理想信念的人成就的伟大“红船精神”。学生在制作中不断磨炼、创新工艺，失败了再重新做，经过一遍遍尝试，终于做出了心目中红船的同时，也在不知不觉中继承和发扬了红船精神。

在学习制作辽宁号航空母舰的过程中，学生了解了辽宁舰的前世今生，懂得了航母入列，对于提高中国海军综合作战力量现代化水平、增强防卫作战能力，有效维护国家主权、安全和发展利益，促进世界和平与共同发展，具有重要意义。

在制作过程中，学生体会到制作工艺固然重要，但没有情感投入的模型制作，既无意义也无乐趣。他们在制作中多了份敬畏，多了份责任，也多了份信心。技能报国的种子已然种下。

2. 以模展史，赓续初心

2021年，在党的100岁生日即将来临之际，智能制造系党支部举办了“红心向党、匠心育人”主题模型展，用一个个模型串联党史，推动党史学习教育深入人心。

现场展出了30余组红色模型，其中包括南湖红船、遵义会议会址、内燃机车、复兴号动车组、99A式主战坦克、东风41洲际核导弹、辽宁号航空母舰、玉兔号月球车等众多模型，展示百年征程波澜壮阔、峥嵘岁月国力提升。观展学生深深感受到在党的坚强领导下，中国正在伟大复兴之路上大踏步前进。

除了展示模型成品，精致模型社成员还在现场制作模型，深度还原模型创造过程，将匠心融入初心。通过手工制作具有历史性、时代性、代表性的模型，引导参观人员了解学习党史知识，体会国家不断发展壮大的原因就是坚持中国共产党的领导，深植爱国主义精神。

红色模型制作与展览，不仅得扎根学校，更得积极示范，辐射上海。上海教育博览会上，“红心向党 匠心育人”党史模型展厅深受好评，荣获“十大人气展厅”称号。上海市学生暑假职业体验活动中，络绎不绝前来体验“南湖红船DIY”项目的中小学生，通过红船模型学习党史，传承工匠精神。

3. 专创融合，红色国潮

创业是发展之基，创新是动力之源。青少年富有想象力和创造力，是创新创业的有生力量。

2021年，学校成立创业指导站，配备双创专家团，引入“徐小平技能大师工作室”，特邀10余位学院、企业、投资人和行业专家组建双创专家志愿团与专业系部结成对子，合力打造专创融合的创新创业项目。

在项目打磨中，学生逐步开发出形式多样的红色产品。他们与南湖景区、中共二大会址等红色寻访地合作推出立体文创贺卡，开发中共一大会址、中共二大会址、红船、遵义会址、天安门等百年时代印记的“时代鲁班”木质模型套件，首创 SPD 合成注塑工艺法制版歼-20 战斗机、C919 国产大飞机、天宫一号空间实验室、三代军用越野车、东风导弹家族等大国科技主题系列乐转红模（免胶免上色套件）。模型、木质套件、潮玩、AI 贺卡等，从不同的角度呈现好每一个文创产品背后独有的那段令人荡气回肠的红色历史，传承红色精神。

为了给制作者带来最佳成就感，产品组合完后整体还原度不断提升，所有木制套件已均转化为行业最终考证版。为解决进阶类塑料套件制作烦琐的问题，首创 SPD 合成注塑工艺法，实现了在同一板件上直接注塑四种颜色，大大降低入门门槛，组合简易，无须上色。1∶700 辽宁号模型已获得 2021 年《模型世界》杂志最受欢迎模型套件。红色模型成为“我爱祖国海疆”“共筑家园”两项全国竞赛指定套件，正式纳入全国各少科站、青少年活动中心指定采购库。

在 2021 年，该项目成为唯一入围第七届中国国际“互联网+”大学生创新创业大赛项目职教赛道决赛的中职项目，并最终斩获金牌。

三、经验启示和下一步工作打算

1. 聚焦思政核心素养，厚植爱党爱国情怀

学校党委通过指导精致模型社活动，培养学生爱国爱党，让党史知识“动”起来、“活”起来，成为青少年看得见、摸得着、感受得到的“身边的历史”，让党史教育更加可亲、可近、可爱、可得。

“红心向党 匠心育人”党史模型展厅获评上海教育博览会 “十大人气展厅”，“南湖红船 DIY”项目为上海市中小学生种下爱党爱国、技能报国的火种，1∶700 辽宁号模型获评《模型世界》杂志最受欢迎模型套件。沪滇职教联盟-东西协作“五育”提升项目助力援滇，实施“石榴籽计划”，让来自新疆、云南的学生通过模型制作平台，实现民族交流融合，让新时代的同学们紧紧团结在一起。

2. 勇夺“双创”金奖，书写出彩人生

“红船文化”作为 150 支职教参赛队伍中唯一入围第七届中国国际“互联网+”大学生创新创业大赛项目职教赛道决赛的中职项目，以“红心向党 匠心育人”为核心，以“模型+历史”为主题，以木质模型套件和注塑组合模型为技术基础，开发出“国之利刃”“大国重器”“红色印记”三大系列主题模型。结合中国共产党成立一百年的系列

教育活动，推出了“做南湖红船 学建党精神”的上海市中小学职业体验项目，一周时间有1500余位学生和家长参与了此次活动，充分发挥了红色教育的辐射带动作用。

3. 专创融合、思创融合，培养学生核心素养的有力抓手

学校将立德树人融入思想道德教育、文化知识教育、社会实践教育各环节。培育和践行社会主义核心价值观，健全德技并修，“把思想政治工作贯穿教育教学全过程”。专创融合、思创融合为培养学生核心素养提供了有力的抓手，为学生全面发展搭建了宝贵的平台，为落实思政教育实效性提供了新思路和新方法。

智能制造系后续将继续发挥学生专业社团的带动辐射作用，除精致模型社外，再创立智创工联社团，开展系列主题讲座和主题展览活动，使之成为学生“双创”活动的摇篮。充分借助“徐小平技能大师工作室”的教育外力，开展创新教育、劳动教育和工匠精神教育。

参 考 文 献

[1] 习近平．大力弘扬教育家精神，为强国建设民族复兴伟业作出新的更大贡献[N]．人民日报，2023-09-10（1）.

[2] 教育部．教育部关于印发《高等学校课程思政建设指导纲要》的通知（教高〔2020〕3 号）[A/OL].（2020-05-28）[2023-08-28]．https://www.gov.cn/zhengce/zhengceku/ 2020-06/06/content_5517606.htm.

[3] 高德毅，宗爱东．从思政课程到课程思政：从战略高度构建高校思想政治教育课程体系[J]．中国高等教育，2017，578（1）：43-46.

[4] 王红岩．高职生职业素养培养策略研究[J]．黑龙江高教研究，2012，30（2）：130-132.

[5] 郑菲菲．课程思政有机融入职业院校专业课教学的关键问题、实施策略与应用模式[J]．宁波职业技术学院学报，2022，26（6）：90-95.

[6] 王学俭，石岩．新时代课程思政的内涵、特点、难点及应对策略[J]．新疆师范大学学报（哲学社会科学版），2020，41（2）：50-58.

[7] 中共中央办公厅，国务院办公厅．中共中央办公厅 国务院办公厅《关于深化新时代学校思想政治理论课改革创新的若干意见》[A/OL]．[2023-08-18]．https://www.gov.cn/gongbao/content/2019/content_5425326.htm.

[8] 教育部．教育部关于印发《新时代高校教师职业行为十项准则》《新时代中小学教师职业行为十项准则》《新时代幼儿园教师职业行为十项准则》的通知（教师〔2018〕16 号）[A/OL].（2018-11-08）[2023-08-28]. http://www.moe.gov.cn/srcsite/A10/s7002/201811/t20181115_354921.html.

[9] 杜尚泽．“大思政课”我们要善用之（微镜头·习近平总书记两会“下团组”·两会现场观察）[N]．人民日报，2021-03-07（1）.

[10] 吴沁阳．思政课程与课程思政关系辨析[J]．佳木斯职业学院学报，2022，38（2）：19-21.

[11] 习近平．辩证唯物主义是中国共产党人的世界观和方法论[J]．求是，2019（1）：4-8.

[12] 范玉鹏，周倩．习近平新时代观的哲学底蕴[J]．学习论坛，2020（9）：78-84.

[13] 张宪昌，刘学侠．习近平新时代高质量发展观的辩证思维[J]．山东社会科学，2021（9）：13-21.

[14] 习近平．思政课是落实立德树人根本任务的关键课程[J]．求是，2020（17）：4-13.

[15] 蒋丽华．医学院校课程思政教学的思考与探索[J]．职业教育（中旬刊），2021，20（9）：33-37.

[16] 教育部．教育部关于印发《中等职业学校思想政治、语文、历史课程标准（2020 年版）》的通知（教材〔2020〕2 号）[A/OL].（2020-01-19）[2023-07-19]. http://www.moe.gov.cn/srcsite/A26/s8001/202002/t20200226_424148.html?eqid=ed1e9209000774cf0000000664535ede.

[17] 习近平．习近平谈治国理政（第 3 卷）[M]．北京：外文出版社，2020：328-329.

[18] 习近平．高举中国特色社会主义伟大旗帜 为全面建设社会主义现代化国家而团结奋斗：在中国共产党第二十次全国代表大会上的报告[M]．北京：人民出版社，2022：44.

[19] 习近平．在党史学习教育动员大会上的讲话[J]．党建，2021（4）：4-11.

[20] 核心素养研究课题组．中国学生发展核心素养[J]．中国教育学刊，2016（10）：1-3.

[21] 习近平．在庆祝海南建省办经济特区 30 周年大会上的讲话[N]．人民日报，2018-04-14（2）.

[22] 习近平．坚定信心埋头苦干奋勇争先 谱写新时代中原更加出彩的绚丽篇章[N]．人民日报，2019-09-19（1）.

[23] 本报评论员．一定要把我国制造业搞上去[N]．人民日报，2019-09-19（1）.

[24] 教育部办公厅，教育部办公厅关于加强和改进新时代中等职业学校德育工作的意见(教职成厅〔2019〕7 号)[A/OL].（2019-11-20）[2023-5-10]．http://www.moe.gov.cn/srcsite/A07/moe_950/201912/t20191203_410649.html.

[25] 习近平．习近平谈治国理政（第 3 卷）[M]．北京：外文出版社，2020：24.

[26] 王树生．被需值教育[M]．厦门：厦门大学出版社，2019.

[27] 中共中央 国务院．中共中央 国务院印发《关于加强和改进新形势下高校思想政治工作的意见》[A/OL]．[2023-09-01]. https://www.gov.cn/ xinwen/2017-02/27/content_5182502.htm.

[28] 国务院．国务院关于印发国家职业教育改革实施方案的通知[A/OL].（2019-01-24）[2023-08-24]．http://www.gov.cn/zhengce/ content/2019-02/13/content_5365341.htm?trs=1.

[29] 丘志力，李立平，陈炳辉，等．贵金属珠宝首饰评估[M]．武汉：中国地质大学出版社，2013.

[30] 中国文物学会专家委员会．中国艺术史图典 玉器卷[M]．上海：上海辞书出版社，2017．
[31] 中共中央办公厅．关于培育和践行社会主义核心价值观的意见[EB/OL]．[2013-12-23]．http://www.gov.cn/jrzg/2013-12/23/content_2553019.htm.
[32] 夏城磊．钻石加工入门 从切磨到切工[M]．武汉：中国地质大学出版社，2018．
[33] 李劲松，赵松龄．宝玉石大典（上）[M]．北京：北京出版社，2001．